언어학과 번역

Translation and Language
Linguistic Theories Explained

언어학과 번역

피터 포셋(Peter Fawcett) 지음
김도훈 옮김

한국문화사

■ 옮긴이: 김도훈

한국외국어대학교 통번역대학원에서 통번역학 박사학위를 취득한 후 부산외국어대학교 통번역대학원 한영과 교수로 재직 중이다. 대표 저·역서로는 『문장부호의 번역학』(저서), 『Uncle Cow』(역서), 『통번역과 등가』(역서/공역) 등이 있다. 대외적으로는 부산국제외국인학교(BFS) 정책심의위원으로 활동하고 있다.

언어학과 번역

1판 1쇄 2015년 8월 20일
원 제 Translation and Language: Linguistic Theories Explained
지 은 이 피터 포셋(Peter Fawcett)
옮 긴 이 김 도 훈
펴 낸 이 김 진 수
펴 낸 곳 **한국문화사**
등 록 1991년 11월 9일 제2-1276호
주 소 서울특별시 성동구 광나루로 130 서울숲IT캐슬 1310호
전 화 (02)464-7708 / 3409-4488
전 송 (02)499-0846
이 메 일 hkm7708@hanmail.net
홈페이지 www.hankookmunhwasa.co.kr

책값은 뒤표지에 있습니다.

ISBN 978-89-6817-251-9 93700

이 도서의 국립중앙도서관 출판시도서목록(CIP)은
서지정보유통지원시스템 홈페이지(http://seoji.nl.go.kr)와
국가자료공동목록시스템(http://www.nl.go.kr/kolisnet)에서
이용하실 수 있습니다.(CIP제어번호: CIP2015019134)

|서|문|

이 책은 언어학과 번역의 애증을 기술한 번역학 입문서이다. 번역에 큰 관심이 있는 언어학자를 찾기란 쉽지 않다. 번역학자 역시 언어학이 번역 연구에 유용하다는 점을 애써 외면하고 있다. 그러나 언어학에 대한 회의론은 선뜻 수용하기 힘들다. 언어학이 번역의 모든 문제를 처리해주는 만능 해결사는 아니다. 그렇다고 해서 훼방꾼이나 걸림돌로 취급해서도 안 된다. 언어학은 번역의 제반 문제를 충실히 기술하고 설명하는 훌륭한 도구이다. 기초적인 언어학 지식도 없는 사람이 번역을 한다면 이는 군인이 총 없이 전쟁터에 나가는 것과 다를 바 없다.

1950년대 중반부터 1980년대 중반까지는 언어학 중심의 번역 연구가 활발하게 진행됐다. 따라서 이 시대에 이루어진 연구가 집중적으로 다루어지는 것은 당연하다. 아울러, 앞서 언급한 회의론에도 불구하고 1980년대 중반 이후에도 언어학 기반 번역 연구가 단절되지 않았고 심지어 새롭게 조명되기도 했다는 점을 고려해 이 책의 후반부에는 상대적으로 최근에 이루어진 연구 또한 언급되고 있다.

때로는 기존 연구를 논하면서 해당 연구에 대해 저자가 회의적인 입장을 취하고 있는 것으로 보일 수도 있다. 하지만 이는 기존의 연구가 무의미하다는 주장을 펼치려는 것이 아니라 이들 연구의 논지가 아직 설득력이 부족해 앞으로 보완해야 할 부분이 많다는 점을 지적하려는 것이다.

이 책의 후반부에서는 "이에 대해서는 별로 알려진 것이 없다."와 같은 문구를 종종 접할 수 있다. 언어학적 접근법이 더 필요한 번역 연구 분야가 많다는 점에 우리는 주목해야 한다. 안타깝게도 이제껏 번역학자들은 단순히 연구를 제안만 하는 경향이 있어서 많은 분야가 제대로 연구되지 못한 채 미개척지로 남겨졌다. 이제는 다양한 이론적 토대를 바탕으로 이러한 분야들을 본격적으로 개척해야 한다. 이 책이 우리가 나아가야 할 길을 밝혀 주는 등대가 되기를 바란다.

언어학과 번역 이론의 관계가 이 책에서 모두 다루어졌다고 말하기는 힘들다. 입문서의 특성과 지면의 제약 때문이다. 그럼에도 불구하고 번역학의 중심을 이루는 분야에 대해서는 심도 있는 논의가 진행됐으며, 그 외의 분야에 대해서도 짧게나마 소개함으로써 독자가 참고문헌을 활용해 더 많은 지식을 얻을 수 있도록 했다.

|차|례|

01
서론

1. 언어학과 번역의 불확실한(?) 관계

20세기 초 태동한 현대 언어학의 뿌리는 스위스 언어학자 Ferdinand de Saussure다. 그는 언어학 연구에 있어 고도로 추상적 차원의 '공시적(共時的, synchronic) 접근법[1]'을 채택했으며, 이를 통해 일반적인 언어 구조 방식에 대한 설득력 있는 원리를 제시했다. Saussure의 구조주의 모형은 당대보다는 시간이 많이 흐른 후에야 비로소 엄청난 영향력을 발휘했다. 인류학자, 문학평론가, 철학자 등 다양한 분야의 사람들이 인생, 우주, 그 밖의 모든 비밀을 풀 수 있는 만능열쇠로 구조주의 모형을 사용한 것이다.

---

1 [역주] 시간에 따른 언어의 변화를 연구하는 통시적(通時的) 접근법(예 언어사)과 달리 공시적(共時的) 접근법은 현재의 언어를 연구한다. 구조주의 언어학은 공시적 언어를 연구 대상으로 삼았다. 단, 이 공시적 언어는 실제로 살아 움직이는 언어가 아니라 인간 위에 존재하는 어떤 규범이기에 고도로 추상적인 특성을 지닌다. 이는 랑그와 빠롤의 구분, 그리고 전자에 초점을 둔 결과다.

당연한 얘기지만 언어학은 언어에 대한 학문이며, 언어의 작동원리를 규명하는 설득력 있고 생산적인 언어학 이론이 상당수 있다. 이를 고려한다면 언어를 매개로 하는 번역과 언어학은 얼핏 보기에도 불가분의 관계를 맺고 있다. 1965년 영국의 번역학자 John Catford는 그의 저서 『A Linguistic Theory of Translation(번역의 언어학적 이론)』에서 "그렇다면 번역에 관한 모든 이론은 분명 언어 이론, 즉 일반언어학 이론에 기초해야 한다."는 말로 논의를 시작했다. 하지만 미국의 유명한 언어학자 Noam Chomsky는 뜻밖에도 자신의 이론과 번역의 연관성에 대해 다소 회의적인 입장을 취했다. Chomsky(1965, p. 30)는 심층구조 차원의 보편성에도 불구하고 "서로 다른 언어들 간의 번역에 있어서 논리적인 절차가 반드시 존재한다고 볼 수는 없다."라고 함으로써 자신의 언어학 이론과 번역의 관계에 대한 논의를 사실상 회피했다. 비록 Chomsky가 번역 전문가는 아니지만 논리적 절차나 이론을 넘어서는 그 무엇이 번역에 필요하다는 사실을 깨닫고 한 말일 것이다. 어쩌면 Chomsky가 Ivor Richards의 글을 읽었으리라는 추측을 해본다. Richards(1953, p. 250)는 "번역은 우주 진화 과정에서 발생한 가장 복잡한 유형의 문제로 보인다."라고 했다.

번역과 언어학의 '불확실한' 관계는 번역학 연구에서, 그리고 번역학자들의 상반된 주장에서도 지속적으로 표출된다. Catford와 Chomsky의 연구가 발표된 지 8년 후 독일의 Jörn Albrecht(1973, p. 1)는 번역을 연구한 언어학자가 몇 없다는 사실에 놀라움과 유감을 표명했다. 반면, 러시아의 언어학자 Aleksandr Shveitser는 상반된 주장을 펼쳤다(Shveitser의 연구와 관련, 이 책에서는 후에 출판된 독일어 번역서를 인용함). Shveitser는 다수의 언어학자가 번역이 언어학의 연구 분야가 될 수 있음을 오래 전부터 인정했다고 주장했다(1987, p. 13). 아울러, 언어학이 번역 활동의 가장 낮은 단계만을 설명할 수 있다는 판단은 오류라고 지적하며, 이는 언어학을 지나치게 편협한 관점에서 평가한 것이라고 주장했다. 참고로, Shveitser 또한 어느 러시아 학자가 처음으로 시도했던 번역의 언어학적 기술이 야기한 논쟁을 짧게 언급하기는 했다(Fedorov, 1953). 이러한 언어학적 기술 때문에 '일탈'의 논쟁과 신랄한 비난이 이어지기도 했다(Cary, 1957, p. 187 참조).

시간이 흘러도 번역과 언어학의 접점을 찾는 것은 쉬운 일이 아니었다. Catford와 Chomsky의 책이 발간된 지 약 30년 후, 영국의 Roger Bell (1989, p. xv)은 번역학자들과 언어학자들이 서로 각자의 노선만을 고수하며 평행선을 달리고 있는 현실을 안타까워했다. 프랑스의 Maurice Pergnier는 언어학이 발전함에 따라 언어학을 접목해 번역을 연구할 수 있는 기반이 충분히 조성되고 있음에도 불구하고 번역학계 일각에서는 여전히 번역과 언어학의 관계를 부정하고 있음을 지적했다(1993, p. 9). 번역과 언어학을 분리하기 위해 애썼던 학자 중에는 프랑스의 Marianne Lederer를 꼽을 수 있다. Lederer는 "번역은 언어학이 아닌 다른 차원에서 다루어져야 한다."라고 밝힌 바 있다(1994, p. 87).

이러한 Lederer의 주장은 극단적이다. 언어학은 분명 번역과 관련이 있고 번역 연구에 기여하는 바가 크다. 이에 이 책에서는 번역과 언어학의 접점을 찾아보려 한다. 동시에, 번역 연구에 있어 언어학의 한계 또한 살펴볼 것이다. 특히, 번역을 전적으로 언어적 행위로 여기는 시각, 또는 언어학이 각각의 구체적인 번역 문제에 대한 준비된 해결책을 제시한다는 믿음도 경계할 것이다. 물론, 언어학 덕분에 우리는 구체적인 번역 문제들을 과학적인 방식으로 관찰하고 기술할 수 있으며, 이를 통해 '일반적인 문제 해결 기법'을 추론할 수 있다. 그렇다고 해서 언어학이 각각의 구체적인 번역 문제에 대한 '맞춤식 열쇠'를 갖고 있다고 말할 수는 없다.

언어학과 번역의 관계는 크게 두 가지 차원에서 살펴볼 수 있다. 첫째는 '언어학의 연구 결과를 번역에 적용'할 수 있다는 것과, 둘째는 문학적, 경제학적, 혹은 심리학적 번역 이론이 아닌 '언어학적 번역 이론을 정립' 할 수 있다는 것이다.

첫 번째 접근법은, 예를 들어 사회언어학과 같은 언어학의 연구 분야에서 도출된 연구 결과를 번역 연구에 접목하는 것이다. 우리는 사회언어학이 이룬 연구 성과 덕분에 사회적 지위, 나이, 성별 등에 따라서 언어 사용이 어떻게 달라지는가를 파악하고 기술할 수 있게 됐다. 이러한 연구 결과를 토대로 사회언어학적 다양성을 내포한 텍스트를 번역할 때 발생하는 문제를 파악하고 해결책을 마련할 수 있다.

두 번째 접근법은, 번역할 텍스트 각각의 요소에 언어학 이론을 적용하기보다는 번역 자체에 대한 총체적 개념 및 이론을 정립하는 것이다. 앞으로 자세히 살펴볼 미국의 Eugene Nida가 주창한 역동적 등가(dynamic equivalence) 이론을 예로 들 수 있다. 이 이론은 '사회언어학적 번역 이론'이라 할 수 있으며 수용자 반응(receptor response) 차원의 등가를 핵심으로 하고 있다. 즉, 대화할 상대에 따라 우리가 사용하는 언어가 달라지듯이 다양한 독자에 맞추어 번역가가 도착어 텍스트에 변화를 주어 수용자 반응 차원의 등가를 구현해야 한다는 이론이다.

상기 두 가지 접근법은 언어학과 번역학 연구 모두에서 사용되는데, 이 책에서 다루는 각각의 연구가 어느 쪽에 속하는지는 논의를 진행하면서 그때그때 알아보도록 하자. 이번 장에서는 첫 번째 접근법을 다룰 것이며, 구조주의 언어학의 기본 개념과 주요 연구 분야에 대한 개괄을 제시하고 번역에서 이들 개념이 왜 중요한지를 알아보겠다. 2장부터는 이들 개념에 대한 본격적인 논의가 이루어질 것이다.

2. 랑그/빠롤과 번역

Saussure는 언어가 잡동사니 모음이 아닌 구조화된 체계들의 집합이라는 인식을 확립하는 데 크게 기여했다. Saussure 이전에도 언어의 일부분(예 문법)은 이미 구조화된 체계로 인식되고 있었다. 하지만 Saussure의 연구에서 탄생한 구조주의 언어학은 언어의 다른 부분들 역시 체계적이고 구조적인 본질을 구성하고 있음을 규명했다. 소리 체계(음성학 및 음운론), 문법 체계(통사론 및 형태론), 의미 체계(의미론) 등을 예로 들 수 있다.

Saussure는 언어학이 이들 체계에 대한 연구를 심화시키기 위해서는 랑그(langue)와 빠롤(parole)을 구분할 필요가 있다고 생각했다. Saussure는 '추상적 언어 체계'인 랑그에 대한 탐구를 언어학의 궁극적인 목표로 여겼으며, '언어의 실제 사용'인 빠롤의 경우 체계적이고 과학적인 연구가 사실상 힘들다고 판단했다. 그 요인들이 너무 방대하고 일관성이 부족하다고 생각했기 때문이다.

예를 들어, 술을 잔뜩 마신 후 'I've got a **<u>sore</u>** head.(머리가 아파요.)'라는 말 대신 'I've got a **<u>shore</u>** head.'('shore'는 '해변'이나 '기슭' 등의 뜻으로 부적절한 어휘 선택임)라고 발화했다고 하자.[2] 물론, 언어학에서 'sh'와 's'의 차이를 음소론을 통해 설명할 수 있다. 두 문장의 뜻도 완전히 다르다. 하지만 이는 언어학적으로는 큰 의미가 없다. 랑그가 아닌 빠롤 차원의 문제이기 때문이다. 이는 언어 체계 차원에서 살펴볼 만한 기능이 없는 일회성 사건에 불과하다. 반대로, 멀쩡한 상태에서 'I got a bit **<u>sore</u>** sitting on the **<u>shore</u>**.(해변에 앉아 있었더니 조금 아프네요.)'라는 말을 했을 때, 'sore[sɔ:(r)]'와 'shore[ʃɔ:(r)]'는 언어 체계 차원에서 분명 특

2 [역주] 한국어 예를 들자면, '머리가 <u>깨질</u> 것 같아요.'를 '머리가 <u>까질</u> 것 같아요.'로 발화한 상황이다.

정 기능을 수행한다. 여기에서 나타나는 음(音)의 대조는 의미의 변화를 두드러지게 하는 효과를 창출한다. 또한, 체계적 기준에 따라 그 효과가 나타난다는 점에도 유의해야 한다. 다른 경우(single/shingle, sin/shin 등)에도 마찬가지다. 이러한 차이는 랑그 차원의 문제로 봐야 한다.

랑그와 빠롤에 대한 구분, 그리고 랑그 중심의 연구 덕분에 언어학은 완전히 새로운 지평을 열었다. 하지만 이러한 언어학의 성과는 번역 연구에 있어서는 큰 의미가 없었다. 다시 말해, 랑그와 빠롤을 구분하고 랑그를 위주로 연구하는 언어학의 접근법을 번역학자들도 수용하고 접목해 번역 연구의 진보를 이루려 했지만 그 성과는 너무 초라했다. 결과적으로, 다수의 번역가와 번역학자에게 있어 언어학이 이룩한 성과는, 적어도 번역 연구에 있어서는 무의미하게 여겨졌고 언어학과 번역학의 접목은 불가능한 것으로 받아들여졌다. 예를 들어, 독일의 Dieter Stein(1980)은 랑그 중심의 언어학이 번역 연구에 거의 도움이 되지 않는다고 단언했다(하지만 언어들의 구조적 상이성이 번역을 하는 데 있어 심각한 문제를 안겨줄 수 있다는 사실은 간과했다).

하지만 랑그 중심적인 접근법 또한 언어 체계들 간의 비교를 가능케 한다는 측면에서는 분명 효용성을 가진다. 캐나다의 번역학자 Jean Delisle이 주장했듯, 언어 체계를 이해하고 차이점을 인식하는 것은 번역가로서 반드시 갖추어야 할 기본적인 자질이다(1988, p. 78). 랑그에 대한 기초적인 지식조차 없다면 제대로 된 번역은 사실상 힘들다. 물론, 이러한 지식이 모든 번역 문제를 해결해 주지는 않는다. 독일의 Werner Koller(1979, p. 185)에 따르면 이러한 지식은 '외국어 능력'의 일부며, '번역 능력'의 필요조건이기는 하지만 충분조건은 아니다. 다시 말해, 두 언어 체계에 대한 지식이 있다고 해서 좋은 번역가가 될 준비가 끝났다고 말할 수는 없다. 이에 대해서는 논의를 진행하면서 보다 심도 있게 다룰 것이다.

Stein은 텍스트 및 상황의 본질과 관련된 정보를 포함시키는, 그래서 텍스트 및 상황을 충분히 고려해서 번역하는 '상황/텍스트(Sit/Text)' 접근법을 주장했다. 이는 랑그보다는 빠롤 중심의 언어학적 접근이 필요하며, 번역을 할 때는 앞의 'shore head'가 취중 발화라는 사실(상황)을 반드시 고려해야 한다는 것을 의미한다. 프랑스의 Jean-René Ladmiral(1979, p. 223) 역시 "번역은 랑그의 차이를 통해 빠롤의 본질을 유지하는 의사소통 방법이다."라고 주장했다. 또한, Albrecht(1973, p. 26)는 "번역되어야 하는 것은 '기호체계'가 아니라 '메시지'다."라고 했다. 즉, 랑그가 아닌 빠롤을 번역해야 한다는 것이다. Koller(1979, p. 183)는 "번역학은 빠롤의 과학이다."라고 말했다.

문제는 1970년대까지만 해도 빠롤 중심적인 언어학이 거의 정립되지 않았다는 것이다. 이 때문에 랑그 중심적인 접근법을 포기하는 것이 쉽지 않았다. 대안도 없었고, 랑그 중심적인 접근법을 포기할 경우 번역에 대한 과학적인 이론 정립 자체가 힘들어질 수 있다는 두려움이 기저에 있기도 했다. 시간이 흐르면서 빠롤 중심적 언어학이 점진적으로 발전하기는 했으나 크로아티아의 Vladimir Ivir(1996, p. 153)의 표현을 빌리자면 "이론적인 일관성과 과학적 근거가 빈약한 단순 개념 정립 시도에 불과"한 측면이 컸다. 아이러니하게도 1990년대에 들어와서는 번역 연구에 있어, 랑그 중심적이든 빠롤 중심적이든 과학적 접근법 자체가 과연 존재할 수 있는가에 대한 논란이 일기 시작했다.

번역이 랑그(추상적 언어 체계)가 아닌 빠롤(실제 언어 사용) 차원에서 연구되어야 한다는 점에 대해서는 현재 큰 이견이 없는 상황이다. Pergnier(1993, p. 223)는 번역이 빠롤 차원의 문제라는 데는 의심의 여지가 없으며, 그렇기 때문에 번역에 있어서는 '옳은 번역'이란 존재할 수 없다고 말했다.

랑그와 빠롤은 고도로 추상적인 구분이며 언어의 모든 측면과 관련성을 가진다. 반면 Saussure의 다른 주요 구분법(아래에서 살펴볼 기표/기의)은 구체적인 측면, 즉 가장 낮은 단계와 관련성이 있는데, 결과론적으로는 랑그와 빠롤보다도 더 혁신적인 변화를 가져왔다.

3. 기표/기의와 번역

언어를 하나의 구조라고 본다면 이는 반드시 구성 요소를 가진다. 그 중 가장 중요한 요소는 기호(記號)다. 개념 정의가 힘든 단어(單語)라는 개념에서 벗어나기 위해 고안한 전문 용어가 바로 기호다. 기호는 기표(記標)와 기의(記意)라는 두 부분으로 구성되며 둘 다 정신적인 상태다.[3] 기표는 발화할 때 나는 소리를 듣고 떠오르는 정신적인 이미지로, 예를 들어, '고양이[영어: cat, 러시아어: koshka(영어 발음), 타히티어: mimi(영어 발음)]'라는 발화에 대해 떠오르는 청각 영상이다. 반면 기의는 현실 세계에 존재하는 고양이에 대한 정신적인 개념이다. Saussure의 주요 주장 가운데 하나는 기표와 기의 간의 관계가, 다수의 비언어학자들이 생각하는 것처럼 신이나 대자연에 의해 정해지는 것이 아니라, 사회에서 결정된다는 것이다. 즉, 기표와 기의의 관계는 사회 구성체가 만든 자의적인 관계다. 예를 들어, 양념된 다진 고기가 껍질에 싸여져 길쭉한 관 모양을

3 [역주] 기표는 프랑스어로 'signifiant'이며 한국어에서는 프랑스어 음을 차용해 '시니피앙'이라 부르기도 한다. 이는 의미를 갖거나 전하는 것, 즉 기호 표시라 정의할 수 있다. 반면, 기의는 프랑스어로 'signifié'며 한국어에서는 프랑스어 음을 차용해 '시니피에'라 부르기도 한다. 이는 기표에 의해 표시되는 것, 즉 의미를 말한다.

하고 있는 물체의 기표를 영어로는 'sausage'라 하고 독일어로는 'Wurst'라 한다. 이 두 개의 기표를 비교해서 둘 중 하나가 다른 것에 비해 더 '옳은' 것이라 할 수는 없다. 관 모양의 물체 스스로도 자신에게는 'sausage'가 'Wurst'보다 더 잘 어울리는 단어라고 할 수 있는 특별한 능력이 없다. 단일언어구사자의 경우, 자신이 사용하는 언어의 기표가 더 옳거나 보다 자연스럽다고 느낄 수 있다. 하지만 기표와 기의의 관계는 실제 지극히 자의적이며 세상 어떤 언어에도 발화의 정도(正道)는 없다.

이를 가장 쉽게 이해하기 위해서는 '정치적 올바름(PC: political correctness)[4]' 현상을 살펴보는 것도 좋은 방법이다. PC를 지지하는 사람들은 짧은 시간 내에 기존의 어휘를 완전히 새로운 어휘로 대체시켰다. 이런 시도는 때로는 성공적이고 때로는 그다지 성공적이지 못했지만, 이들이 만든 새로운 어휘는 종종 사회의 표준으로 자리 잡았다. 이런 방식으로 어휘를 완전히 바꿀 수 있는 것은 기표와 기의의 자의적 관계 때문이다.

역설적으로 이 PC 현상이 보여주는 것은 기표와 기의 사이에 특별한 관계가 존재한다는 뿌리 깊은 믿음이 존재한다는 사실이다. 일부 페미니스트들은 기존 어휘에서 'man'이라는 단어를 제거하기 위해 부단히 노력했다. 영어의 'man'이라는 단어가 '성인 남성'과 무관하게 사용되는 경우에도 페미니스트들은 'man'을 제거하려 했다. 예를 들면, '해방하다/석방

---

4 [역주] 정치적 올바름(PC)이란 1990년대에 미국에서 정치적·사회적으로 민감한 금기어를 다른 말로 에둘러 표현하려는 자유주의자들의 시도로 사회적 다양성을 존중하자는 표현에서 성(性), 인종, 종교, 개인 능력의 차이를 전제한 편견이 스며들어 있는 표현을 삼가자는 취지에서 나왔다. 본래 PC는 보수주의자들이 '비아냥거림의 맥락'에서 만든 말이지만, 자유주의자들은 이내 이 말을 긍정적 의미로 받아들여 자신의 정체성의 일부로 삼았다. PC를 지지하는 사람들은 '깜둥이'나 '흑인'이라는 말 대신에 '아프리카계 미국인'이라는 말을 사용했고, '정신박약'이라는 말을 대체하기 위해 '학습장애'라는 말을 만들어내기도 했다.

하다'의 의미를 가진 'e**man**cipate'를 'e**woman**cipate'로 바꾸고자 노력한 경우도 있다. 이는 기표가 기의에 미치는 영향이 지대하다는 사실을 보여주는 흥미로운 예다. 한 가지 농담을 또 다른 예로 들어보자. 돼지가 진흙탕에서 뒹구는 모습을 두 명의 농부가 지켜보고 있다. 한 농부가 옆에 있는 농부에게 "No wonder they be called pigs.(왜 돼지를 돼지라 부르는지 알겠군.)"라고 말한다. 이는 시사하는 바가 크다. 희극 작가인 Terry Pratchett(1989, p. 132)는 이를 간단명료하게 정리했다. "모든 사물은 그 이름으로 정의된다. 이름을 바꾸면 그 본질도 바뀐다."

이런 식의 사고가 완전히 비논리적인 것만은 아니다. 기표와 기의의 관계가 자의적이라고 한다면 번역은 아주 단순한 작업이 될 수 있다. 먼저 기의를 파악하고 출발어의 기표를 제거한 후 도착어 기표로 대체하면 되는 것이다. 번역이 이렇게 단순한 과정을 통해 가능하다면 'sausage'라는 기호를 읽은 후에 기표가 가리키는, 언어로부터 독립적인 기의를 파악한 다음 독일어 기표를 찾아서 대체하면 된다. 이 과정을 거치면 'sausage'는 'Wurst'로 번역될 수 있다. 이렇게 간단하다면 번역은 컴퓨터의 몫이 될 것이다(이에 대한 논의는 너무도 방대하고 전문적이라 이 책에서는 더 이상 다루지 않기로 한다).

하지만 그렇게 단순하지만은 않은 것이 번역이다. 기호가 그저 단순히 의미를 표시(존재하는 사물이나 사상 등을 지칭)하는 것만은 아니다. 기호는 언어 내부 구조를 통해 파생 의미를 지니기도 하고, 언어마다 다르게 작용하기도 한다. '고양이'를 뜻하는 영어의 'cat'과 러시아어의 'koshka'는 동일한 의미 범주를 갖고 있지 않으며, 그 '진정한 의미' 또한 다르다. 영어에는 각각 '나무'와 '숲'을 뜻하는 'wood'와 'forest'라는 별개의 두 단어가 존재한다. 하지만 러시아어에는 'lies'로 발음되는 한 단어만 존재하며 영어의 'wood'와 'forest'를 포괄한다. 따라서 엄밀히 말하자면, 그

의미(또는 의미 범주)는 본질적으로 다를 수밖에 없다.

또한, 단어는 '함축'이라는 것을 수반한다. 우리는 어떤 단어를 떠올릴 때 '좋은 의미'의 단어(예 할머니, 아기, 초콜릿)와 '나쁜 의미'의 단어(예 거미, 코딱지, 달팽이)로 분리해 생각하는 경향이 있다. 이렇듯 많은 어휘가 좋거나 나쁘거나, 긍정적이거나 부정적이거나 하는 함축적 의미를 지닌다. 하지만 동일한 언어권 내에서도 개별 단어의 함축은 사람에 따라 다를 수 있다(어떤 이는 아기를 싫어하고, 어떤 이는 거미에 푹 빠져 있고, 또 어떤 이에게는 할머니란 말 그대로 '마귀할멈'일 수도 있다). 언어권・문화권이 다를 경우 격차는 더 커질 수밖에 없다. 프랑스인들은 달팽이가 담긴 요리가 나오면 우아하게 앉아 음미하면서 먹는다. 영국인들의 반응은 이와는 다소 다를 것이다. 따라서 영국 식당에서는 'snail dish(달팽이 요리)'라고 하기보다는 프랑스어를 차용해 'escargot(에스카르고)'로 나타냄으로써 '끈적끈적하고 불쾌한' 느낌(함축)이 아닌 '이국적이고 좋은' 느낌(함축)을 전하려 한다. 3장에서 자세히 다루겠지만 함축은 결코 쉽지 않은 주제다. 언어학에서도 함축을 본격적인 연구 대상으로 삼기까지의 과정이 순탄치 않았다. 이 책에서는 번역 연구에 도움이 되는 자료에 국한해 살펴보겠다.

4. 계열관계와 결합관계: 단어조합과 연어, 그리고 번역

기호는 기표와 기의라는 자체적인 내부 구조는 물론 두 가지 다른 방식으로 구조화될 수 있다. 기호는 열(string)에서 조합될 수 있고, 집합체(bundle)에서 무리지어질 수 있다. 이를 '연결과 선택(chain and choice)' 모형이라 한다. 연결의 한 지점에서 해결될 수 없던 번역 문제가 다른 지점에서는 적절한 선택을 통해 해결될 수 있다. 예를 통해 살펴보자. 우선 '연결고리 만들기'를 통해 단어 순서를 정한다. 예를 들어, 음식점에서 소시지와 감자튀김을 영어로 주문할 경우, 단어의 문자열을 조합해 'I'd like sausage and chips, please.(소시지와 감자튀김 주세요.)'라고 말할 것이다.[5] 이렇게 단어를 조합하는 순서는 주로 임의로 결정되는 것이 아니다. 이는 통사론의 지배를 받는다. 즉, 언어구조 지배규칙인 통사론에 의해 문장에서 어떤 위치에 어떤 단어가 자리할 수 있는지가 정해진다. 다른 언어에서는 'Like chipsausage would.'의 배열 순서로 말해야 할 수도 있다.[6] 이것이 '결합관계 구조(syntagmatic structure)'다. 전통 언어학에서는 통사론을 글의 표층에 따라, 혹은 말의 흐름에 따라서 존재하는 일련의 배열로 여겼다. 이를 통해 각 배열의 기능이 무엇이며 어떤 배열이 나올 수 있는지 알아내려고 했다. Chomsky의 '혁명적 시도'는 문장의 심층구조에서 문자열이 어떻게 만들어지고 또 어디서 파생되는가를 규명하려 한 것이다.

다음으로 '선택하기'를 통해 '어휘집단(bag)'에서 특정 단어를 선택하게 된다. 앞서 살펴본 예문에서 사용한 'sausage(소시지)'는 'egg(계란)'나 'pie(파이)' 또는 'steak(스테이크)' 등의 다른 단어로 얼마든지 대체가 가능하다. 이것이 '계열관계 구조(paradigmatic structure)'다. 이러한 구조 또한 임의로 결정되지 않는다. 나중에 자세히 살펴보겠지만, 단어는 조합을 통해 의미장(semantic field)을 형성하는 경향을 보인다. 대부분의 사람들은 영어 'knife(나이프)'의 경우, 날붙이류에 해당하지 않는 'cat(고양이)'

5 [역주] 결합관계 구조를 표시하면, '[명사]-[아포스트로피]-[조동사]-[띄어쓰기]-[명사]-[띄어쓰기]-[접속사]-[띄어쓰기]-[명사]-[반점]-[띄어쓰기]-[감탄사]-[온점]'이 된다.

6 [역주] 결합관계 구조를 표시하면, '[동사]-[띄어쓰기]-[명사+명사]-[띄어쓰기]-[조동사]-[온점]'이 된다.

이나 'dog(개)' 등의 어휘보다, 'fork(포크)'와 한 묶음으로 사용하는 것이 자연스럽다고 생각할 것이다.

이러한 조합은 현실 세계를 반영해 자연스럽게 순서가 정해진 듯 보인다. 하지만 기호와 마찬가지로 조합은 종종 사회에 의해 자의적으로 결정된다. 계속해서 음식을 예로 들자면, 사회는 우리가 무엇을 먹어야 하는지, 무엇과 함께 먹어야 하는지에 있어 상당한 제약을 가한다. 'tripe and chips(내장과 감자튀김)'는 영어 메뉴에서는 찾기 힘든 조합이다. 'boiled potato and roast dog(삶은 감자와 구운 개)' 혹은 'broccoli and sauted maggot(브로콜리와 구더기튀김)'도 마찬가지다. 물론, 다른 문화권에서는 개나 구더기가 음식이 될 수 있다. 이런 문화적 격차가 번역가에게는 난제가 될 수 있다. 만약 영어에서 사용되는 'fish and chips(생선과 감자튀김)'라는 조합이 '전형적인 저렴한 식사'라는 사회언어학적 함축을 나타내기 위해 출발어 텍스트에서 의도적으로 사용되었을 경우, 이를 다른 언어로 번역할 때는 일종의 문화적 번안을 시도할 수도 있다. 다시 말해, '전형적인 저렴한 식사'라는 함축을 내포한 도착어 문화권의 음식으로 대체할 수 있다는 것이다. 이 때문에 우리는 언어학에 갇혀서는 안 된다. 물론, 언어적 현상을 기술하기 위해 언어학을 이용하는 것은 매우 유용하다. 하지만 해결책을 강구할 때는 다른 분야의 도움이 절실하다.

'tripe and chips(내장과 감자튀김)'의 예에서 보았듯이 계열관계(어휘집단에서 단어 선택)와 결합관계(선택된 단어들을 조합)는 연어(collocation)와 개념이 유사함을 알 수 있다. 일반인들이 관용구(set phrase)라 부르는 것을 전문 용어로 연어라고 한다. 시(詩)적인 발상이나 무모한 시도 등의 특별한 상황을 제외한다면, 어휘 집단에서 오래 전에 사용했던 언어를 꺼내서, 사용하지 않는 다른 단어와 아무렇게나 조합해 사용할 수는 없다. 소위 '선택 제약(selection restrictions)'의 지배를 받게 되며, 이는 상당히 엄격할 수 있다['누군가가 미쳤다'를 나타낼 때, 'bats in the **belfry**(종탑 안의 박쥐들)'라고 하지, 'bats in the **steeple**(첨탑 안의 박쥐들)'이라고 하지는 않는다]. 하지만 때로는 그다지 엄격하지도 않은 것 같다. 영국 총리는 'two bananas short of a picnic(피크닉이 없는 두 개의 바나나)'이라는 존재하지 않는 표현을 '아무개가 미쳤다'라는 의미로 사용하기도 했고, 대부분의 영국인들이 'egg and chips(계란과 감자튀김)'라고 말하는 것과 달리 영화 『Shirley Valentine(셜리 발렌타인)』에서 여주인공은 'chips and egg(감자튀김과 계란)'라고 말한다.

일부 연어는 상당히 자의적이다. 'rain(비)', 'cat(고양이)', 'dog(개)' 사이에는 어떤 형태의 연결고리도 존재하지 않는 것 같다. 하지만 영어에서는 '비가 억수같이 쏟아진다.'를 'It's **raining** **cats** and **dogs**.'라고 표현한다. 반면 일부 연어에는 분명한 '동기'가 있다. 즉, 연어에서 사용되는 어휘와 나타내고자 하는 모습이나 사상 등 사이에 일종의 연결고리가 존재하는 것이다. 예를 들어, '비가 억수같이 쏟아진다.'의 프랑스어 등가 표현인 'Il pleut comme vache qui pisse.(소가 오줌 누듯 비가 쏟아진다.)'는 상당히 '묘사적'이다. 서로 어울리는 연어를 잘 알고 있거나 혹은 우연히 그 조합이 잘 들어맞을 경우 훌륭한 번역이 가능하다(사전에 이런 등가 표현이 항상 제시되는 것은 아니다).

외국어에서 모국어로 번역을 하는 경우에도 잘못된 연어를 사용할 수 있다. 번역을 전공하는 영국 학생이 'lost in a sea of explanations(설명의 바다에 빠져 헤매다)'라는 존재하지 않는 영어 표현을 사용해 번역을 한 경우가 있다. 이 학생이 사용한 표현은 의미는 같지만 구성 어휘가 각각 다른 두 연어 'drown in a sea(바다에 빠지다: 오리무중)'와 'lost in a fog (안개 속에서 길을 잃다: 오리무중)'를 조합한 결과다. 하지만 특정 연어가 맞거나 틀리다고 쉽게 단정할 수는 없다. 중요한 것은 수용성

(acceptability)이다. 다시 말해, 특정 연어[예 'The cow strolled over to the fence.(소가 느긋이 담장을 넘었다.)']가 과연 모국어 화자들에 의해 거부감 없이 받아들여질 수 있는지 여부가 가장 중요하다.

옳고 그름보다는 수용성의 높고 낮음에 의해 연어 사용이 결정되기 때문에 한 언어권 내에서도 무엇이 연어인지, 무엇이 연어가 아닌지에 대해 이견이 있을 수 있다. 캐나다의 Jean-Paul Vinay와 Jean Darbelnet(1958, p. 89)은 프랑스어 '**échappe à** l'analyse(분석의 예외가 되다: 분석이 불가능하다)'가 영어의 '**baffles** analysis(분석을 당황하게 만들다: 분석이 불가능하다)'로 번역될 수 있다고 주장해 영국 사람들을 당황하게 만들었다. 연어 수용성을 고려하지 않는다면 'échapper à(벗어나다, 예외가 되다)' 자리에 'baffle(당황하게 만들다, 이해할 수 없다)'이 들어갈 수 없다고 보기는 힘들다. 하지만 Vinay와 Darbelnet이 제안한 'baffles analysis'라는 표현은 영국인들에 의해 수용되지 않았다[영국인들은 '**defies** analysis(분석이 불가능하다)'라는 연어에 매우 친숙한 것 같다]. 영어의 'baffle'이 'analysis'와 연어로 사용할 수 없다고 사전에 명시되어 있지는 않다. 그렇다고 해서 두 단어가 연어로 사용될 수 있다는 것은 아니다.

Hans Hönig와 Paul Kussmaul(1984, p. 98)이 주장했듯, 도착어의 연어 수용성 범위를 벗어난다고 틀린 번역이라 단정할 수는 없다. 꼭 필요한 경우도 있기 때문이다[예를 들어 시(詩)의 경우]. 하지만 특별한 이유 없이 수용성이 낮은 연어를 사용할 경우 독자의 기대와 상반될 뿐만 아니라 독자에게 일시적 혼란을 안겨줄 수 있다. Ladmiral(1979, p. 221)은 이를 글을 읽는 과정에서 제동 효과(braking effect)를 유발하는 행위라고 설명했다. 출발어 텍스트에는 존재하지 않던 효과다. 이후 자세히 다루게 될 타국화 번역(foreignizing translation)을 지지하는 번역가들은 이 효과를 매우 선호한다.

이들 개념(기호, 연어 등)은 보다 전통적인 본질을 가진 기존의 언어학 개념들과 함께 구조주의 언어학을 낳았고, 구조주의 언어학 덕분에 우리는 단어 및 문장 구조를 보다 자세히 분석할 수 있게 됐다.

여타 인문학 분야에서도 앞의 '연결과 선택' 모형은 성공적으로 응용됐다. 즉, 의미장('옷'을 예로 들자)에서 항목을 선택하고, 사회적으로 결정된, 상당히 자의적인 순서('유행')로 이들 항목을 연결하는 것이다. 사회언어학과 화용론에서도 이와 같은 사회적 구조를 다루고 있는데, 랑그보다는 빠롤과 관련성이 더 크다. 물론, Saussure가 정의한 '기표/기의' 혹은 '계열적/결합적' 관점에서도 분석이 가능하다. 1장에서는 사회언어학과 화용론을 간략히 소개만 하고 10장과 11장에서 본격적으로 다루겠다.

5. 사회언어학과 화용론, 그리고 번역

앞서 제시한 'tripe and chips(내장과 감자튀김)'의 예는 사회언어학이나 화용론과도 관련이 있다. 만약 누군가가 음식점에서 'tripe and chips(내장과 감자튀김)'를 주문한다면 이를 보는 다른 손님들의 반응은 크게 두 가지로 나뉠 것이다. 첫째, 이 발화의 주인공이 천박한 하층민이라고 판단할 가능성이 크다. 둘째, 그런 음식을 먹는다는 사실 자체가 충격으로 다가올 수도 있다. 어쩌면 두 가지 반응을 동시에 보일 것이다.

첫 번째 경우, 문제의 화자는 자신을 특정 사회계층으로 분류하고(영국 중산층 사람이 내장을 먹는 일은 거의 없다), 영국의 특정 지역 출신(아마도 런던이나 북부 출신)이라는 점도 억양을 통해 나타낼 수 있다. 이는 사회언어학과 밀접한 관련이 있다. 나이·계급·출신·지위 등과 관련해서 언어를 연구하는 분야가 사회언어학이다. 이 분야는 단순한 언어사용을 넘어 현실 세계의 지식과 경험을 결부시키는 것이기에 언어학의 '가장자리'에 위치한다고 말할 수 있다. 하층민으로 여겨지는 것이 'tripe and chips(내장과 감자튀김)'라는 어휘 때문인가? 아니면 음식 자체가 문제인가? 구분이 결코 쉽지 않다. 이집트 출신 학자 Mona Baker (1992, p. 183)는 "번역에서 언어 외적인 것과 언어적인 것을 구분하려는 시도는 크게 유용하지 않다."라고 했다. 하지만 번역에서 언어학의 역할이 과대평가되는 것은 문제가 있기에 가능하다면 이 둘을 구분하도록 노력해야 한다.

만약 'tripe and chips(내장과 감자튀김)'를 주문하는 것이 의도적으로 문제를 일으키기 위한 목적(예 다른 손님들에게 충격을 주기 위한 목적)이라면 화용론의 관점에서 문제를 살펴봐야 한다. 화용론이란 언어 사용을 통해 우리가 실제로 하는 것이 무엇인가를 연구하는 언어학의 한 분야다.[7]

예를 들어, 누군가에게 존경심을 나타내기 위해 사용하는 언어적 표현 양식은 언어에 따라 다르다. 따라서 특정 의도가 있는 경우를 제외한다면, 출발어 텍스트의 표현을 있는 그대로 옮긴다면 우스꽝스러운 번역이 될 가능성이 크다. 같은 맥락에서, 'Can you lend me 100 yen?(100엔만 빌려 줄 수 있어?)'이라는 글귀가 담긴 소설을 번역한다면, 현재 환율을 따져서 정확한 금액으로 번역하기보다는 소위 '장면 대 장면(set-to-set)' 번역을 해야 한다(Malone, 1988, p. 102). 여기서 중요한 것은 정확한 '금액'이 아닌 재정적인 도움을 청하는 '행위'이기 때문이다.

이와는 반대로, 만약 기계 혹은 부품을 설명하는 문서를 번역하는 경우, 측정 단위를 미터법에서 임페리얼[8] 방식으로 바꾸는 '무모한 짓'을 했다

7 [역주] 다시 말해, 글과 말의 사용을 통해 우리가 달성하고자 하는 의도, 목적, 효과 등을 탐구하는 학문이 화용론이다.

8 [역주] imperial: 영국 법정 표준 도량형 단위(야드, 파운드 등)

면, 이 때 출발어 텍스트에서 사용된 숫자는 분명 특정 목적으로 사용되는 것이기 때문에 반드시 계산기를 사용해야 한다. 필자가 '무모한 짓'이라는 과격한 표현을 사용한 것은 번역가가 측정 단위를 바꾼 결과 재앙이 발생한 경우가 있기 때문이다. 번역가가 측정 단위를 변경한 후 미미한 수치라 판단해 절사했는데 이 '미세한' 차이 때문에 제작된 부품이 모두 폐기 처분되는 불상사가 일어난 것이다.

언어학의 바다에 본격적으로 빠지기 전에 우리는 앞서 살펴본 기호의 개념을 정확하게 이해하고 있어야 한다. 기호의 자체 구조는 물론 다른 요소와의 관계도 알아야 한다. 또한 번역에 있어서의 기호의 중요성을 인식해야 한다.

02
단어 하부 성분과 번역

1. 소리의 번역

각각의 언어는 인간이 만들 수 있는 많은 소리 중 일부만을 선택해서 사용한다. 다시 말해, 각각의 언어가 표기할 수 있는 음(音)은 유한하다. 하지만 흥미로운 점은 이렇듯 제한된 소리 표기 체계 내의 문자들을 조합해 무한히 많은 단어를 만들 수 있다는 사실이다. 이것이 바로 언어의 마술이다. 유한한 체계가 무한한 체계로 변신하는 신비로운 세계가 펼쳐진다.

소리는 언어학의 한 분야인 음성학의 탐구 대상이다. 음성학은 고도로 전문적인 용어를 사용해 언어적인 소리를 분석한다. 어찌 보면 번역이 문자를 대상으로 하는 작업이기 때문에 소리에 대한 연구는 번역과 큰 관련이 없을 수도 있다. 하지만 문학 작품의 경우 소리가 특수 효과를 얻기 위한 장치로 사용될 때가 종종 있다. 물론, 다른 텍스트 유형에서도 사용된다. 예를 들어, 두운(頭韻, alliteration)('**M**ake **m**ine a **M**artini.'와 같은 첫 자음 맞추기)과 유운(類韻, assonance)('Those l**azy**, h**azy** d**ay**s of summer'와 같은 모음 맞추기)의 경우 특정 방식의 소리 조합을 통해 특수 효과를 창출하기 위해 사용된다. 이를 음성학에서 사용하는 학술 용어를 통해 설명할 수는 있지만 굳이 그럴 필요는 없을 것 같다. 다시 말해, '**M**ake **m**ine a **M**artini.'가 설음에서 발음되는 전방성 유성비음(n) 대신 설음에서 발음되지 않는 전방성 양순비음(m)으로 대체된 것이라는 음성학적 설명을 번역가가 굳이 알 필요는 없다는 것이다. 이러한 용어를 알고 있더라도 글을 너무 빨리, 혹은 대충 읽는 경우에는 애당초 그 소리 효과를 인지하지 못하게 된다. 즉, 번역가에게는 음성학적 지식보다는 소리 효과에 대한 '민감도' 자체가 훨씬 더 중요하다. 출발어 텍스트 저자가 소리를 통해 특수 효과를 얻고자 했는지, 소리를 통해 실제 어떤 효과가 창출되는지 등에 민감해야 한다는 것이다. 이에 대한 인식이 있어야만 소리 효과(어떤 것은 상당히 미묘한 경우도 있다)가 의도적인 것인지 혹은 우연한 것인지 판단할 수 있고, 비록 도착어에서 같은 소리를 사용하지는 않더라도 결과적으로 출발어의 소리 효과를 도착어로 전이시킬 수 있는가도 판단할 수 있다.

질병에 관한 독일어 텍스트를 보자. 치사율이 높은 질병 가운데 절반가량이 '**ange**fressen, **ange**soffen und **ange**schmokt(폭식, 폭음, 폭연)' 때문이라는 문구가 있다. 독일어의 구조적 반복(ange-)을 도착어 텍스트(예 영어)에서 그대로 재현하는 것은 쉽지 않아 보인다. 현대 식품 생산에 관한 프랑스어 텍스트에서 저자는 'Nous l'avons standard**isée**, uniform**isée**, mondial**isée**. Donc, fragil**isée**.(규격화, 통일화, 세계화, 취약화)'라는 말을 했다. 번역가는 우선 반복된 각운(물론, 일부 독자는 이를 인식하지 못했을 수도 있다)이 저자의 의도에 따른 것인지, 아니면 우연의 일치인지를 파악해야 한다. 미국의 언어학자 Joseph Malone(1988, p. 205)이 고안한 '경험 법칙'을 상기 예문에 적용하면, 단어가 연이어 등장하기 때문에 소리 효과는 저자가 의도했음이 거의 확실하다(그렇다고 100% 확신할 수는 없다). 하지만 이 각운이 프랑스어-영어 번역에서도 동일하게 재현될 수 있을까? 첫 번째 단어(standardisée→standardized)와 세 번째 단어(mondialisée→globalized)는 각운을 살려서 영어로 번역하기 수월하다. 하지만 두 번째(uniformisée→?)와 네 번째 단어(fragilisée→?)는 그렇지 못하다. 이 문제를 해결하기 위해 어느 정도의 노력을 기울여야 하는가에 대해 고민해 볼 필요가 있다.

미니맥스 원칙(minimax principle)이 답이 될 수도 있다. 이 개념을 번역에 최초로 도입한 사람은 체코의 번역 이론가 Jiří Levý(1967)이며, 이어 독일의 Wolfram Wilss(1994)가 연구를 계속했다. 미니맥스 원칙은 최소의 노력과 위험 부담으로 최대의 효과를 거두기 위한 전략이며, 개별 상황에 맞춰 노력의 양을 결정해야 한다는 것이다(물론, 사람들은 판단 착오로 인해 해결할 수 없는 문제에 쓸데없이 많은 시간을 허비하기도 하고 혹은 너무 빨리 포기하기도 한다). 앞에서 살펴본 예문의 경우, 텍스트의 주된 기능은 정보 전달이다. 번역가가 프랑스어 'uniformisée(통일화)'에 상응하는 영어의 'homogenized(동질화)'를 우연히 떠올려 의미와 각운 차원의 등가를 모두 달성할 수 있게 됐다고 하자. 그는 모든 각운을 도착어에서 재현할 수 있다는 희망을 잠시나마 품을 수도 있다. 하지만 네 번째 단어 'fragilisée(취약화)'에 맞닥뜨리는 순간 아마 체념하게 될 것이다. 그리고 전술했듯 텍스트의 기능이 정보 전달이기 때문에 번역가는 지나치게 많은 노력을 기울일 필요가 없다고 판단하게 될 것이다(마감시간과 번역료가 번역가의 판단에 영향을 주기도 한다). 이렇듯 언어학이 문제를 파악하고 해결책을 제시하는 데는 큰 도움이 되지만 최종 판단에 영향을 미치는 것은 언어 외적 요소다.

독일의 Rudolf Zimmer(1981)는 수세기에 걸쳐 번역된 프랑스어-독일어 문학 작품에서 사용된 말뭉치(corpus)를 조사해 말놀이(word-play)[1]에서 사용된 소리가 어떻게 번역됐는지를 연구했다. Zimmer는 다양한 번역 전략이 사용된 것을 확인할 수 있었다. 출발어 텍스트에서 사용된 장치를 도착어 텍스트에서 다른 종류의 장치로 바꾸는 경우(예 두운을 유운으로 바꾸는 경우)도 있었고, 번역과정에서 불가피하게 사라진 출발어 텍스트의 효과에 대해 도착어 독자에게 다양한 형태(예 각주, 괄호)로 설명하는 경우도 있었다. 아울러, 출발어 텍스트에서 각운이 사용된 경우 해당 출발어 단어와 동일하거나 유사한 도착어의 의미장에서 새로운 어휘를 선택해 각운을 재현하는 경우도 있었다[이 경우 출발어 텍스트와 외연적 의미(denotational meaning)가 달라질 수 있다].

마지막 번역 방식과 관련한 가장 대표적인 예는 Levý가 인용한 독일시 「Ein Wiesel Saß auf einem Kiesel inmitten Bachgeriesel(족제비가 왁자지껄한 개울 한가운데 있는 조약돌에 앉아)」의 번역이다. 번역된 시의 경우, 족제비를 제외한 모든 단어가 외연적 의미는 다르지만 각운을 맞출 수 있는 어휘로 완전히 바뀌었다. 각운의 효과를 살리기 위해 의미의 희생 또는 변화를 감수한 것이다. Levý(1969, pp. 103-104)는 족제비의 경우에도 우연히 각운이 맞아서 그렇지, 각운이 맞지 않을 경우 각운을 살릴 수 있는 다른 동물로 번역할 수 있다고 주장했다. 다시 말해, 텍스트의 기능이 정보 전달이 아닌 말놀이에 집중되어 있기 때문에 가장 '일반적인' 의미(동물, 장소, 위치 등)만을 번역한 후 소리 효과를 위해 '구체적인' 의미의 변화도 감수할 수 있다는 것이다.

의미 왜곡 없이 적절한 전이를 통해 소리 효과를 유발하는 것은 매우

---

1 [역주] '말놀이'란 음성학적으로 유사하고 의미나 철자가 다른 단어를 사용해 음성적 유사성에 근거하면서 의미 및 철자 차이를 이용한 효과를 꾀하는 것을 가리킨다.

어려운 일이기 때문에 최근에는 압운시가 무운시로 번역되는 경우도 종종 있다. 스페인의 한 시인은 이런 번역의 역효과를 한탄하며 "나는 러시아어로는 운율을 느꼈다!"라고 했다(개인 서신).

이렇듯 소리 차원에서 번역이 이루어져야 하는 경우는 텍스트의 의미보다 소리 효과가 더 중요한 경우다. 물론, 대부분의 번역가에게 이는 드문 경험이겠지만 거의 모든 언어에서 그 예를 찾아볼 수 있을 정도로 공통적인 현상이기도 하다. 이 경우 출발어와 최대한 유사한 소리가 나는, 계열관계에 있는 도착어 단어를 선택하는 것도 유용한 방법이다. 러시아어로 '러시아인'을 뜻하는 단어 'ruskii'를 영어로 발음 나는 대로 'rust key(녹슨 열쇠)'라고 번역하거나, 독일어로 '축구'를 뜻하는 'Fußball'을 발음 그대로 'fuzz ball(보풀 덩어리)'로 번역할 수도 있다. 하지만 이는 출발어 의미와는 관련이 없는 다소 '기이한' 번역이 된다. 이런 방식의 번역은 난센스 번역이며 말장난을 이해하는 소수의 독자에게만 말의 묘미를 안겨 줄 것이다. 만약 단어들을 통사적으로, 그리고 의미적으로 연결하고자 한다면, 출발어 텍스트와는 완전히 다른 도착어 텍스트로 바뀌어, 심지어 주제까지도 달라질 수 있다. 따라서 시간이 흐름에 따라 계속해서 '주제와 변환 놀이(game of theme and variation)'를 할 수 있게 되는 것이다. Zukofsky(1969)가 멋들어지게 번역한 라틴어 시 「Catullus(카툴루스)」가 이를 보여주는 아주 좋은 사례다.

소리의 번역이 무척 어렵기는 하지만 상당히 흥미로운 작업이기도 하다. 잘 알려진 명언이나 광고 문구를 번역한다고 하자. 'Vorsprung durch Technik(기술을 통해 이끌다)'이라는 광고 문구를 어떻게 번역하겠는가? 소리만 같도록 영어로 번역한다면, 필자의 실력으로는 영어 의미와 문법을 완전히 무시한 'Boris pronged Dirk a nick(보리스 갈래 더크 자국)' 정도가 최선일 것 같다. 물론, 이 번역은 문법에도 어긋나고 말 자체가 안 된다.

영화를 더빙할 때도 소리의 번역은 아주 중요하다. 의미 전달을 떠나 배우의 입 모양과 대사가 일치하지 않는 더빙 번역은 결코 바람직하지 않다. 보기에도 좋지 않고, 영화를 이해하는 데도 방해가 될 수 있다. 어쩌면 눈엣가시처럼 성가실 것이다. 이 책에서 모두 논하기에는 너무 복잡한 주제다. 영화 더빙 번역은 예상치 못한 부작용을 낳기도 한다. 영어 대사 'I'm sorry.(미안해.)'를 독일어로 더빙 번역할 경우, 'Es tut mir Leid.(미안해.)'로 옮기는 경우가 많다(이는 영어의 'm'과 입 모양을 맞추기 위함이다). 하지만 사과의 표현으로 가장 흔히 사용하는 등가어는 'Entschuldigung.(미안해.)'이다. 안타깝게도, 더빙 번역 때문에 일부 독일인들은 'Entschuldigung.(미안해.)'보다 'Es tut mir Leid.(미안해.)'를 더 많이 사용하게 됐다. 번역을 가르치는 Nigel Ross(1995)는 영어를 이탈리아어로 더빙할 때도 이와 유사한 경우가 있다고 설명했다.

차용이나 모사 등의 번역 기법은 잠시 후 자세히 살펴보게 되겠지만, 이들 기법을 통해 번역을 할 경우 출발어의 언어적・문화적 체계가 도착어권에 전이 또는 강요되는 식민지화(colonizing)로 이어질 수 있다는 점을 우선 알아두자. 실제로 일부 번역학자들은 이러한 제국주의를 막기 위한 번역 기법을 도입해야 한다고 주장한다[Douglas Robinson의 『Translation and Empire(번역과 제국)』 참조]. 조금 쉬운 예를 찾아보자. 영화의 명대사를 더빙하는 것은 참으로 어려운 일이다. 『Gone with the Wind(바람과 함께 사라지다)』에 나오는 유명한 대사 'Frankly, my dear, I couldn't give a damn.(솔직히 말해, 난 신경 쓰지 않소.)'을 더빙 번역한다고 하자. 입 모양에 맞도록 번역하는 것이 얼마나 어려운지 쉽게 알 수 있을 것이다.

소리를 번역하는 것은 결코 하찮은 문제가 아니다. 외국어 단어나 고유명사를 번역할 때도 그렇다. 출발어의 문자 체계에 따라 해당 단어의 번역 방법이 결정되기도 한다. 다시 말해 문자를 중심으로 번역되는 경우도, 소리를 중심으로 번역되는 경우도 있다. 예를 통해 이 둘의 차이를 살펴보도록 하자. 모스크바에서 올림픽이 열렸을 때 BBC 방송국 스포츠부 기자가 시청자에게 러시아의 지역적 색채를 전달하는 과정에서 러시아어에 대해 잠시 얘기하기로 했다. 식당 간판이 걸려 있는 건물 앞에 서서 기자는 이렇게 말했다. "지금 보시는 건물의 간판에는 'pectopah'라고 쓰여 있습니다. 사실, 이는 '레스토란' 또는 '레스토랑'이라 발음됩니다." 이 경우, 기자는 간판의 문자를 먼저 번역한 후, 이어서 소리를 번역한 것이다.

프랑스 소설 속 주인공 이름이 'Henri'라고 하자. 철자 하나만 바꿔서 'Henry'라고 번역한다면 이는 미적 · 문화적 · 정치적 문제를 야기할 것이다. 따라서 이처럼 이름을 번역해야 할 때는 주로 철자를 그대로 사용해 'Henri'라고 번역하게 된다. 하지만 이렇게 번역을 하면 프랑스어를 모르는 사람들은 'Henri'를 어떻게 발음할지 모를 것이다. 'Henri'의 경우 프랑스어로는 대략 '옹리'와 비슷하게 발음된다. 'Henri, on rit.[2]'의 경우처럼 이름이 말장난의 대상이 될 수도 있기 때문에 소리의 문제가 중요할 수 있다. 대다수의 번역가는 외국어 철자를 그대로 빌려서 번역하는 방법을 선호하는 것으로 보인다. 그렇지만 이는 도착어 독자의 외국어 발음 능력을 과대평가하는 것일 뿐만 아니라 번역과정에서 얼마나 큰 손실이 야기되는지를 제대로 파악하지 못하는 것이다.

출발어가 상이한 문자 체계를 사용한다면, 번역은 철자가 아닌 소리를 중심으로 번역된다. 'John'에 해당하는 러시아어 이름이 'Ibah'가 아니라 'Ivan'인 것이 그 예다. 하지만 심지어 국제적으로 통용되는 관행이 있더

2 [역주] 'Henri, on rit.'를 프랑스어로 읽으면 '옹리, 옹 리.'에 가깝게 발음되어 말장난이 된다. 참고로, 뜻은 'Henri, 우리는 웃어요.'다.

라도 실제 번역에서는 혼동되는 경우가 종종 있다. 러시아어의 속격 혹은 소유격의 경우 남성 단수 형용사는 '-ogo'로 끝나며 '-오보(-ovo)'로 발음된다. 일부 출판업자는 이를 문자 그대로 번역하고(ruskogo/러스코고), 일부는 발음에 따라 번역한다(ruskovo/러스코보).

소리를 번역한 또 다른 유명한 예로 앤서니 버제스의 『A Clockwork Orange(시계태엽 오렌지)』를 들 수 있다. 작가는 자신만의 독특한 방식으로 러시아어에 바탕을 둔 일종의 '미래 속어(future slang)'를 만들었다. 예를 들자면, 'horrorshow'는 '훌륭한'을, 'krovi'는 '피'를 뜻한다. 이런 단어를 다른 언어로 번역할 때는 소리 효과 차원에서 도착어에 맞게 번역해야 한다(러시아어로 번역될 경우 그 효과는 완전히 상실될 것으로 추정된다). Catford(1965, pp. 56-65 참조)는 소리와 문자 체계의 번역과 관련된 연구를 짧게나마 다루고 있다. 이런 연구를 찾는 것도 쉽지 않지만, Catford와 같이 체계적으로 분석한 경우가 거의 없다는 측면에서 관심을 끈다. 물론, 대다수의 예비 번역가에게는 그다지 유용하지 않을 수도 있다. 그러나 기록이 없는 구전 언어의 소리와 문자 체계를 연구하는 인류학 분야에서는 이와 같은 연구가 진가를 발휘한다.

2. 형태소의 번역

개별 소리와 문자는 의미가 없는 단위다. 반면 형태소(morpheme)는 그 위의 단계에 자리 잡고 있으며 '의미'를 갖는다. 1993년부터 방영돼 폭발적인 인기를 누린 『The Mighty Morphin Power Rangers(마이티 모핀 파워 레인저)』를 통해 일반 대중에게 형태소라는 개념이 알려지기 전까지만 해도 형태소는 학계에서만 알려진 용어였다. 파워레인저들은 자신의 외형 혹은 '형태(morph)'를 변화시켜 강력한 힘을 가진 전사가 된다. 형태소는 뜻(義)을 지닌 최소의 언어 단위다. 만약 'cba'라고 발화한다면 이는 아무런 뜻이 없는 말이 되어(두문자어도 아니다) 결국 특별한 이유 없이 소리를 만들어낸 것이 된다('cb'로 시작하는 조합은 영어에서 사용되는 일이 거의 없다). 반면 'He doesn't even know abc of the subject.(그 사람은 그 분야에 대해서는 abc도 모르는 사람이라고요.)'라고 말한다면, 여기서 'abc'는 '기본'이라는 의미를 갖는 하나의 형태소가 된다('abc'의 형태소가 하나인지 셋인지에 대해서는 논쟁을 좋아하는 사람의 몫으로 남겨두자).

물론, 형태소 차원의 번역이 그리 흔한 일은 아니다. 하지만 시나 소설의 경우, 형태소의 사용을 통해 글의 재미가 배가되기도 한다. 루이스 캐럴의 「Jabberwocky(재버워키)」가 대표적인 경우다. 이 유명한 시는 일반적으로 번역이 힘들다고 여겨지는데('''Twas brillig and the slithy toves did gyre and gimble in the wabe:[3]'로 시작한다), 캐럴이 사용한 대부분의 단어가 복수의 형태소를 조합한 결과물(예 'slithy'='lithe'+'slimy'의 합성어)이기 때문이다. 하지만 그렇기 때문에 이 시에 등장하는 각각의 포트맨토는 오히려 번역하기 수월할 수 있다. 포트맨토인 'brillig[4]'과 같은 신조어를 형태소 단위로 나누는 것은 그리 어렵지 않다(어근 'brill-'과 형용사 종결어미 '-ig'로 나눌 수 있다). 또한 적합한 도착어 형태소를 찾는 것도 쉽다(예를 들어, 'brillig'은 프랑스어에서 'brilgeait'가 된다). 하지만 각운과 운율을 동시에 맞춰야 한다면 얘기가 달라진다. 참고로, 문법 또한

---

3 [역주] 최인자(2005)가 번역한 『거울나라의 앨리스』를 보면 '지글녁, 유끈한 토브들이 사이넘길 한쪽을 발로 빙돌고 윙뚫고 있었네.'로 옮겨져 있다. 포트맨토로 구성된 넌센스 시의 특성상 센스 세계의 어휘를 피하면서 다중의미 해석의 여지를 제공하기에 번역이 수월하지 않을 수 있다.

4 [역주] 'brillig'의 경우 '저녁 식사를 위해 (고기를) 굽는 시간'을 가리킨다. 한국어로는 '저물녘', '굽때', '지글녘' 등으로 번역된다.

일종의 의미를 가질 수 있다는 점에도 주목해야 한다. 'brillig'의 '-ig'는 'dog(개)' 등의 개별 단어와는 성격이 다르지만 분명 문법적 기능을 수행하는 의미를 갖는다.[5]

철학 및 과학 관련 텍스트에서는 특히나 형태소 전이가 빈번하게 이루어진다. 비록 이를 고안한 Vinay와 Darbelnet(1958)이 생각한 것보다 한 단계 아래의 번역 기법으로 '강등'되기는 했지만, 철학 및 과학 텍스트 번역에서 모사(calque) 번역 기법의 사용이 이에 해당한다. 독일 철학자 하이데거의 글을 영어로 옮긴 번역가는 새로운 영어 단어를 고안해서 번역하기보다는 주로 하이데거가 만들어낸 복합어를 형태소 단위로 직역했다. 예를 들어, '폭로성'을 의미하는 새로운 복합어 'Er-schlossen-heit'를 번역할 때, 번역가는 사전에서는 찾아볼 수 없는 'dis-closed-ness'로 형태소 단위별로 번역을 했다. 새로운 화학물질이나 기술 관련 용어를 번역할 때, 영어나 프랑스어와 같이 그리스어나 라틴어를 흔히 사용하는 언어가 아닌 다른 언어로 번역하는 경우에도 형태소 전이 방식은 종종 사용된다. 기존의 화학물질도 예외가 아니다. Oxygen(산소)은 형태소 차원에서는 '산을 생성하는 것'을 의미한다. 독일어로는 그 의미를 폭넓게 해석해 'Sauerstoff(신 물질)'로 번역하지만 러시아어로는 형태소 차원에서 직역해 'kislorod(산 생성)'로 발음되는 단어로 옮긴다. 러시아어는 번역 정책이 언어에 어떤 영향을 미치는지 보여주는 좋은 예다. 심지어 비과학 분야의 용어라도 라틴어의 형태소를 러시아어 어근으로 번역한 경우가 허다하다. 'soznaniye(양심)'로 발음되는 러시아어는 라틴어 'con-(함께)'과 '-scientia(지식)'에 각각 상응하는 러시아어를 결합해 번역한 경우다.

---

5 [역주] 다시 말해, 'brillig'의 'ig'는 실질 형태소는 아니지만 문법 형태소다.

실제 우리는 부지불식간 형태소 단위의 번역을 종종 한다. 물론, 형태소 단위의 번역 자체에 대한 인지(認知) 여부에 의해 좋은 번역과 나쁜 번역이 결정되기도 한다. 앞서 살펴본 러시아어 예처럼 형태소를 형태소로 그대로 옮기기보다는 형태소를 그 상위 단계인 단어나 구로 번역하는 방법도 고려할 필요가 있다. 이는 Catford가 제시한 위계 변이(rank shift)[6] 번역 기법이다. 예를 들어, 하위 단계의 형태소를 상위 단계의 구로 번역할 경우 위계 변이가 발생한다. 다음의 두 가지 예를 통해 좀 더 자세히 살펴보자.

어떤 언어는 복수형 어미를 사용하는 반면 그렇지 않은 언어도 있다. 이 경우 출발어 복수형 형태소를 어휘적 수단을 이용해 번역하는 것이 상당히 유용하다. 이러한 번역 방식에 있어서는 번역학자들의 인식이 일치하고 있음에도 불구하고 명칭 사용에는 다소 차이가 있다[희석(dilution)이라 명명하는 학자도 있고 확산(diffusion)이라 부르는 학자도 있다]. 이런 방식으로 출발어 복수형 형태소(예 영어의 복수형 's')가 도착어에서는 'the various forms of(다양한 형태의)' 또는 'the different categories of(여러 범주의)' 등에 상응하는 어휘적인 수단을 사용해 번역된다. 동사적 명사에서도 비슷한 예가 발견된다. 현대 프랑스어는 동사의 명사화를 매우 선호하는 것 같다. 예를 들어, 여성학에 관한 어떤 프랑스어 텍스트에는 'infériorisation(열등화)'과 'minorisation(소수화)'이라는 단어가 등장하는데, '-isation(~화)'이라는 형태소가 일부 언어에서는 어휘적 번역을 거치면서 'the relegation of women to minority status(여성을 소수자의 지위로 격하)'와 같은 다소 긴 구(句)로 번역된다.

해체, 탈구조주의, 탈근대주의에 관한 글을 쓴 많은 학자들은 프랑스어

6 [역주] Catford는 단위 변이(unit shift)라는 용어를 사용했지만, 위계 변이(rank shift)와 동일한 개념이다.

텍스트에서 사용된 전문 용어를 직역해 영어의 어휘로 받아들여 사용했다. 이들은 앞서 언급한 방식의 포괄적 번역(expansive translation)을 거부하고 차용이나 모사를 선호하는 경향을 보였다. 이는 아마도 특정 개념을 한 단어로 표현(lexicalization/어휘화)할 경우 실제 존재하는 개념이라는 위엄을 부여해 차후에 사전에 등재될 가능성이 있기 때문이다. 하지만 이와는 달리 희석된 번역(diluted translation)은 '간접 설명'이라는 꼬리표가 달려 사전에 등재될 수 없다. 다시 말해, 이러한 번역 상황에서 어떤 선택이 가능한지를 필자가 언어학적으로 설명했지만 실제 선택에서는 언어 외적 요소를 고려해 최종 결정을 내리게 된다. 이런 측면을 인식하는 것이 번역가에게는 매우 중요하다(이와 같은 경우는 빈번하게 발생하는 번역 사례인데, 솔직히 말하면, 긴 외국어 단어를 형태소 전이를 통해 옮길 경우 출발어의 별 의미 없는 어휘조차 도착어에서는 매우 지적인 어휘로 보인다).

어휘화 때문에 프랑스 정부는 모국어 순화에 어려움을 겪고 있다. 프랑스 정부는 프랑스어에서 영미식 용어를 없애고 프랑스어로 대체하려는 노력을 경주하고 있다. 하지만 프랑스 정부가 제시하는 프랑스식 어휘는 사실상 어휘화가 제대로 되지 않는 경우가 많고(용어에 대한 설명을 하는 것처럼 들림) 일상생활에서 사용될법한 용어라기보다는 '그레코라틴(Greco-Latin)' 어근의 합성어로 구성되어 마치 과학 개념을 칭하는 것 같다. 예를 들어, 영어의 'radio tuner(라디오 튜너)'를 프랑스어로 'syntoniser(생토니제)'로 어휘화하려 했는데, 지나치게 전문적이고 기술적인 어감을 안겨줄 뿐만 아니라, 프랑스 젊은이들이 원하는 '최신유행'의 느낌도 앗아가 버렸다.

형태소 번역이 부적절한 경우도 있다. 러시아의 번역학자 Andrei Fedorov(1958, p. 159)는 19세기 독일 연극 『Maria Stuart(마리아 슈투아르트)』의 독일어-러시아어 번역을 연구한 바 있다. 러시아 번역가는 독일어 'Rosenkranz(묵주)'를 형태소 단위로 나눈 후, 형태소 차원의 번역을 했다. 그 결과, 'Rosenkranz(묵주)'가 '장미 화환'에 해당하는 러시아어로 옮겨지는 웃지 못할 상황이 벌어졌다. 이 번역에 기초해 러시아 무대에서 연극이 공연되면, 마리아 여왕은 묵주가 아닌 큰 장미 다발을 든 채 처형당하게 된다.

3. 성분분석과 번역

형태소 번역에 대한 논의를 이어가기 위해서는 우선 단어보다 더 작은 의미 단위－단어를 구성하는 단위들－에 대한 충분한 이해가 필요하다. 이는 소리와 문자가 형태소를 이루는 것과 같은 맥락이다. 1980년대 미국의 경제 상황으로 인해 'downsizing(조직 규모 축소)', 'rightsizing(조직 규모 적정화)', 'delayering(직계 간소화)' 등과 같은 합성어들이 생겨났다. 이들 합성어가 다른 언어로 번역되는 과정에서, 이러한 개념이 존재하지 않거나 여러 개의 개별 단어를 묶어서도 합성어를 만들 수 없는 경우에는 '확산' 번역 기법을 사용할 수밖에 없다. 위에서 살펴본 합성어들의 성분은 명료하다. 하지만 어떤 언어에서는 이처럼 여러 개별적 의미가 결합돼 하나의 의미를 형성하는 것이 아닌, 여러 의미의 묶음으로만 표현되는 경우가 있다. 앞의 영어 합성어들은 구성 음소별로 음성학적 분리가 가능하고, 특히 구성 의미별로 의미론적 분리가 가능하다(이 책에서는 의미 성분분석을 살펴보겠다). 이런 분석 기법을 '성분분석(componential analysis)'이라 한다. 성분분석의 효용을 믿는 대표적인 학자로는 Nida를 꼽을 수 있다.

성분분석에서는 단어를 구성하는 의미 단위를 나타내기 위해 [+의미]

와 [-의미] 표시법을 사용하게 된다. 예를 들어, '남자'=[+성인][+남성]으로 나타낼 수 있다. 물론, 남성 중심적 이데올로기가 기저에 있다는 논란이 야기될 가능성이 있다. 여성들이 왜 '남자'=[+성인][-여성]이 아니냐고 반론을 제기할 수 있기 때문이다.

이러한 방식의 성분분석이 번역가에게 항상 유용하다고 말할 수는 없다. 예를 들자면, 프랑스어 'mouton'은 [+animate(+생명)]의 의미 성분을 가진 'sheep(양)'을 가리키기도 하고 [-animate(-생명)]의 의미로 구성된 'mutton(양고기)'의 뜻도 가진다. 하지만 이런 수준의 문제가 번역가에게 잠 못 이룰 정도의 고민거리는 아닐 것이다. 비교언어학 전공자에게는 매우 흥미로운 사실이겠지만 번역에서는 경우가 다르다. 앞에서 예를 들었던 프랑스어 'minorisation(소수화)'을 통해 이미 차이를 살펴보았다. 물론, 'minorisation(소수화)'에 대한 여러 의미 성분을 나열할 수는 있다. 하지만 설명을 길게 늘인 번역을 할지, 아니면 영어로 과감하게 'minorization(소수화)'이라는 신조어를 만들지 결정하는 일은 결코 쉽지 않다.

인류언어학 관련 번역에서는 성분분석의 효용성이 이미 입증됐다. 여러 문화의 친족 구조 및 색상 등의 대조 분석에서 성분분석은 특히 유용하다. 또한 '민감한 텍스트'로 분류되는 성경 번역 등에 있어서도 활용된다. 성경 번역에서는 출발어 텍스트에 나오는 일부 난해한 개념이 다른 언어로 옮겨지면서 매우 생소한 개념으로 비춰지기도 하는데, 그러한 생소함이 어떤 방식으로든 극복돼야만 성경 텍스트의 영향력이 제대로 발휘된다. 이 과정에서 구성 성분을 구(句)로 풀어쓰는 방법이 사용될 수 있다.

서로 다른 언어 사이에 존재하는 성분 구조 차이로 인해 발생하는 일상적인 번역 문제는 맥락을 통해 해결할 수 있다. 풋내기 번역가가 아니고서야 독일어 'Fleisch'가 'meat'[-human]의 의미일 때('고기')와 'flesh'[+human]일 때('살' 또는 '피부')를 구분할 수 있을 것이다. 요리에서는 중요한 구분인지 모르겠으나 번역에서는 그리 중요한 문제가 아니다. 물론, 성분분석이 필요한 경우도 분명 있다. 프랑스 텔레비전 연속극 『Châteauvallon(샤또발롱)』을 영어로 번역할 때, 번역가가 성분분석을 하지 않아 오역이 나온 경우를 살펴보자. 'un garçon de trente ans(서른 살의 독신남)'을 'a thirty year old bachelor(서른 살의 독신남)'가 아닌 'a thirty year old boy(서른 살의 소년)'로 번역한 경우가 있다. 프랑스의 문화적 맥락을 살펴볼 때 서른 살의 'garçon'은 일반적으로 부모로부터 독립해 따로 사는 성인 남자다. 'garçon'은 성분분석을 통해 [-adult(-성인)]가 아닌, [-married(-혼인)]가 되기 때문에 '독신남'이다.

성분분석을 통해 얻은 여러 성과가 전문 번역가의 입장에서는 크게 흥미롭지 않을 수도 있지만 외국어 학습자에게는 매우 중요하다. 언어를 공부하는 사람에게 이러한 어휘 의미 식별은 번역 능력(translation competence)이 아닌 외국어 능력(foreign language competence)이다. 하지만 앞서 살펴본 'garçon'과 관련한 문제는 번역 능력과도 관련이 있다. 왜냐하면 단어의 의미, 문화적 사용, 맥락, 텍스트 이해 능력 등이 모두 결부된 문제이기 때문이다. 참고로, 성분분석을 할 때는 그 단위를 개별 단어가 아니라 일련의 여러 단어로 확대해야 효용 가치가 크다는 점에 유의하자. 이와 관련해서는 3장의 의미장 부분에서 다시 살펴보자.

03
의미론과 번역

1장과 2장을 통해 우리는 음소, 형태소, 단어 성분 등을 살펴보았다. 3장에서는 '의미'를 본격적으로 탐구하겠다. 본 장에서 다루게 될 의미와 번역의 관계는 의미론의 틀 내에서 조명될 것이다. 의미론은 의미의 본질 · 기원 · 발전 등을 연구하는 분야다.

번역학자들과 번역가들이 한때 언어학에 등을 돌렸던 이유를 살펴보자. 초기 구조주의 언어학은 의미 연구를 사실상 '거부'했다. 의미 자체가 구조화되기 힘들고 마음 깊숙한 곳 어딘가에 위치한 '블랙박스'에 담겨 있어 관찰이 불가능하며, 이로 인해 과학적인 연구의 대상이 될 수 없다는 판단이 작용했다. 당시 언어학의 '고전'이라 평가받고 언어학 교재로 널리 사용되던 Charles Hockett(1958)의 『A Course in Modern Linguistics(현대 언어학 강의)』에도 의미를 다루는 장이 아예 존재하지 않는다. 하지만 의미 연구가 배척된 언어학은 번역 연구에 큰 도움이 되지 않는다. 번역에 있어 의미는 핵심적인 문제이기 때문이다. Catford(1965, p. 35) 역시 "번역 이론은 반드시 의미 이론에 기초해야 한다."라고 주장했다.

다행히도 초기 구조주의 언어학의 한계는 곧 극복됐다. 언어학자들은 단어 차원의 의미는 물론 문장 차원의 의미에 대한 모형을 정립하기 시작했다. 단어 차원에서는 이 책 앞부분에서 이미 다루었거나 앞으로 살펴볼 외연, 함축, 성분분석, 의미장 등에 관한 개념이, 문장 차원에서는 전제와 내포 등에 대한 개념이 정립됐다. 물론, 번역가들의 관심을 끄는 개념은 일부에 불과하기에 이 책에서는 번역과 관련 있는 개념을 집중적으로 다루겠다.

1. 의미장과 번역

의미장(semantic field)[1]이라는 개념은 번역에서 상당히 중요하다. 비교언어학에서 의미장 관련 연구를 진행한 결과, 서로 다른 언어 사이에는 의미 및 의미 구조가 불일치한다는 점이 밝혀졌다. 언어학적 관점에서 살펴보면, 한 언어와 다른 언어를 비교할 경우 무수히 많은 격차(gap)와 변이(shift)가 존재한다. 이는 마치 동일한 동물을 놓고 각 나라마다 도축하는 방식이 서로 다른 것과 같다. 다시 말해, 언어에 따라 동일한 '외부 현실(external reality)'을 각기 다른 방식으로 인식하고 표현하는 것이다. 또 다른 관점은 언어가 사실상 외부 현실 자체를 창조할 수 있다는 주장인데, 이 같은 '철학적' 문제를 다루기에는 지면이 부족하다.

빈번히 인용되는 흥미로운 사례가 이뉴잇족(Inuit≒에스키모)의 언어인데, 다른 언어에 비해 눈[雪]과 관련된 어휘가 무척 다양하다. 참고로, 『Miss Smilla's Feeling for Snow(스밀라의 눈에 대한 감각)』라는 소설에

1 [역주] 의미장은 상호 관련성을 가지지만 같은 의미라고 생각되지 않는 어휘의 집합(강아지, 고양이, 햄스터 등)으로 구성되는 의미영역을 일컫는다. 친족 용어나 색깔 명칭의 경우에도 각각 의미장을 형성한다.

는 이런 특징이 고스란히 드러난다. 우리는 좀 더 친숙한 예를 살펴보기로 하자. 영어를 모국어로 사용하는 사람들은 집에서 사용하는 조명을 가리키며 '점등(點燈)'을 부탁할 때, 'Put the **light** on.(불 좀 켜주세요.)'이라고 말한다. 다시 말해, 'light(불)'라는 한 단어로 모든 조명을 가리킨다. 하지만 프랑스어의 경우는 모양과 설치 위치에 따라 세분화시켜 여러 가지 용어로 각각의 조명을 가리킬 수 있다(지역에 따라 사용하는 용어가 다르기는 하다). 필자가 아는 어떤 프랑스인 가족은 부엌에 설치된 둥근 조명은 'anneau'라 하고 거실의 붙박이용 조명은 'rapplique'라고 부른다. 다시 말해, 다른 많은 의미장(정원관리, 문학, 가구 등)과 마찬가지로 언어에 따라 '가정 조명'이라는 의미장 내에 있는 어휘의 수가 서로 다르며 그 의미 관계 또한 상이하다.

이는 사물에 국한되지 않으며 행위에 있어서도 마찬가지다. Carl James(1980, p. 93)는 요리의 의미장을 연구했는데, 해당 의미장 내에 존재하는 영어 어휘가 독일어에 비해 훨씬 더 많다는 사실을 밝혀냈다. 예를 들어, 영어의 경우 '요리'와 관련한 다양한 어휘가 존재하며 상위어인 'cook(요리하다)'을 비롯해 'boil(끓이다)', 'simmer(졸이다)' 등의 다양한 어휘 중 상황에 따라 세분화해 사용한다. 반면, 독일어의 경우에는 영어의 'cook(요리하다)', 'boil(끓이다)', 'simmer(졸이다)' 등을 'kochen(요리하다)'이라는 어휘 하나로 포괄적으로 표현한다. 앞서 살펴본 성분분석을 활용한다면 격차를 세부적으로 파악할 수 있다. 이와 더불어 아래에서 다루게 될 개념들까지 이해하고 번역에 접목시킨다면 보다 '좋은' 번역에 다가갈 수 있을 것이다.

앞서 살펴본 가정 조명의 예에서 영어는 상위어(일반적 용어)를 사용했지만 프랑스어는 일련의 하위어(세부적 용어)를 사용했다. 반면, 요리의 경우에는 영어는 하위어를, 독일어는 상위어를 사용했다. 이러한 사실은 번역에 시사하는 바가 크다. 앞서 살펴본 성분 구조의 차이로 인해 번역과정에 있어 재구성(repackaging)이라는 특별한 번역 전략이 필요할 때가 있다. 마찬가지로, 의미장의 영역에서는 상위어를 하위어로, 또는 하위어를 상위어로 바꾸는 방식으로 번역 문제를 해결할 수도 있다. 영어-러시아어 번역에서 발생할 수 있는 문제를 살펴보자. 영어의 하위어인 'arm(팔)/hand(손)'와 'leg(다리)/foot(발)'은 각각 러시아어의 상위어인 'ruka(손과 팔)'와 'noga(발과 다리)'로 발음되는 단어들에 대응될 수밖에 없다. 따라서 러시아인들은 'noga(발과 다리)'에 문제가 생겨 병원에 가면 아픈 부위를 정확히 가리키기 위해 다른 어휘들을 추가적으로 사용해야만 한다. 유사한 상황을 Igor Mel'čuk(1978, p. 292)의 논문에 인용된 번역 사례를 통해 살펴보자. 어떤 언어에는 '포피(包皮, foreskin)'라는 용어가 없고, 대신 하위어인 '할례받지 않은 남성(uncircumcised male member)'과 '할례받은 남성(circumcised male member)'에 해당하는 어휘들만 존재하고 있어 이 둘 중에서 골라야 한다. 이 경우, 성경에 나오는 'Bring back the **foreskins** of the Philistines.(블레셋 사람들의 포피를 가져와라.)'를 이 문제의 언어로 번역할 경우 출발어 텍스트에서 의도한 것보다 훨씬 더 많은 부위를 절단하는 결과로 이어진다.[2]

2 [역주] 사무엘상 18:25를 살펴보면 "사울이 가로되 너희는 다윗에게 이같이 말하기를 왕이 아무 폐백도 원하지 아니하고 다만 왕의 원수의 보복으로 블레셋 사람의 양피 일백을 원하신다 하라 하였으니 […]"라는 내용이 나온다. 이는 다윗이 전쟁터에서 죽기를 원하는 사울의 마음을 드러낸 것이다. Mel'čuk은 이러한 내용을 번역함에 있어 'foreskin(포피≒양피)'에 해당하는 상위어가 없는 불루어(카메룬의 언어)에서 발생하는 문제를 지적하고 있다. '할례받지 않은 남성'과 '할례받은 남성'에 해당하는 불루어 중에서 선택할 경우, 두 가지 문제가 발생한다[참고로, 여기에서의 '남성(male member)'은 남자의 성기를 가리킨다]. 첫째, 포피만 자르면 될 것을 훨씬 더 많은 부위(성기 전체)를 절단해야 한다. 둘째, '할례받지 않은 남성'에 해당하는 어휘로 번역할 경우 '할례받은 남성'을 소유한 군인은 셈에서 제외해야 한다.

이처럼 동일한 외부 현실을 상이한 방식으로 인식하고 표현하는 것은 서로 다른 언어 간은 물론, 같은 언어 내에서도 발생한다. 언어학자이면서 번역에도 관심을 가졌던 프랑스의 Georges Mounin은 프랑스 빵의 의미장을 그 예로 들었다(1963, p. 65). 이 예를 통해 알 수 있는 점은 같은 프랑스 사람이라고 해도 지역과 사람에 따라 동일한 종류의 빵을 다른 용어로 부르기도 하며 일부 빵은 다른 지역에 아예 존재하지도 않는다는 사실이다. 영국도 마찬가지다. 'bap(밥: 납작하고 동그란 롤빵)', 'bun(번: 우유와 버터의 향미를 기본으로 한 재료에 건포도나 호두를 넣고 구운 둥글고 작은 영국 빵)', 'teacake(티케이크: 보통 건포도 같은 말린 과일을 넣어 조그마하게 만든 동글납작한 빵)' 등의 이름을 모든 영국인이 사용하지는 않는다. 때로는 지역에 따라 같은 빵을 다른 이름으로 부르기도 한다. 처한 상황과 필요에 따라 언어마다 사용되는 하위어의 수는 서로 다르며 특정 의미장에 하위어가 존재할 수도, 그렇지 않을 수도 있다. 이와 같은 격차로 인해 번역의 어려움이 가중되기도 한다.

언어에 따라 특정 의미장 내에 존재하는 가용 어휘들을 활용하는 경우도 있지만 그렇지 않은 경우도 있다. Vinay와 Darbelnet(1958, p. 60)은 프랑스어의 소리 관련 의미장을 예로 들며, 관련 어휘의 '결핍'을 논증했다. 예를 들어, 프랑스어에서는 'un **bruit** de soie, de chaise(실크, 의자가 내는 소리)'라고 표현한다. 여기서 'bruit'는 '소리'를 뜻하는 어휘로, 일반적이고 추상적인 상위어다. 하지만 영어로는 'rustle(종이나 실크 등이 내는 소리)'이나 'scraping(의자 등이 긁히면서 내는 소리)'을 사용해 'the **rustle** of silk(사각대는 비단 소리)' 또는 'the **scraping** of chairs(삐걱거리는 의자 소리)' 등으로 세분화해 다양한 구체적인 표현을 사용할 수 있다. 다시 말해, 영어에서는 일련의 하위어를 사용하는 것이 보다 자연스럽다. 물론, André Malblanc(1963, p. 46)이 지적했듯 프랑스어에도 소리 관련

의미장 내에 다양한 어휘들이 존재하지만 프랑스 사람들이 사용을 꺼리는 경향이 있다. Malblanc이 제시한 이유는 단어가 너무 '무겁다'는 것이다. 하지만 실제 이유는 17~18세기에 문학계에서 이러한 단어들의 사용을 금기시했기 때문이다.

특정 의미장에서 두 언어 간에 대응어가 존재하더라도 실상 그 의미가 다른 경우가 종종 있다. 앞서 살펴본 영국이나 미국의 소시지(sausage)와 독일의 소시지(Wurst)가 동일한 사물을 지칭하는 것이라고 한다면 이는 'sausage'와 'Wurst' 간에 존재하는 여러 차이점을 의도적으로 묵살하는 것이다. 어떤 재료로 만들었는지, 무엇과 함께 먹는지, 어떻게 조리하는지 등에 대한 내용을 제대로 살펴보지 않았기 때문이다. 유사한 예로 이탈리아의 버터(burro)와 영국의 버터(butter)는 표면적으로는 음식물이라는 동일한 의미장에 속한다. 하지만 영국의 Susan Bassnett(1980, p. 18)은 이탈리아의 버터와 영국의 버터가 동일한 사물이 아님을 논증했다. 구성 성분과 색상도 다르고 음식을 만들 때도 다르게 사용될 뿐 아니라 사회적 위상도 다르다는 것이다. 그럼에도 불구하고 여전히 이탈리아어 'burro'는 영어의 'butter'로 번역되고, 독일어 'Wurst'를 영어로는 'sausage'로 옮기는 것이 일반적인 '관행'이다. 이 과정에서 우리는 비중심적인 의미(noncentral meaning)의 손실은 감수하고 있다. 이러한 손실을 두고 일부 학자들이 '번역 불가능성'을 주장한다. 하지만 이는 번역을 통해 우리가 새롭게 얻는 것 역시 존재한다는 사실을 간과한 것이다.

2. 단어 관계와 번역

단어들 간에는 '상위어-하위어'의 관계만 존재하는 것이 아니다. 일반적인 의미론의 틀 내에서 자세히 살펴보자. 영국의 언어학자 Geoffrey Leech(1981)는 동의어(동일한 의미를 갖는 단어), 다의어(여러 의미를 갖는 단어), 동음이의어(철자나 음은 같지만 다른 의미를 가지는 단어)에 대해 논한 후, 반의어(반대의 의미를 갖는 단어)를 다음과 같이 세부적으로 분류했다.

- **양분반의어(binary taxonomic oppositions)**

  예 생/사(alive/dead):

  두 개의 상반되는 용어가 특정 의미장의 모든 가능성을 나타낸다. 예외적이기는 하지만 때로는 앞에 수식어를 덧붙일 수도 있다. 예를 들어, 'He was more dead than alive'라는 표현도 가능하다.[3]
- **다분반의어(multiple taxonomic oppositions)**

  예 미혼/기혼/이혼(single/married/divorced)

  앞서 다루었던 의미장과 관련이 있다.
- **양극반의어(polar oppositions)**

  예 대/소(large/small)

  완전한 반대라기보다는 규모나 정도의 차이를 나타낼 때 사용된다.

  (Some quite large people feel quite small […])
- **비교반의어(relative oppositions)**

  예 상/하(up/down)

  방향 벡터(directional vector)를 포함한다. 즉, 단어들이 서로 다른 방향으로 향한다.

  (I own this./This belongs to me.)

다른 언어학 용어와 마찬가지로 상기 개념 대다수도 이론적인 허점이 분명 있고 논란의 여지도 있다. 하지만 이와 관련된 논쟁은 언어학자의

---

3 [역주] 'more dead than alive(피로에 지치다)'가 숙어적 표현의 사용이기 때문에 가능한 것이다.

몫으로 남겨두는 것이 좋겠다. 중요한 것은 상기 개념들이 번역에 있어 어떤 유용성이 있는가를 이해하는 것이다. 영어 'happy hour(해피 아워: 특별 할인 적용 시간)'의 두운이 무성 인두 마찰음이라는 것을 번역가가 굳이 알 필요는 없다고 필자는 생각한다. 그렇다고 해서 유의어라는 용어 또한 번역가에게 중요하지 않다고 말할 수 있을까? 참고로, Albrecht (1973, p. 47)는 "유의어 개념은 번역가에게 그다지 중요하지 않다."라는 주장을 폈다. 앞의 질문에 대한 필자의 답은 '조건부'로 '아니다'이다. '조건부'라는 단서를 붙인 것은 외국어 능력 습득 과정에서 이들 개념이 갖는 유용성과 이를 번역과정에 적용할 수 있는가에 대한 차이를 구분할 필요가 있기 때문이다. 물론 이를 구분하기란 결코 쉽지 않다.

러시아어 'dubio'가 다의어('곤장' 또는 '얼간이')이고 독일어 'Hals'가 동음이의어(같은 음을 갖지만 뜻은 다른 단어)라는 것은 언어를 공부하면 자연스럽게 습득되는 지식 즉, 언어 능력과 관련이 있다. 어떤 여행안내 책자(번역본)에 나오는 '흥미로운' 문구를 살펴보자. 번역가는 출발어 텍스트의 문구 중 일부를 'If you want to enjoy **idleness**(나태함을 즐기기 원하신다면)'라고 영어로 옮겼다. 여기서 우리는 두 종류의 '능력'을 구분할 필요가 있다. 우선, '언어 능력(language competence)'인데, 번역가는 'relax(휴식하다)'나 'laze about(여유를 즐기다)' 등과는 달리 'idleness(나태함)' 속에는 부정적 함축이 있다는 사실을 몰랐다. 다음으로는 '번역 능력(translation competence)'인데, 텍스트 유형, 텍스트 기능, 정형화된 표현 양식 등을 번역 시 고려해야 한다는 점을 깨우치지 못했다. 모국어 화자라면 'If you just want to relax in the sun(태양 아래에서 휴식을 원하신다면)'이라는 훨씬 자연스러운 문구로 표현했을 것이다. 더 나아가, 위의 번역된 여행안내 책자에는 'thus you will remain lying on rocks or on pebbles getting sunburnt(바위나 조약돌 위에 누워 있으면서 화상을 입을 겁니다)'라는 문구도 포함돼 있는데, 이런 글을 읽고 이곳으로 여행을 가려는 사람은 없을 것이다.

앞서 언급한 방향 벡터(비교반의어)와 관련한 논의를 이어가자. Malone (1988, p. 85)은 '**That** pleases **me**.(그것은 나를 기쁘게 하네요.)'라는 출발어 문장을 (의미는 같지만) 구조, 특히 방향성이 다른 '**I** like **that**.(나는 그것이 좋아요.)'에 해당하는 도착어 문장으로 옮기는 것이 때로는 타당할 수 있음을 논증했다. 그 이유로는 문체(어느 한쪽이 상대적으로 더 형식적이거나 덜 형식적이기 때문), 정보의 흐름(글의 앞부분이 작성된 방식으로 인해 'I'로 시작해야 자연스러운 경우), 혹은 형식적인 병렬구조의 사용을 통한 텍스트적 효과 달성 등을 들었다.

같은 맥락에서, 출발어 항목(변체, 음운 변화, 형식성 정도 등)을 있는 그대로 옮기기보다는 유의어를 사용해 번역하는 방법도 종종 타당할 것이다. 또한 구조가 바뀐 문장에서 양분반의어를 사용하는 것도 흔한 번역 기법이다. 이에 대해서는 4장(번역 기법)에서 자세히 살펴보게 될 것이다.

앞서 본 'idleness(나태함)'와 'relaxation(휴식)'의 논란에서 문제가 되는 것은 휴일이라 할지라도 나태하게 지내는 것을 받아들이기 싫어하는 사람들의 성향 때문이다. 다시 말해, 나태하게 빈둥거리는 것은 '부정적인' 것으로, 휴식하는 것은 '긍정적인' 것으로 받아들여진다. 이를 학술적으로 표현하면, 'idleness(나태함)'와 'relaxation(휴식)'의 함축은 상이하다.

3. 함축의 번역

Palmer(1981)의 『Semantics(의미론)』는 권위를 인정받는 의미론 개론서다. 그런 Palmer(1981, p. 92)가 "함축은 유용한 용어가 아니다."라고 말했다. 반면 Ladmiral은 그의 저서에서 함축(connotation)에 관해 논하는 데 무려 100 페이지 이상을 할애했다(1979, pp. 115-246). Leech(1981, p. 12)는 함축은 연상 의미(associative meaning)의 한 측면에 불과하며, 한 단어에 포함된 모든 의미 요소에 있어 실질적 혹은 중심적인 의미는 없으며 개인이나 문화에 따라 매우 다양하다고 주장했다. 예를 들어, 강아지를 귀여운 애완동물로 여기는 문화권이 있는 반면, 군침 도는 음식으로 생각하는 곳도 있다. 혹은 도로를 지저분하게 만드는 골칫덩이로 취급하는 나라도 있다. 악취 나는 배설물이 문화에 따라서는 약용 재료가 되기도 한다. 이쯤 되면 Palmer가 함축에 대한 논의를 꺼린 것도 십분 이해가 간다.

프랑스 빵 'brioche(브리오슈)'의 예를 살펴보자. 프랑스어-영어 사전에는 프랑스어를 그대로 차용해 'brioche(a kind of bun/번의 일종)'로 등재되어 있다. 이는 외연적 차원에서조차 'brioche(브리오슈)'에 대한 분명한 등가어가 없다는 점을 보여준다. 하물며 단어의 함축을 어떻게 번역할 수 있겠는가? 대부분의 프랑스인들은 'On va manger de la brioche.(우리는 브리오슈를 먹으러 가요.)'라는 발화에 대해, 그 향기로운 맛을 떠올린다. 'brioche(브리오슈)'를 먹는 것이 그들에게는 인생의 낙(樂)이기 때문이다[필자와 같이 프랑스 음식에 조예가 없는 외국인은 'brioche(브리오슈)'가 군침 도는 맛있는 빵이라기보다는 단맛이 없고 텁텁한 밀가루 덩어리라고 생각한다]. 참고로, 12일절 전야제에는 왕과 왕비 모양의 플라스틱 인형(과거에는 콩으로 만들었다)을 넣은 'brioche(브리오슈)'를 내놓기도 하는데, 인형이 들어있는 'brioche(브리오슈)'를 받은 사람은 종일 왕관을 쓰게 된다. 'brioche(브리오슈)'와 관련한 흥미로운 역사를 살펴보자. 먹을 빵이 없어 국민이 반란을 일으켰다는 말을 듣고 프랑스의 마리 앙투아네트가 백성에게 한 유명한 말 'Qu'ils mangent de la **brioche**!(빵이 없으면 브리오슈를 먹게 하라!)'는 영어로는 'Let them eat **cake**!(빵이 없으면 케이크를 먹게 하라!)'로 옮겨져 인용되곤 하는데, 이는 외연 및 함축 차원에서 모두 부정확한 번역이다. 마리 앙투아네트가 한 말에는 'brioche(브리오슈)'가 들어 있는데, 영어 번역에서는 'cake(케이크)'로 둔갑했다. 이를 통해 'brioche(브리오슈)'를 번역하는 것이 얼마나 어려운 일인지 잘 알 수 있다. 'brioche(브리오슈)'는 일반 빵과 케이크의 중간에 위치하는 중고급 빵이다. 이를 번역에 잘 살렸더라면 가여운 마리 앙투아네트가 그렇게 냉혈한 사람으로 비춰지지는 않았을 것이다.

이와 유사한 경우로, 체임버 영어 사전에는 'Cantal(캉탈): 우유로 만들어진 지방 함유율이 높은 대표적 프랑스 경질 치즈, 프랑스 오베르뉴(Auvergne)의 캉탈(Cantal) 지역에서 생산'이라고 설명되어 있다. 'Cantal(캉탈)'의 외연적 의미의 정의라는 점에서는 별 문제가 없다. 하지만 프랑스인들에게 'Cantal(캉탈)'은 여러 종류의 치즈 중 하나(계열관계)이며 다양한 음식이나 술과 함께 곁들여 먹는 것(결합관계)이고, 치즈의 질감과 맛과 향까지 연상시킨다. 더 나아가, 오베르뉴 지역의 지리와 문화에 대한 기억까지도 스며들어 있다. 프랑스 중부 지역에 위치한 오베르뉴 출신 사람들은 자신들만의 전통과 특징을 갖고 있다. 고집이 세고, 's' 발음을 'sh'로 하며, 성실하고, 파리에서 카페를 소유한 사람 중에 이곳 출신이 많다.

이렇게 엄청난 양의 함축에 직면하고서, 번역가가 어떻게 장황한 설명 없이 함축을 제대로 번역할 수 있겠는가? 여기서 다시 한 번 번역에 대한 언어학의 한계에 도달하게 된다. 언어학이 이 질문에 대한 해답을 제시할 수는 없기 때문이다. 물론, 언어학이 문제의 본질을 밝히는 데는 큰 도움이 된다.

필자가 'brioche(브리오슈)'와 'Cantal(캉탈)'의 예를 통해 제시한 정보는 너무 광범위하고 공통점도 발견하기 어렵다. 이렇게 복잡하게 나열하기보다는 좀 더 체계적인 방식으로 정리할 필요가 있다. 함축을 체계적인 방식으로 다룬 몇 안 되는 연구 중에, 종종 비난을 받기는 하지만, Osgood, Succi, Tannenbaum(1957)의 연구를 꼽을 수 있다. 이들의 연구 내용이 구체적으로 어떤 것인지, 또는 어떤 비판이 있었는지에 대해서는 이 책에서 자세히 밝히지 않겠다. 이론적인 측면을 중시하는 언어학자 중에는 함축이라는 용어 자체를 문제시하는 사람도 있다. 하지만 번역가는 어차피 함축의 문제를 다룰 수밖에 없기 때문에 우리가 함축과 번역의 문제를 다루는 것은 당연하다. 참고로, Ladmiral은 "번역학은 응용 언어학 이론만으로 습득될 수 없다. 매일매일 끊임없는 연습과 훈련을 통해 익혀야 하는 인간 행동학이다."라고 말했다(1972, p. 162).

Osgood, Succi, Tannenbaum의 연구에 따르면 사람들은 특정 단어에 대해 세 가지 측면에서 반응한다. 단어가 '좋은 혹은 나쁜' 것이냐, '능동적 혹은 수동적'인 것이냐, '강한 혹은 약한' 것이냐 하는 세 가지 측면이다. Basil Hatim과 Ian Mason(1990a, p. 114)은 'Islamic fundamentalists(이슬람 근본주의자)'의 함축이 서양과 이슬람 언론에서 각기 다르다고 했다. Hatim과 Mason이 제시한 함축은 사실상 연상 의미이며 무한하다. 서양 언론에서 이슬람 근본주의자에 대한 보도를 할 경우 종교적 광신주의나 테러리즘 등이 연상되지만, 이슬람 언론의 경우 순교와 희생을 연상시킨다는 것이다. Osgood, Succi, Tannenbaum이 정의한 함축은 상대적으로 제한적이며, 전술했듯 총 세 가지 축(좋음/나쁨; 능동/수동; 강함/약함)으로 결정된다. 이들에 따르면 서양에서는 이슬람 근본주의자를 '나쁘고/능동적이고/강하다'고 본다. 반면, 이슬람에서는 '좋고/능동적이고/강하다'고 여긴다. '능동적'이고 '강하다'는 점에서는 같지만 '좋음/나쁨'의 축에서 극명한 차이가 있다. 참고로, 앞서 언급한 'brioche(브리오슈)'의 주요 함축은 '좋음'이다(필자에게 있어서는 그렇지 않다).

프랑스의 Hélène Chuquet와 Michel Paillard(1987, p. 220)는 '긍정적/부정적 축'을 통해 함축을 간략히 설명하면서 함축으로 인해 야기될 수 있는 위험을 언급했다. 초보 번역가는 주로 프랑스어 'juvénile(청소년)'을 철자가 거의 유사한 영어 'juvenile'로 번역하면 별 무리가 없다고 생각한다(사전도 찾아보지 않고 말이다). 하지만 여기에는 큰 함정이 있다. 일반적으로 'juvénile/juvenile'이라는 단어는 프랑스어권에서는 '긍정적' 함축을, 영어권에서는 '부정적' 함축('juvenile'이라는 평가는 다소 모욕적이다)을 담고 있다. 사전에 나와 있는 프랑스어 'juvénile'의 뜻은 '젊은이' 혹은 '활달한'이다. 번역가는 프랑스어 'juvénile'에는 영어 'juvenile(소년/소녀, 어린이다운)'의 뜻이 없다는 것을 반드시 알고 있어야 한다.

함축에 대한 이러한 기준은, 이를테면 Leech의 설명보다는 더 제한적일 수 있지만, 상대적으로 이해하기 용이하다. 아마추어 번역가가 아무 생각 없이 'dreadful adventures(끔찍한 모험)'로 번역을 했다면, 아무런 이유 없이 '긍정적' 단어(adventures)와 '부정적' 단어(dreadful)를 함께 사용한 것이다. 이 경우, 긍정적인 의미와 부정적인 의미를 한데 섞어 독자를 혼란스럽게 할 수 있다. 결국, 번역을 할 때는 개별 단어의 함축만 따질 것이 아니라 단어 이상의 차원을 고려해야 한다. 예를 들어 'Holocaust(홀로코스트: 유대인 대학살)'의 재연 가능성에 대한 글을 번역한 학생이 'repeat performance(되풀이, 재공연)'라는 표현을 사용했다면, 이는 함축적 의미를 고려해 해당 용어가 주제에 맞지 않는다고 생각해 결정한 것일 수도 있다.

함축에 관한 이론적 논의를 아무리 하더라도 함축을 번역하는 것이 어려운 일이라는 점에는 변함이 없다. 사실 이러한 어려움 때문에 기술 문서를 제외하고는 훌륭한 번역이란 근본적으로 불가능하다는 주장이 일게 된다. 비록 불충분하기는 하지만, Ladmiral은 다양한 함축 번역 기법을 제시하고 설명했다. Ladmiral은 번역가가 함축을 중요하지 않은 것으로 간주해 함축적 의미보다는 외연적 의미를 옮기는 경우를 '비번역(nontranslation)'이라 명명했으며(1979, p. 219), 함축에 대한 설명을 추가하는 경우를 '주변부 지식 제공 번역(periparaphrase)'이라 칭했다(1979, p. 219). 아울러, 함축이 외연보다 더 중요할 경우, 외연을 희생시키더라도 함축을 위주로 옮기는 방식을 '최소 오역(minimal mistranslation)'이라 불렀다(1979, p. 244). 이 중에서 Ladmiral은 최소 오역의 예로 신약성경에 나오는 'gunai(아낙)'라는 그리스어에 대한 Nida와 Taber의 논의를 인용했다. 흠정영역성경(King James Bible)에서는 '여성'이라고 번역해 외연적 의미를 살린 반면 신영역성경(New English Bible)에서는 함축을 살려 '어머니'로 번역함으로써 긍정적인 함축(애정과 존경)을 드러낸다. 하지만 이와 같은 접근법이 부적절한 경우도 있다. 성경에 나오는 '하느님의 어린 양(Lamb of God)'을 이뉴잇족 독자를 위해 '하느님의 물개(Seal of God)'라고 번역한다면 어떨까? 대부분의 번역가는 이러한 문화적 번안(cultural adaptation)이라는 위험 부담이 높은 번역 기법을 사용하기에 앞서, 다른 유형의 기법을 우선 고려할 것이다.

4. 단어 의미와 번역

언어마다 단어 의미의 구성 요소 및 관계가 서로 다르다. 번역과 관련, 이는 우리에게 두 가지 교훈을 준다. 첫째는 번역을 통해 전달하고자 하는 의미가 사전이 아닌 상황과 맥락에 의해 결정된다는 점이다. 둘째로는 번역에서 발생하는 전이는 항상 어떤 형태로든 손실 및 변화를 수반하게 된다는 점이다. 이 두 가지는 언어학 기반 번역학 연구에서 일반적으로 수용되고 있다. Catford(1965, p. 49)는 "출발어와 도착어의 항목들이 언어적으로 동일한 의미를 갖는 경우는 거의 없지만, 동일한 상황에서 같은 기능을 수행할 수는 있다."라고 했다. 반면 Albrecht(1973, p. 23)는 "사람이 하는 번역에는 항상 오류가 있다."라고 말했다.

Albrecht(1973, p. 5)는 이를 환전에 비유해 흥미로운 논리를 제시했다. 비록 동전과 지폐의 모양 및 금액은 변하더라도 그 '실제 가치'는 변하지 않아야 하지만, 실제로는 다른 가격 구조에 맞춰야 하기 때문에 실제 가치도 변한다는 것이다. Albrecht는 '순수 의미(pure meaning)'가 프랑스어 문장 'Je suis allée à la gare pour chercher mon frère et ma sœur.[나는 오빠(또는 남동생)와 여동생(또는 언니)을 데리러 기차역에 갔었다.]'에서와 독일어 문장 'Ich bin zum Bahnhof gefahren um meine Geschwister abzuholen.(나는 형제자매를 데리러 기차역에 갔었다.)'에서 상당히 다르다는 점을 지적한다(1973, p. 10). 가장 극명한 차이점은 프랑스어에서는 화자가 여성임이 드러나지만[4], 독일어에서는 그렇지 않다는 것이다. 또한, 독일어 문장에서는 화자가 자동차를 이용했음을 알 수 있으나[5], 프랑스어에서는 그렇지 않다. 아울러, 독일어로는 형제와 자매를 하나의 단어(Geschwister)로 묶을 수 있다는 차이점도 있다. 하지만 이런 모든 차이점에도 불구하고 상황 차원의 번역 등가를 실현하는 것은 전혀 문제가 되지 않는다.

그럼에도 불구하고 서로 다른 언어들 간에 존재하는 의미 차이로 인해 번역에서는 일부 불가피한 손실 및 변화가 발생한다. 이를 고려할 때, 번

---

4 [역주] 동사 'aller(가다)'의 여성형 변형(과거형)인 'allée'를 통해 화자의 성(性)이 '여성'임이 드러남.

5 [역주] 'gefahren[(모터 달린 교통수단을 이용해) 가다]'을 통해 이동 수단이 '자동차'임이 드러남.

역에 대한 언어학적 접근법의 과제는 분명하다. 바로 이러한 의미 불일치를 극복하기 위한 번역 기법을 분류하고 설명하는 것이다. 여러 번역 기법이 제시되고 있지만, 우리는 4장에서 총 세 가지 연구를 다루겠다. Retsker와 Shveitser의 분류 체계, 가장 널리 알려진 Vinay와 Darbelnet의 번역 기법, 그리고 Malone의 연구를 차례로 살펴보자.

04
번역 기법

1. 러시아식 접근법(Retsker/Shveitser)

러시아의 번역학자 Yakob Retsker(1974, p. 9)는 출발어와 도착어 간에 총 세 가지 유형의 관계가 존재한다고 분석했으며, 각각의 유형을 아래와 같이 명명했다.

유형 1: 등가(equivalence)
유형 2: 이형(異形/variant) 및 맥락적 대응(contextual correspondence)
유형 3: 그 외 모든 유형의 번역상의 변형(translational transformation)

우리는 특히 '유형 1'과 그 외의 유형들('유형 2', '유형 3') 사이에 존재하는 차이점에 주목해야 한다. '유형 1'이 랑그 차원의 문제라면, '유형 2'와 '유형 3'은 빠롤 차원의 문제라는 것이다. 아울러, Retsker는 이들 세 가지 유형의 '작명(作名)'에 있어 각각의 유형이 서로 완전히 차별화될 수 있도록 명칭 선택에 신중을 기했다. 이는 유형들 간의 근본적인 차이점을 부각시키기 위해서다. '유형 1(등가)'은 랑그 차원의 문제로, 맥락에 관계없이 언어 체계 차원에서 존재하는 출발어와 도착어의 '일대일 대응 관계'가 여기에 해당된다. 예를 들어, 'carbon monoxide(일산화탄소)'와 같은 용어에 대응되는 도착어 용어는 어떤 언어든 하나밖에 없다. 이는 번역학보다는 용어 연구학에서 다룰 문제라고도 볼 수 있다. 이름(기표)과 실체(기의) 사이에 '일대일 대응 관계'만이 성립되는 '유형 1'의 경우, 원시적(primitive) 번역이라 불리는 단어 대 단어 대체(word-for-word substitution) 방식의 번역이 가능하다. 이러한 원시적 번역은 Jumpelt의 연구(1961, p. 57)에서도 다루어졌다. Jumpelt는 번역가의 임무는 "출발어 단위(unit)와 대상(object) 간의 관계를 도착어 단위와 대상 간의 관계와 대체로 대응하게 만드는 것이다."라고 했다. Jumpelt가 주장했듯, 과학·기술 관련 문서의 번역에서는 원시적 번역이 효과적일 수 있다. 물론, 다양한 요인들로 인해 생각보다 힘들 수도 있다.

Retsker의 '유형 2(이형 및 맥락적 대응)'와 '유형 3(번역상의 변형)'의 경우, Shveitser에 의해 각각 '유추'와 '타당성'으로 사실상 '개명'됐는데(1987, p. 25), 이들은 빠롤의 영역에 속하며 맥락이나 텍스트 기능과 같은 여러 요인을 고려하는 번역 기법이다.

1.1. 유추 번역

Retsker의 '유형 2(이형 및 맥락적 대응)'를 Shveitser는 '유추(analogy) 번역'이라 명명했다. 유추 번역이 필요한 경우는 서로 다른 언어들 간에 '일 대 다수의 대응 관계'가 존재할 때다. 앞에서 의미에 대한 논의를 시작할 때 살펴보았듯, 이러한 '일 대 다수의 대응 관계'는 매우 일반적인 경우에 해당한다. 필자가 임의로 펼친 스페인어-영어 사전을 보니 스페인어 'nefritis(신장염)'는 영어로 'nephritis(신장염)'라고 나와 있다. 이는 '일대일 대응 관계'다. 하지만 같은 페이지에 등장하는 스페인어 'necesidad'를 보니 이에 해당하는 영어는 'necessity(필수품)', 'need(필요)', 'tight spot(궁지)', 'poverty(빈곤)', 'business(배설물)' 등으로 다양하다. 즉, '일 대 다수의 대응 관계'가 존재하고 있는 것이다. Retsker에 따르면 영어 'sincere(성실한)'에 해당하는 어휘가 러시아어 사전에는 여덟 개 이상 등장한다(1974, p. 14). 독일어 사전에는 여섯 개, 프랑스어 사전에는 세 개의 어휘가 제시되어 있다. 이처럼 'sincere(성실한)'와 같이 '일 대 다수의 대응 관계'가 존재할 경우, 우리는 유추 번역을 해야 한다. 이를 위해서는 미시맥락(microcontext)을 우선 고려해야 한다. 미시맥락에 따라 번역은 달라질 것이며, 이때는 선택 제약도 고려해야 한다. 어떤 경우에는 미시맥락으로 인해 결과적으로 '일대일 대응 관계'만이 성립된다. 예를 들어, 미시맥락이 '친구'라면, 'sincere(성실한)'에 해당하는 러시아어는 단 한 개의 어휘로 압축된다. 이는 연어가 고정된 형태(조합)로 사용되는 경향이 있기 때문이다.

이러한 측면에서 사전의 유용성을 부정할 수는 없다. 하지만 사전에 전적으로 의존하기에는 부족함이 많다. 필자의 영어-스페인어 사전에는 영어 'sincere(성실한)'에 대한 스페인어가 'sincero(성실한)'라고만 나와 있다. 즉, '일대일 대응 관계'라는 것인데, 영어 'sincere(성실한)'와 스페인어의 'sincero(성실한)' 사이에 범맥락적(pan-contextual) 대응이 존재하기 때문에 그렇다는 것인지, 반면 독일어, 프랑스어, 러시아어의 경우에는 '일 대 다수의 대응 관계'가 성립되며, 이로 인해 맥락적 대응을 추구해야 한다는 것인지 의문이 든다. 어쩌면 필자의 영어-스페인어 사전을 만든 저자나 출판사가 지면의 제약으로 인해 영어 'sincere(성실한)'에 대응하는 여러 스페인어 어휘 중 'sincero(성실한)'만을 사전에 올렸을 수도 있다는 생각을 해본다. 자신만의 '내적 사전(internal dictionary)'을 구축했거나 필자보다 더 좋은 사전을 가진 번역가만이 답을 알 것이다.

사전이 맥락을 파악하는 데 상당히 유용한 도구이기는 하지만, 때로는 번역가를 호도할 수도 있다. 번역 전공 학생들이 홀로코스트에 관한 프랑스어 텍스트에 나오는 'la déportation des juifs(유대인 강제 이송)'를 영어로 번역하기 위해 프랑스어-영어 사전을 검색했다. 학생들이 찾은 사전에는 프랑스어 'déportation(강제 이송)'에 대한 설명으로 '(internment) imprisonment (in a concentration camp)[(수용) 구금 (강제수용소에)]'가 제시됐다. 정보가 구체적으로 제시됐기에 학생들은 이 사전에 나온 것이 전부라 믿었고, 등가어를 찾았다고 단정한 후 'internment(수용)' 또는 'imprisonment(구금)'로 번역했다. 하지만 학생들은 맥락을 간과했다. 맥락에 따라 번역 등가어 선택은 달라질 수밖에 없는데, 해당 번역 과제의 경우 맥락(이 경우에는 주제)을 고려했다면 영어의 'deportation(강제 이송)'을 사용했어야 한다. 물론, 학생들도 변명거리가 있었다. 영어 'deportation(강제 이송)'이 사전에 나와 있지 않았다는 것이다. 하지만 자신들이 찾은 사전에 제시되어 있지 않다는 사실이 타당한 사유가 될 수는 없다. 참고로, 'imprisonment(구금)'라는 어휘는 그 의미가 중립적인 반면, 'internment(수용)'는 사람 및 소속 집단에 따라 다양한 연상 의미를 가진다. 일본계 미국인들에게는 제2차 세계대전을 연상시킬 테고[1], 나이가 지긋한 영국의 어르신들에게는 북아일랜드를 떠올리게 할 것이다.[2] 이처럼 용어 하나만 잘못 번역해도 때로는 큰 오해나 반감을 살 수 있다. 따라서

---

1 [역주] 제2차 세계대전이 발발하자 미국과 캐나다 일부 지역에서는 이주 일본인들(민간인)을 강제로 격리 수용(internment)한 뒤 노역을 시키는 만행이 저질러졌다.

2 [역주] 과거 북아일랜드의 정치 상황이 급박할 때 행정 명령만으로 아일랜드인들을 강제 수용한 역사가 있다. 아일랜드공화군(IRA)을 견제하기 위해 1971년 8월 발효된 특별권한법 시행 이후 불과 4개월 만에 약 2천 명이 수용(internment)됐다.

번역가는 언어적 지식은 물론 백과사전적인 세상사 지식(world knowledge)을 지녀야 한다.

사전에서 찾은 단어가 명백한 등가어로 보일 경우가 오히려 더 위험할 수도 있다. 앞서 필자는 스페인어-영어 사전에서 무작위로 찾은 스페인어 'nefritis(신장염)'에 대해 영어 'nephritis(신장염)' 하나만이 제시되어 있다고, 즉, '일대일 대응 관계'가 존재한다고 언급한 바 있다. 이 경우 사전 때문에 번역가는 'nephritis(신장염)' 이외의 대안을 생각하려는 시도조차 하지 않을 수 있다. 하지만 번역가는 스스로를 사전에 속박시켜서는 안 된다. 스페인어 'nefritis(신장염)'를 영어로 옮길 때 'inflammation of the kidney(신장의 염증)'로 번역하지 말라는 법은 없다. 마찬가지로, 프랑스어 'infarctus du myocarde(심근경색)'를 사전에 제시된 'myocardial infarction(심근경색)'이 아닌 'heart attack(심장마비)'로 옮긴다고 오역이라 할 수는 없다. 이렇듯 명백한 '일대일 대응 관계'가 성립될 경우에도 번역가의 창의성과 의지에 따라 다양한 번역이 나올 수 있다는 점에 주목해야 한다. 그래서 Delisle이나 Lederer와 같은 학자는 Retsker 등이 제시한, 다소 협소하다는 평가를 받는 '언어학적 분류법'을 거부하고 소위 '해석적(interpretative) 접근법[3]'을 선호한다.

1.2. 타당성 번역

Retsker의 '유형 3(번역상의 변형)'을 Shveitser는 '타당성(adequacy) 번역'이라 명명했다. 이는 Retsker의 '유형 1'과 '유형 2'의 관계가 존재하지

3 [역주] 해석이론은 파리 통번역대학원(ESIT)의 Seleskovitch가 회의통역 분석을 위해 발전시킨 인지 이론으로 번역에도 확장 · 적용되고 있다. 탈언어화(deverbalization)와 재구성(reformulation)을 요체로 하고 있으며, 의미(sense)를 언어에서 분리할 수 있다고 가정한다.

않을 경우에 사용할 수 있는 번역 기법이다. 이러한 상황이라면 번역가는 출발어 표현에 얽매이지 않아야 한다. 사전에 의존해서도 안 된다. 대신 다음의 네 가지 번역 기법 중 하나를 선택하면 된다. Retsker(1974, p. 39)는 번역 기법을 총 일곱 개로 분류했으나, 이 책에서는 Shveitser(1973, pp. 25-28)가 재구성한 분류법을 따르기로 한다.

1.2.1. 구체화

구체화(concretization)는 앞서 논한 상위어/하위어 변이(출발어의 상위어를 도착어의 하위어로, 또는 그 반대로 번역하는 방법)의 틀 내에 있는 번역 기법이다. Retsker는 도착어의 하위어를 사용하는 번역을 구체화 번역이라 부른다. 이를 세분화(differentiation)라고 부르는 학자도 있다. 당연한 논리적 결과라 할 수 있지만, 이 구체화 번역 기법의 계(系)[4]가 바로 상위어를 사용하는 일반화(generalization)다. 예를 들어, 독일어 'Geschwister(형제 · 자매)'를 영어로 번역할 때, 보다 구체적이고 세분화된 'brothers and sisters(형제와 자매)'로 번역한다면 이는 구체화 번역이다. 이와는 반대로, 보다 추상적이고 일반적인 'siblings[동기(同氣)]'로 번역한다면 일반화 번역이 된다. 어떤 방식을 선택할 것인가의 문제는 맥락 및 기대 효과에 따라 달라질 것이다. 필자가 임의로 선택한 프랑스어의 추상적인 어휘 'fumerolle(분기공)'을 영어로 번역할 경우, 맥락에 따라, 전문 용어인 'fumarole(분기공)'로 번역할 수도 있고, 혹은 구체적이고 세분화된 'volcanic smoke and gas(화산 연기와 가스)'로 옮길 수도 있다. 마찬가지로, 독일어 'Mußheirat(특별한 결혼)'를 'forced wedding(강제 결혼)'으로 옮길 수도 있고, 보다 구체적인 'shotgun marriage(혼전 임신으로 인한 결

4 [역주] 정리(定理)로부터 따라 나오며 다른 부가적인 정당화가 불필요한 명제

혼)'로 번역할 수도 있다.

다른 예도 살펴보자. 이미 구체적인 프랑스어 'charentaises(샤랑트 지방의)'를 두 단어로 구성된 더욱 구체적인 'pipe and slippers(파이프 담배와 슬리퍼)'로 번역한 경우가 있다. 번역가는 '보수적이고 관습을 따르며, 집에 있는 것을 즐기는'이라는 연상 의미 또는 함축을 전하기 위해 노력한 것이다. 물론, 이러한 방식의 번역은 문화적 논란의 소지가 있다. 프랑스인들은 파이프 담배보다는 프랑스산 골로와즈 담배를 선호하기 때문이다.

이 모든 경우에서 언어학은 결과론적으로 어떤 종류의 번역이 이루어졌는지(구체화 또는 일반화 등)를 설명할 수는 있으나, 번역가가 해당 상황에서 어떤 해결책을 선택해야 하는지를 알려주지는 않는다. 선택에 있어 워낙 다양한 요인이 작용하기 때문이다. 즉, 세상사 지식, 독자의 기대, 정보량, 텍스트 유형, 기대 효과, 심지어 정치적인 측면까지도 번역 기법 선택에 영향을 미친다.

Retsker는 번역에 있어 별 문제가 될 것 같지 않은 영어 문장 'Have you had your **meal**?(식사 하셨어요?)'의 번역이 생각보다 쉽지 않음을 논했다. Retsker에 따르면, 이 영어 문장을 러시아어로 번역할 때, 번역가는 일반적인 어휘 'meal(식사)'을 구체화시켜 아침 식사/점심 식사/저녁 식사/서퍼 식사(supper)로 반드시 구분해야 한다. 하지만 여기서도 사회언어학적 지식, 그리고 세상사 지식이 두루 필요하게 되는데, 이는 "유복한 부르주아 영국인들의 'dinner-time(저녁 식사 시간)'은 서민층의 'supper-time(서퍼 식사 시간)'과 시간대가 비슷하기 때문이다(Retsker, 1974, p. 42)."

Retsker(1974, p. 41)가 제시한 다른 예 '**ruthless** newspaper jingoism(거리낌 없는 신문 징고이즘)'이라는 텍스트에서, Retsker는 'ruthless(인정사정없는, 거리낌 없는, 등등)'가 'without mercy(무자비한)'의 뜻이 아니라

단순히 강조어로 사용됐다고 분석했다. 따라서 다른 언어로 번역할 경우에는 보다 일반화된 'unrestrained(거리낌 없는)'에 상응하는 도착어 단어로 번역해야 한다고 했다. 이에 따라 'unrestrained(거리낌 없는)'에 상응하는 어휘를 프랑스어에서 찾자면 아마 'acharné(끊임없는, 열정적인, 맹렬한)'가 될 것이다. 물론, 'acharné(끊임없는, 열정적인, 맹렬한)'는 영어-프랑스어 사전의 'ruthless(인정사정없는, 거리낌 없는, 등등)' 아래에서는 찾을 수 없다. 사전에는 'without mercy(무자비한)'에 해당하는 프랑스어 어휘와 설명만이 제시되어 있다.

그렇다면 필요한 단어를 사전에서 찾을 수 없을 때 Retsker의 번역 분류가 도움이 될 수 있을까? 직접적으로 도움이 된다고는 말할 수 없다. 그렇다고 해서 Retsker의 분류법이 쓸모없다는 것은 아니다. 상기 예와 결부시켜서 짧게 논의를 하자면, Retsker의 분류법이 엉뚱한 단어를 사전에서 찾는 행위를 막았다고는 할 수 있다. 즉, Retsker 덕분에 번역가는 'ruthless(인정사정없는, 거리낌 없는, 등등)'라는 단어가 구체적인 의미로 사용되지 않았으며 일반화된 부정형 강조사라는 것을 깨닫고 영어에서 맥락적 이형(異形)을 찾으려 할 것이다. 우선 1개 국어 유의어 사전을 찾아보게 되고, 그 다음으로 2개 국어 사전을 찾아보게 되는 것이다.

1.2.2. 논리적 도출

영어 표현 'shorter working hours(더 짧은 근무 시간)'는 행위의 '결과' 혹은 '효과'에 방점이 찍혀 있다(특정 행위를 취한 결과, 결과적으로 근무 시간이 짧아졌음을 나타내기 때문이다). 반면, 독일어 등가 표현 'Senkung der Arbeitszeit(근무 시간 축소)'와 프랑스어 등가 표현 'réduction de la semaine de travail(근무 주 축소)'의 경우에는 '행위' 또는 '이유'가 강조되고 있다. 이렇듯 언어에 따라 서로 초점이 맞춰지는 요소가 다르기 때문에 번역 시에는 논리적 변화가 수반되기 마련이다. 논리적 변화와 관련, Retsker(1974, p. 45)는 'acid test(산성 시험: 시금석)'를 예로 들었다. 이 단어가 영어에서는 '과정'을 나타내지만 러시아어로 번역했을 때는 '리트머스 시험지'에 해당하는 러시아어 단어가 되어 시험에서 사용된 '도구'가 부각된다는 것이다.

만약 행위가 '원인-과정-결과'로 이루어진 복합체라고 한다면, 출발어는 이들 요소 중 하나에 초점을 맞춰 행위를 표현하는 반면 도착어는 다른 요소에 초점을 맞추게 되는 경우가 있다. 이것이 바로 환유법(metonymy)이라는 문학적 장치의 한 형태다. 'With one thrust of his trusty **blade**, Dirk was free.(그의 믿음직스런 칼날에 더크는 자유의 몸이 됐다.)'라는 문장에서는 일부(blade: 칼날)를 사용해서 전체(sword: 검)를 나타내고 있다. 서로 다른 언어들의 상이한 표현 방식을 살펴보자. 영어 'to go for a **sail**(항해하러 가기/'sail'의 1차적 의미는 '돛'임)'의 경우, 일부(sail)를 통해 전체(작게는 '배', 크게는 '항해')를 나타낸다. 반면, 스페인어 'ir de paseo en **barco**(한가롭게 뱃놀이하기/'barco'는 '보트'임)'는 전체(barco)를 통해 말하고자 하는 바를 표현한다(Vázquez-Ayora, 1977, p. 297). Shveitser(1987, p. 30)는 이러한 종류의 환유적 전이(metonymic transfer)가 번역에서 빈번하게 발생한다고 말했다. 이러한 분석은 Vinay와 Darbelnet의 유명한 번역 분류 체계의 토대를 형성하기도 했다(잠시 후에 살펴보자). 엄격한 언어학의 틀로 번역을 분석하는 것을 적극 반대한 Douglas Robinson(1991)조차 이를 하나의 번역 전략으로 인정했다.

서로 다른 언어들은 각기 다른 방식으로 이러한 종류의 등가를 달성한다. 영어의 'acid test(시금석)'를 프랑스어로 나타내면 'épreuve decisive(결정적 실험)'가 되어 논리적 도출(logical derivation)과는 관련이 없는 단순 일반화로 이어진다. 반면 독일어의 'Feuerprobe(불을 이용한 실험)'

의 경우, 다른 의미 영역(semantic domain)에 속하게 된다.

논리적 도출이라는 번역 기법과 관련해 위에서 살펴본 예문들은 그다지 생산적이지는 않은 것 같다. 영어 'acid test(시금석)'를 어떻게 번역할지 모르는 번역가라면 번역 기법을 살펴보기보다는 사전을 찾아볼 것이기 때문이다. 하지만 원하는 단어가 사전에 없다면(필자의 스페인어 사전에는 이 단어가 아예 없다), 사전에 지나치게 의존하는 것은 시간 낭비일 뿐 아니라 번역의 질도 떨어뜨린다. 따라서 전문 번역가라면 분류학적으로 고찰한 후 바로 일반화 번역을 해서 더 나은 결과를 얻으려 할 것이다. 프랑스어 문장 'Les Européens doivent **<u>renoncer á</u>** la facilité.(유럽 사람들은 안락함을 포기해야 한다.)'에서 'renoncer á(포기하다)'를 번역할 때 위의 개념을 적용할 수 있다. 사전에 나와 있는 의미는 모두 그다지 만족스럽지 않기 때문에 사전 찾기는 시간 낭비에 불과하다. 1차적인 의미는 모두 '포기하다'이지만 'give up(그만두다)'은 너무 구어체이고, 'renounce(단념하다)'는 지나치게 형식적이며 연어 관계가 제한적이다. 또한 'relinquish(내주다)'와 'abandon(버리다)'은 프랑스어 'renoncer á(포기하다)'의 의미와 다소 다르다. 따라서 논리적 연결 관계를 살펴봄으로써 더 적절한 번역을 할 수 있다. 우리가 유념해야 할 것은 이러한 번역 기법의 분류가 구체적인 특정 문제를 즉각적으로 해결할 방안을 제시하지는 않는다는 점이다. 물론, 일반적인 문제 해결 방법을 제시하는 데 있어서는 유용하다.

1.2.3. 반의어적 번역

반의어적 번역(antonymic translation)은 말 그대로 반의어를 사용하는 번역 기법이다. 도착어에서 보다 자연스러운 표현을 도출하기 위해 자주 사용되는 방법이다. 프랑스어 'est une **<u>valeur déjà ancienne</u>**(이미 오래된 가치다)'를 직역해 'is an **<u>already old value</u>**(이미 오래된 가치다)'라고 할 수도 있지만 'is **by no means a new value**(결코 새로운 가치가 아니다)'로 번역할 수도 있다. Retsker(1974, pp. 48-49)는 다음과 같은 예를 제시한다. 영어 문장 'The woman at the other end asked him to **hang on**.(전화를 받은 여자가 그에게 수화기를 들고 기다리라고 부탁했다.)'을 '**not to hang up** the phone(전화를 끊지 말라고 했다)'에 해당하는 러시아어 표현을 사용해 번역한 경우가 그것이다. 같은 맥락에서 'wrote **with perseverance**(인내심을 가지고 글을 썼다)'를 'worked **without a break**(쉼 없이 일했다)'에 상응하는 표현을 사용해 번역한 경우도 반의어적 번역에 해당한다. 이 번역 기법은 여러 상황에서 유용하게 사용된다.

1.2.4. 보상

보상(compensation)은 출발어의 특정 요소가 사실상 번역이 불가능하다고 판단될 때 사용할 수 있는 번역 기법이다(이 기법을 반대하는 번역가도 꽤 있다). Shveitser(1987, p. 32)는 보상의 경우 위험 요소가 있다고 경고했다. 이는 Vinay와 Darbelnet(1958, p. 189)도 같은 맥락에서 지적한 내용인데, 잘못하면 이 전략으로 인해 모든 번역을 보상으로 취급하게 될 위험이 있다는 것이다. 또한 의욕이 앞서는 번역가의 경우 보상이라는 미명하에 번역가 본연의 역할을 넘어 '해설가'가 되고자 하고, 심지어는 전면적인 번안이나 개작까지 합리화할 수 있다.

Vinay와 Darbelnet(1958, p. 189)은 네 페이지 정도를 할애해 이 번역 기법을 논했다. 전술한 위험에도 불구하고, 다른 언어로 사실상 번역될 수 없는 출발어 텍스트의 일부 요소를 보상 기법을 통해 번역할 수 있음을 논증했다. Vázquez-Ayora는 Vinay와 Darbelnet의 개념을 발전시켜 스페인어에 접목한 내용을 자신의 저서에 담았는데, 보상을 다루는 지면이 무려 열 페이지가 넘는다(1977, pp. 373-384). Jiři Levý(1969, p. 58)는 보상을 랑그 차원의 요소로 규정했다. 그는 특정 언어학적 하부 구조가 매우 발달되어 있는 언어가 있고, 이와는 정반대로 그러한 하부 구조가 아예 존재하지 않거나 거의 발달되어 있지 않은 언어가 있다고 설명했다. Levý의 주장에 따르면, 이러한 상황에서 전자를 후자로 번역할 때는 후자에 존재하는 다른 언어 구조의 사용을 통해 보상이 이루어질 수 있다. 예를 들어, 러시아어의 경우 '제한된' 시제(時制) 구조를 가지고 있는데, 이 빈 자리를 러시아어의 '풍부한' 상(相) 구조가 채울 수 있다.

보상이 필요한 상황으로 자주 인용되는 분야는 방언 번역이다. 이 문제에 대해서는 10장(사회언어학과 번역)에서 자세히 다루겠지만, 그 전에 Retsker(1974, p. 53)가 인용한 예를 여기서 잠시 살펴보자. 골즈워디의 소설에는 등장인물이 수표의 금액을 'nine(구)' 파운드에서 'nine**ty**(구십)' 파운드로 고치는 장면이 나온다. 글자 두 개('ty')만 추가해서 간단히 금액을 조작한 것이다. 하지만 러시아어에서 '구'는 '-at'로 끝나고 '구십'은 '-nosto'로 끝나기 때문에 간단한 방법으로는 조작할 수가 없다. 이에 번역가는 이 두 숫자를 '팔'과 '팔십'에 해당하는 러시아어로 바꿨다(이렇게 할 경우 러시아어에서도 '간단한 조작'이 가능하다). Retsker는 프랑스어의 경우 더욱 작은 숫자로 표현할 수밖에 없는('오'에서 '오십'으로의 '조작'만이 가능하다) 상황임을 지적하며, 이러한 요소를 다른 언어로 번역할 경우, 영어와는 달리 '조작'에 사용되는 금액이 너무 소액으로 변해 '애쓴 보람'이 없어지거나 반대로 너무 천문학적인 숫자가 되어 '어이없는 상황'으로 이어질 수 있다고 했다.

다른 문제도 있다. 전술한 문제에도 불구하고 Retsker는 프랑스어 'cinq(오)'를 'cinq**uante**(오십)'로 바꿀 수 있다고 했다. 맞는 말이다. 다섯 글자를 추가(러시아어에서 '팔'을 '팔십'으로 바꿀 경우도 마찬가지)하면 분명 '조작'이 가능하다. 하지만 수표에 그렇게 많은 문자를 추가로 기입할 공간이 충분치 않다는 현실적인 측면은 간과했다. 언어학적으로 정의가 가능하고(형태소를 추가해서 숫자를 변경) 언어학적으로 해결할 수 있는(상이한 수 체계의 대체를 통한 보상) 문제가 현실에서는 엄청난 제약에 직면하게 되는 것이다.

상기 예시 관련, 전술한 현실적 제약에도 불구하고 여전히 보상이 필요한 상황임은 명백하다. 그리고 문제의 소지가 있음을 알아차릴 수 있는 번역가에게는 찬사를 보내야 한다(이런 예리한 눈을 가진 번역가가 생각보다 몇 없다).

Vinay와 Darbelnet(1958, pp. 189-191)은 보상이 반드시 필요한 두 가지 경우를 논한 바 있다. 첫 번째는 호칭을 번역하는 경우다. 'you(당신, 너)'에 해당하는 호칭은 대다수의 언어에서 대화 참여자들 간의 친밀도와 깊은 관련이 있는데, 언어마다 어휘 및 사용 범주가 다르다. 두 번째는 '강조' 장치를 번역하는 경우다. 이는 나중에 '문장 구조(sentence structure)'를 다루는 부분에서 논하게 될 내용인데, 어떤 언어는 다른 언어에는 존재하지 않는 장치를 사용해 강조 효과를 낸다.[5] 이렇듯 언어에 따라 차이점이 있음을 고려한다면 번역 손실을 피하기 위해서는 어떤 형태를 사용하든 보상이 필요한 것은 분명하다.

우리가 여기서 다룰 첫 번째 경우(호칭 번역)는 논의가 많이 이루어진 문제이기에 두 가지 다소 특이한 예만 살펴보자.

첫째 예는 1992년 상영된 『Man Bites Dog(개를 문 사나이)』[벨기에 원제 『C'est arrivé près de chez vous(당신 주위에서 일어난 일)』를 상상력을 동원해 번역한 영화]에 나오는 호칭 번역의 문제다. 연쇄살인범이 친구들과 저녁 식사를 하는 장면이 등장한다. 그런데 살인범이 갑자기 불같

5 [역주] 영어의 도치 또는 분리문은 다른 언어에는 존재하지 않는 경우가 많다.

이 화를 내면서 동석한 친구 중 한 명을 총으로 쏴 죽이자, 살인범을 친근하게 'tu(너)'라고 부르던 여자는 상대적으로 더 공손한 호칭인 'vous(당신)'를 사용하기 시작한다. 이 바뀐 호칭을 두고 살인범이 한 마디 하기도 한다. 영어에는 프랑스어 'vous(당신)'에 대한 등가 호칭어가 없어 자막 번역에는 'sir(선생님)'라는 단어를 사용했다. 자주 사용되는 대체 표현이기는 하지만 항상 적절한 번역이라 할 수는 없다.

둘째 예는 소설 『Miss Smilla's Feeling for Snow(스밀라의 눈에 대한 감각)』(Høeg, 1993, p. 239)에 나오는 호칭 번역의 문제다. 다음과 같이 다소 특이한 대화를 주고받는 상황이다.

> "당신(your)의 모국어는 무엇입니까?"[1)]
> "그보다는, *네(your)* 모국어는 무엇이니?"라며, 딱딱한 형태의 호칭을 친근한 형태의 호칭으로 바꾸며 그가 부드럽게 내 말을 정정해 주었다.

알아보기 쉽지는 않지만 위의 예에는 각주 표시(소설에서는 자주 등장하지 않기 때문에 더욱 알아보기 힘들다)가 있다. 번역가는 각주를 이용해 도착어 독자에게 페이지 아래에 있는 역주(譯註)를 읽도록 유도하고 있다. 보상의 수단으로 사용된 역주에는 출발어 호칭 체계와 어휘 등에 대한 설명이 간략히 제공돼 있다.

Vinay와 Darbelnet은 보상의 범위를 해당 텍스트와 근접한 영역으로 제한한다. 즉, 보상은 문제가 되는 부분에 국한해 짧게 이뤄져야 한다는 것이다. 앞서 살펴본 두 예시의 경우는 여기에 부합한다. 보상을 그다지 달가워하지 않는 번역가도 있겠지만, 텍스트의 전체적인 균형을 유지하기 위해서는 최소한의 보상은 불가피하다.

말장난(wordplay) 또한 번역이 힘든 분야다.[6] 출발어 텍스트의 주제 때문에 번역가가 도착어에서 동일한 의미 영역의 말장난으로 번역해야 할 상황에서 도착어의 해당 의미 영역에 말장난이 될 만한 표현이 없다면 출발어의 말장난은 번역이 사실상 불가능하다. 예를 들어, 'Le socialisme français est un **cadavre exquis**.(프랑스의 사회주의는 고아한 시체다.)'라는 프랑스어 문장에서 마지막 두 단어(cadavre exquis)를 직역하면 'good-looking corpse(고아한 시체)'가 되어 문장의 전체 의미는 'The French socialism is dead.(사회주의가 죽었다.)'가 된다. 하지만 'cadavre exquis(고아한 시체)'라는 표현은 초현실주의 예술가들이 즐겨하는 드로잉 게임이나 '결과 만들기 놀이[7]'를 가리키기도 한다. 이 경우, 프랑스어 문장에 대한 번역은 '프랑스 사회주의에는 공통점이라고는 전혀 없는 각기 다른 경향들이 뒤섞여 있다.'라고 될 것이다. 이런 말장난은 번역이 사실상 힘들다.

일부 학자들의 제안에 따르면, 번역가는 이러한 손실을 보상하기 위해 도착어 텍스트의 다른 부분에서라도 출발어 텍스트에는 존재하지 않는 새로운 말장난을 만들어야 한다. 이러한 형태의 보상 기법을 지지하는 학자 중에 독일의 번역학자 Güttinger(1963, p. 75)를 꼽을 수 있다. Zimmer (1981, p. 53)는 Güttinger의 이러한 주장을 "완벽하고 유용한 제안"이라 평가하며 적극적으로 지지했다. 하지만 이러한 보상 방식에 거부감을 갖

6 [역주] 예를 들어 'Why is 6 afraid of 7? Because 7 8 9.'이라는 영어 말장난을 번역한다고 하자. 의미와 말장난 효과를 모두 살리기가 결코 쉽지 않다. 역자의 능력으로는 '6이 왜 7을 무서워하지? 7이 8을 9워 먹었으니까.' 또는 '6은 왜 7에게 고마워할까? 7이 8을 9했으니까.' 등의 번역이 최선일 것 같지만, 이 경우에도 의미의 왜곡이 발생하며 효과 차원에서의 등가 달성 여부 역시 불확실하다.

7 [역주] 이 놀이에 참여한 사람 중 첫 번째 사람이 문장을 작성한 후 이를 가린 상태에서 다음 사람에게 넘기면 그는 첫 단어(명사)를 모르는 상태에서 다음에 올 단어(형용사)를 적어 넣는다. 역시 가려진 이 단어 다음에 다시 다른 사람이 동사를 적고, 가려진 이것에 또 다른 단어(명사)를 다른 사람이 적어 넣는 식으로 게임이 진행된다. 이 놀이에서 최초로 얻어진 문장이 바로 'Le cadavre//exquis//boira//le vin//rouge.(고아한 시체가 새로운 포도주를 마실 것이다.)'다.

는 번역가도 다수 있다. 보상에 대한 찬반은 당시의 지배적인 이념적 성향, 출판업계의 관행, 저작권법 등의 광범위한 언어 외적 요소에 두루 영향을 받는다.

2. 캐나다의 관점(Vinay와 Darbelnet)

앞서 살펴본 Retsker와 Shveitser의 번역 분류는 번역과정을 이론적으로 기술하기 위한 수많은 시도 중 하나에 불과하다. 가장 널리 알려져 있고, 동시에 가장 자주 비판의 대상이 되는 번역 기법은 1958년에 Vinay와 Darbelnet이 제안한 것이다.

이들의 번역 이론은 두 가지 요소에 기초하고 있다. 첫째, Saussure의 구조주의 언어학이 제시한 개념들이 Vinay와 Darbelnet의 번역 기법 분류의 토대를 이루고 있다. 다시 말해, Vinay와 Darbelnet은 랑그와 빠롤, 기표와 기의, 문법 차원에서의 언어 구조화, 어휘 및 '메시지', 텍스트 및 상황 등의 구조주의 언어학적 개념들을 사용해 번역 현상 기술과 이론 정립을 시도했다. 둘째, Vinay와 Darbelnet은 각각의 언어에는 고유의 '정신'이 있으며, 이로 인해 개별 언어는 다른 언어와는 차별화되는, 고유한 특정 방식으로 스스로를 표현하도록 언어 체계 자체가 강제한다는 관점을 수용했다. 이러한 관점을 두고 후기 학자들의 비판이 쏟아졌다. Albrecht(1973, p. 74)는 "민족심리학 속성의 사악한 접근"이라고 평가했고, Chuquet와 Paillard(1987, p. 32)는 "민족심리학의 성급한 일반화"라고 경고하기도 했다. 하지만 Vinay와 Darbelnet의 이러한 관점 덕분에(정확히 말하자면, 이 관점에서 조금 더 발전된 형태의 개념 덕분에) 현대 번역이론의 한 줄기를 형성하는 타국화 번역이 정립됐다고 말할 수 있다. 타국화 번역은 이국 문화에 의한 식민화 또는 노예화의 위험을 경계하는 번역 방식인데, 이는 Vinay와 Darbelnet이 주창한 일부 번역 기법(번안 등)을 사용할 경우 발생할 수 있는 부작용이기도 하다.

아래에서 함께 살펴볼 번역 기법에는 차용, 모사, 직역, 치환, 변조, 등가, 번안이 있다. 각각의 기법은 어휘, 문법, 텍스트 등의 언어학적 차원에서 적용될 수 있다.

2.1. 차용

차용[emprunt(佛), borrowing(英)]은 외래어를 그대로 빌려오는 경우로, 출발어의 형태가 도착어에 그대로 전이되는 것을 가리킨다. 여러 이유가 있겠지만, 주로 도착어에서 어휘 목록의 격차가 존재할 경우 차용이 이루어질 수 있다. 다시 말해, 도착어 어휘 목록에서 출발어 어휘와 등가를 이루는 어휘를 찾기 힘들거나 사용하기 어색할 경우에는 차용이 유용하다. 러시아가 최초로 우주에 인공위성을 발사했을 때 서방 언론에서는 러시아어 'sputnik(스푸트니크)'를 차용했다. 이 어휘는 시간이 지나면서 영어 'satellite(인공위성)'라는 용어로 대체됐다. 하지만 'glasnost(글라스노스트)'와 'perestroika(페레스트로이카)'와 같이 고르바초프 구소련 대통령이 추구한 정책을 나타내는 용어의 경우, 서방 국가에서 이국적인 느낌을 선호하는 이유로 아직까지도 러시아어를 그대로 차용해 사용하고 있다. Vinay와 Darbelnet(1958, p. 47)은 이런 현상에 대해 "문체상의 효과를 만들기 위해"라고 설명했다. 사실 'glasnost(글라스노스트)'는 'openness(개방)'로, 'perestroika(페레스트로이카)'는 'reconstruction(재건 또는 개혁)'으로 아주 간단히 번역할 수도 있지만 러시아어를 차용해서 사용하는 경우다.

번역이 충분히 가능함에도 불구하고 차용 기법을 사용하는 것은 다분히 의도적인 것이다. Fedorov(1953, pp. 160-161)에 따르면 출발어를 차용하는 주된 이유는 출발어권에 존재하는 사물이나 제도의 고유한 느낌과 색채를 보존하기 위함이다. 이 경우, 독자의 이해를 돕기 위해 차용을 한 후 번역이나 여타 설명을 추가할 수도 있다. 또 다른 이유는, 차용을 통해 소리 효과를 전달하거나 '문화적 타자성(cultural Other)'이 번역을 통해 소멸되지 않도록 하기 위함이다.

차용과 관련해 종종 간과되는 분야는 소리 및 의미와 연관된 문제가 발생할 수 있는 상표명이다. 번역계에서 아주 유명한 일화가 있다. 'Bodymist(바디미스트)'로 잘 알려진 데오도런트 회사가 'Bodymist(바디미스트)'라는 상표명을 그대로 사용해 독일 시장에 선보인 일이 있다. 독일어로 'Mist(미스트)'가 '동물의 배설물로 만든 거름'이라는 사실을 몰랐기 때문이다. 출발어의 상표명을 차용할 것인지, 번역을 하거나 번안을 할 것인지를 결정하는 데는 적절한 음과 함축의 어우러짐, 상품의 국적 표시, 포장이나 광고의 불필요한 비용 제거 등에 있어 균형을 찾아야 한다. 참고로, 출발어의 상표를 차용하는 것이 문화적 제국주의로 비춰질 수 있다는 점도 유념해야 한다.

차용은 표면적으로는 아무런 문제가 없는 것처럼 보인다. 다시 말해, 필요한 특정 단어의 등가어를 도착어에서 찾을 수 없을 때는 출발어를 차용하면 문제가 간단히 해결된다. 하지만 그리 간단한 문제가 아닐 수도 있다. 국가 정체성, 권력, 식민화 등 중요한 문제가 제기될 수 있기 때문이다. 참고로, 구소련이 붕괴된 이후 러시아는 사실상 무분별하게 영어를 차용했다. 독일도 마찬가지다. 반면, 프랑스는 프랑스어의 탈미국화를 위해 부단히 노력했다.

2.2. 모사

모사[calque(佛), calque(英)]는 구 차원에서의 직역을 일컫는다(Vinay와

Darbelnet은 형태소 차원에서의 용어 번역에 있어서는 모사를 고려하지 않는다). 가장 빈번하게 인용되는 예로는 영어 'skyscraper(마천루)[8]'가 있다. Fedorov에 따르면 모사가 이루어질 때는 지시하는 대상이나 현상도 동시에 해당 언어권에 들어오는 경향이 있다(필자가 아래에서 반론을 제시해 보겠다). Fedorov는 'loudspeaker(확성기)'가 러시아어 'gromkovoritel'로 구(句) 차원에서 직역된 예를 인용했다(1953, p. 163). 러시아에 처음으로 'supermarket(슈퍼마켓)'이 등장했을 때, 처음에는 'svierkhrynok'로 모사하다가, 그 의미가 모호하다는 이유로 '도우미가 없는 가게'에 해당하는 러시아어로 바꿔 사용하다가, 다시 '소비자가 스스로 이용하는 가게'에 해당하는 러시아어로 대체했다(Retsker, 1974, p. 12).

차용과 마찬가지로 모사가 처음으로 사용되는 것은 주로 번역에서가 아니라 신문 기사 등(원작)에서다. 종종 번역가보다는 기자나 창의력이 뛰어난 작가들이 스스로를 '단어 창조자'로 여기는 경향이 있기 때문이다. 지금까지 이를 증명할 연구 자료가 있는 것은 아니지만 번역가는 모사보다는 차용을 선호하는 것 같다. 모사의 '사용 지침'이 차용보다 훨씬 불명확하기 때문이다.

Fedorov의 주장과는 달리 모사가 지시 대상이나 현상과 항상 동시에 등장하는 것은 아니다. 1970년대에 경제적으로 상당한 타격을 준 석유 파동을 두고 당시 영어권 언론에서는 말 그대로 'oil crisis(석유 위기)'로 이를 표현했다. 하지만 1990년대에 들어 세련된 표현을 추구하는 일부

---

8 [역주] 거의 모든 언어가 영어의 'sky(하늘)'와 'scraper(긁는 것)'를 각각 직역해서 조합하고 있다. 물론, 'skyscraper'가 구(句)가 아니라는 반론이 있을 수 있으나, 'sky'와 'scraper'를 별개의 단어로 취급한다는 가정 하에서는 모사 논의에 적합할 수 있다. 프랑스어에서도 'gratte-ciel(긁다+하늘)'로 모사하고 있다. 한국어에서도 마천루(摩天樓)의 구성을 보면 모사에 해당한다고 말할 수 있다. 역자는 영어 'iron curtain'을 '철의 장막'으로 옮기는 등의 번역이 모사에 더 가깝다고 생각한다.

언론이 'oil shock(석유 파동)'라는 말을 대신 사용하기 시작했다. 과거 수십 년 동안 영어권에서 사용된 'both sides of industry(산업의 양측)'라는 말은 유로스피크[9]가 'the social partners(사회적 동반자)'라는 말을 도입한 이후 대체됐다. 경제 평론가들은 현재 'Anglo-Saxon(앵글로색슨)'을 '영국과 미국의~'를 뜻하는 말로 사용하고 있다. 이 용어들은 모두 프랑스어에서 뒤늦게 모사된 것이다. 이들 예를 통해 언어 간의 영향은 쌍방향으로 이루어진다는 교훈을 얻을 수 있다.

2.3. 직역

직역[10][traduction littérale(佛), literal translation(英)]은 사용되기 힘든 번역 기법이다. Vinay와 Darbelnet에 따르면 출발어 텍스트를 도착어로 옮길 때 사실상 어떤 변화도 일어나지 않는 경우(도착어 문법에 의해 불가피하게 발생하는 극히 제한적인 변화는 제외)가 직역이다. 다른 번역 기법과는 달리 Vinay와 Darbelnet은 직역에 대해서는 세부적인 설명을 하지 않았다. 따라서 직역을 하나의 타당한 번역 기법으로 볼 것인지, 아니면 보편적인 전략으로 볼 것인지를 구분하기 위해서는 Vázquez-Ayora의 설명을 살펴봐야 한다. Vázquez-Ayora는 직역이 기계적이고 독창성이 없는 것이라 혹평하기도 했지만 일부 필요한 경우도 있다고 주장하며 다음과 같이 설명했다(1977, p. 257).

> 두 개의 발화(예 영어와 스페인어)가 있다고 하자. 둘 사이에 구조(structure)와 의미

9 [역주] 유로스피크(Eurospeak): 유럽공동체의 기관에서 일하는 관료(官僚) 또는 그들이 사용하는 용어

10 [역주] 용어의 혼동을 피하기 위해 한국어에서는 '작위적 번역'으로 옮기는 경우도 있다.

작용(signification)의 정확한 대응이 있고 모든 기호소에 대한 등가가 성립될 경우에는 직역이 아무런 문제없이 적용될 수 있다.

상기 조건이 충족될 경우에는 직역이 유용하다. Vázquez-Ayora는 "번역가는 무언가를 바꾸고 싶은 갈망, 혹은 '직역투(경멸적인 의미에서의 직역투)'라는 비난(무지한 사람들이 주로 '직역투' 운운하며 비판을 한다)에 대한 두려움으로 직역을 포기하면 안 된다."라는 말을 덧붙였다(1977, p. 257). 또한, 도착어 문법에 의한 일부 의무적 문법상의 변화만 일어나는 번역 예를 제시하면서, 이 경우 직역에 포함되며 정당한 번역 기법이 될 수 있다는 점을 논증했다. Vázquez-Ayora는 직역을 '0도 번역(degree zero translation)'이라고 부른다(1977, p. 258). 그는 'John hit Paul.(존이 폴을 때렸다.)'의 직역인 'Juan pegó **a** Pablo.(존이 폴을 때렸다, 이때 'a'는 스페인어에서 의무적으로 덧붙여짐)'와 'I have a headache.(나는 두통이 있다.)'의 번역인 'Me duele la cabeza.(나는 머리가 아프다.)'라는 두 문장을 비교했다. 후자의 경우 큰 틀에서는 어휘소 '나', '아프다', '머리'가 번역되긴 했으나 근본적으로 상이한 문법 구조를 보인다(1977, p. 258). 이를 Vázquez-Ayora는 '완곡 번역(oblique translation)[11]'이라 부르는데, Vinay와 Darbelnet의 치환에 해당된다. Vinay와 Darbelnet(1958, p. 49)은 직역으로 다음과 같은 문제가 발생할 경우, 치환(또는 다른 기법)이 사용될 수 있다고 했다.

1. 도착어에서 의미의 변화가 발생할 경우
2. 도착어가 무의미해질 경우

---

[11] [역주] 학자마다 사용하는 용어가 다르다는 점에 유의해야 한다. Vinay와 Darbelnet은 차용, 모사, 직역을 '직접 번역(direct translation)'으로, 치환, 변조, 등가, 번안을 '완곡 번역(oblique translation)'으로 분류했다.

3. 도착어 구조상 불가능할 경우
4. 도착어 메타언어에 대응 관계가 전혀 이루어지지 않을 경우
5. 도착어와 대응을 이루지만 동일한 언어 층위에서 이루어지지 않을 경우

2.4. 치환

치환[transposition(佛), transposition(英)]은 문법상의 변이(품사 변이 포함)를 수반하는 번역 기법이다. Vinay와 Darbelnet, 그리고 Vázquez-Ayora는 꽤 많은 지면을 할애하면서 번역에서 발생하는 수많은 문법적 변화를 목록으로 만들어 설명했다. 그리 새롭거나 흥미롭지 않을 수도 있지만 아마추어 번역가들에게는 이들이 제시한 품사 변화 등의 목록이 매우 유용하게 쓰일 수 있다. 예를 들어, 아마추어 번역가들은 프랑스어 'L'économie n'a cessé de croître.(경제는 성장하기를 멈추지 않았다.)'를 'The economy did not stop growing.(경제는 성장하기를 멈추지 않았다.)' 이라고 '그대로' 번역함으로써(직역함으로써) 다소 어색한 번역을 하는 경우가 종종 있다. 하지만 치환을 사용한다면 보다 자연스러운 번역이 가능하다. 예를 들어, 'The economy grew steadily.(경제는 점진적으로 성장했다.)'처럼 동사/부사 치환을 하거나 혹은 'The economy continued to grow.(경제는 계속해서 성장했다.)'에서처럼 관점을 바꿈으로써 자연스러운 번역을 할 수 있다.[12]

물론, 이러한 변이가 모든 경우에 적용될 수 있는 일종의 규칙은 아니다. Vinay와 Darbelnet이 비판을 받는 이유 중 하나는 자신들이 제시한 번역 기법들이 모든 경우에 적용될 수 있을 것 같은 잘못된 인상을 심어주

12 [역주] 두 번째 예문(The economy continued to grow)의 경우, 변조와 중복된다. 경계선이 모호하다는 비판이 나오는 것도 이와 같은 경우 때문이다. '정도의 차이'로 봐야 할 것 같다.

기 때문이다. 예를 들면, Vinay와 Darbelnet은 프랑스어 '**au début du** 19e siècle(19세기를 시작하는 시점에)'에 대한 영어 번역으로 '**in the early** 19th century(19세기 초에)'를 제안했지만, 맥락에 따라 직역인 '**at the beginning of the** 19th century(19세기를 시작하는 시점에)'라고 하는 것이 더 나을 수도 있다. 어쩌면 부뉴엘 감독의 영화 『La Voie Lactée(은하수)』의 도입부에 등장하는 장면이 이들의 제안을 뒷받침할 수도 있다. '**à la fin du** Nième siècle(N세기 마지막에)'의 자막 번역이 직역 '**at the end of the** Nth century(N세기 마지막에)'가 아니라 '**in the late** Nth century(N세기 말에)'로 됐기 때문이다. 하지만 자막 번역이라는 특수한 경우이기 때문에 위와 같이 다소 짧게 번역된 것에 불과하다.

Vinay와 Darbelnet 및 Vázquez-Ayora의 치환 목록에 포함된 일부 정보는 순전히 문법적인 것으로, 번역 능력보다는 언어 지식과 관련이 깊다. 상기에서 살펴본 'n'a cessé de(멈추지 않았다)'와 동일한 목록에서 Vinay와 Darbelnet은 치환 목록에 프랑스어 동사인 'faillir(가까스로, 거의)'를 영어 부사 'almost/nearly(거의)'의 의미에 포함시킨다. 하지만 이 의미 외의 다른 의미는 존재할 수가 없다. 따라서 랑그의 문제다. 하지만 프랑스어 동사 'cesser(멈추다)'를 동사로 번역할지, 아니면 부사 등으로 바꿀지에 대한 판단은 다양한 요인에 따라 달라질 것이기 때문에 빠롤의 문제로 봐야 한다.

2.5. 변조

Vinay와 Darbelnet은 "변조란 관점을 달리함으로써 얻어지는 메시지의 변화다."라고 정의했다(1958, p. 51). Vázquez-Ayora(1977, p. 293)는 다수의 번역가가 자신의 직관에 따라 치환을 사용하지만, 변조[modulation(佛), modulation(英)]를 사용하려면 도착어에 대한 광범위한 지식이 필요하고, 이는 쉽지도 않으며 위험한 방법이라고 했다. Kelly(1979, p. 133)는 변조란 기표는 변화하는 반면 기의는 그대로 남는 것으로, 은유 · 환유 · 제유 등의 다양한 장치를 통해 이루어진다고 설명했다. 변조는 추상적인 용어를 구체적인 용어로(또는 그 반대), 일부를 전체로(또는 그 반대) 바꾸거나, 관점에 변화를 주는 방식의 번역을 일컫는다. Vinay와 Darbelnet(1958, pp. 236-238)은 구체적인 어휘가 추상적인 어휘로 바뀐 예로 'give a pint of blood(1 파인트의 피를 주다)'가 'donnez un peu de votre sang(피를 조금 주다)'으로 번역된 경우를 인용했다. 결과가 원인으로 바뀐 예로는 'You're quite a stranger.(당신은 이방인입니다.)'가 'On ne se voit plus.(당신을 본 적이 없네요.)'로 번역된 경우를 제시했다. '어떤 일부'가 '다른 일부'로 바뀐 경우로는 'from cover to cover(앞표지에서 뒤표지까지: 처음부터 끝까지)'가 'de la première à la dernière page(첫 쪽에서 마지막 쪽까지: 처음부터 끝까지)'로 옮겨진 경우를 꼽았다. 용어들이 전복된 경우도 제시했는데, 'You can have it.(당신이 해도 됩니다.)'이 'Je vous le laisse.(제가 당신에게 맡길게요.)'가 된 경우가 이에 해당한다. 'Vous avez bien cinq minutes.(당신에게는 5분 정도의 시간이 있어요.)'가 'You can spare a moment.(당신에게는 시간이 조금 있어요.)'라고 번역된 예는 시간차를 재고한 경우에 해당한다. 반면 Vázquez-Ayora는 'would give him some ideas(그에게 아이디어를 주겠네요)'가 'le ayudarían a pensar(생각하는 데 도움을 주겠네요)'로 번역되는 예를 제시하며, 결과가 수단으로 바뀐 경우로 분류했다. 또한, 'Don't get so excited.(너무 흥분하지 마세요.)'가 'Tranquilízate!(침착하세요!)'로 번역되는 경우를 통해 부정형을 긍정형으로 바꾸는 예를 설명했다. 다른 예도 살펴보자. 영어로 『Milky Way(은하수)』로 번역된 부뉴엘 감독의 『La Voie Lactée(은하수)』 자막 번역에서 'Il ne fait pas chaud ce soir.(오늘 밤은 덥지 않네요.)'가 'It's a bit chilly tonight.(오늘 밤은 약간 쌀쌀하네요.)'으로 바뀌는 것을 볼 수 있다. 또한, 'Ce n'est pas trop tôt.(아주 이르지는 않네요.)'가 'It's about time.(시간이 거의 다 됐네요.)'으로 번역되는 경우도 있다. 이러한 번역들은 앞에서 살펴본 반의어적 번역이라 볼 수도 있다.

2.6. 등가

동일한 상황을 나타내는 표현인데 어휘, 문체, 구성 등이 전혀 다른 번역의 경우 Vinay와 Darbelnet의 등가[équivalence(佛), equivalence(英)]에 해당한다. 이 번역 기법은 관용 표현을 번역하는 데 있어 유용한 방법이다.[13] 하지만 이 기법은 본질적으로 번역가의 언어적 능력에 기반을 두고 있기 때문에 특별히 흥미로운 기법은 아니다. 예를 들어, 영어 관용구 중 'as thick as two short planks(미련곰탱이 같은)' 또는 'to have jelly belly (배가 산만한)'를 번역한다고 하자. 이들 표현이 관용구라는 사실을 파악하고, 그 의미를 이해하고, 상응하는 도착어 관용구를 알고 있다면 번역이 가능하다. 그렇지 않을 경우에는 번역이 힘들다. 이렇듯 관용구는 주로 번역이 되거나, 되지 않거나 둘 중 하나다. 만약 이들 관용구 자체를 번역가가 모를 경우(사전에도 나와 있지 않을 경우)에는 어떤 이론도 도움이 되지 않는다. 특히, 관용구가 관용구라는 사실 자체를 모른 나머지, 이들 표현을 분리해 개별 단어 차원의 번역을 한다면 이는 바로 Vinay와 Darbelnet이 말하는 '과잉번역(overtranslation)'으로 이어진다(1958, p. 31).

Fedorov(1953, p. 171)가 지적했듯, Vinay와 Darbelnet의 등가는 다음과 같은 점에서 흥미로운 문제를 야기할 수 있다. 문학이나 광고에서처럼 관용구가 의도적(구조 및 상황적 특징에 맞춰짐)으로 사용됐지만 도착어

13 [역주] 예를 들어, 'Walls have ears.'를 '낮말은 새가 듣고 밤말은 쥐가 듣는다.'로 번역한다면 Vinay와 Darbelnet의 등가에 해당한다.

에는 적합한 대응 표현이 없는 경우가 있다. 이에 대한 예는 1996년 12월 15일자 『The Observer(옵저버)』 지를 보면 찾을 수 있다. 프랑스어 표현을 직역해서 영어로 'He who steals an *œuf*[egg] will also steal a *bœuf* [ox].(달걀을 훔치는 사람은 소도 훔치게 될 것이다.)'라고 번역한 것이다.

이러한 경우, 기본적인 의미만 번역할 것인지, 아니면 출발어 텍스트의 독특한 맛을 전달할 것인지를 결정해야 한다. Fedorov(1953, p. 172)는 집시족이 사용하는 관용구를 예로 든다. 영어로 역번역하면 'Flies can't get into a closed mouth.(파리는 닫힌 입으로 들어갈 수 없다.)'가 되는데, 원래 출발어 텍스트에서는 'panda(입)'와 'macha(파리)'가 모음 압운을 이루고 있다. 영어로 번역할 때는 동일한 효과를 내기 어렵다. 하지만 프랑스어로 번역할 때는 각각 'bouche(입)'와 'mouche(파리)'가 되며, 이 경우 모음 압운이 각운으로 바뀌어 직역이 오히려 더 큰 효과를 낼 수 있다. 러시아어 번역(영어 역번역)에서는 'into a mouth closed tight (glukho) fly no flies (mukha)'처럼 의미를 약간 바꿔서 동일한 효과를 낼 수 있다. Fedorov(1958, p. 173)가 제시한 다른 예를 살펴보면 러시아어의 실제 관용 표현은 아니지만 번역가가 일부 수정을 가해 그럴듯한 관용 표현을 '흉내'냈다. 'Empty barrels sing best.(빈 통이 가장 노래를 잘한다.)'에 해당하는 프랑스어를 'An empty barrel rings more resoundingly.(빈 통이 더 널리 울려 퍼진다.)'에 해당하는 러시아어로 번역한 것이 그 예다. Fedorov는 "이 예문은 러시아어에 존재할 법한, 실제 사용하는 구를 결합했다는 느낌을 준다."라고 했다.

등가라는 용어는 현재 번역에서 상당히 광범위한 의미를 지니고 있다. 따라서 Vinay와 Darbelnet의 등가의 가장 큰 문제는 등가라는 용어 그 자체다. 혼동을 유발할 수 있기 때문이다. 이 때문에 일부 번역학자들은 Vinay와 Darbelnet의 등가를 프랑스어 그대로 'équivalence(에끼발랑스)'

로 부르기를 선호한다.

2.7. 번안

번안[adaptation(佛), adaptation(英)]은 Vinay와 Darbelnet의 번역 기법 목록 맨 마지막에 위치하고 있다. 논란의 여지가 가장 큰 번역 기법이다. 역설적이게도, 번안이라는 번역 기법을 둘러싼 논란은 Vinay와 Darbelnet 스스로 불러 왔다. 번안 기법에 대해 설명하면서 Vinay와 Darbelnet은 각각의 언어적 차원에 적용한 번안 예시도 함께 제공하고 있다(1958, p. 55).

1. 어휘적 차원의 번안: 어휘적 차원의 번안을 통해 'cyclisme(자전거 경주)'이라는 프랑스 국민스포츠를 영어의 'baseball(야구)'이나 'cricket(크리켓)'으로 번역할 것을 Vinay와 Darbelnet은 제안했다. 하지만 통역사가 'cricket(크리켓)'을 'Tour de France(뚜르 드 프랑스)'로 옮겼을 때 혼란이 유발된 경우도 지적하고 있다.[14]
2. 통사적 차원의 번안: Vinay와 Darbelnet은 'en un clin d'œil(눈 깜짝할 사이에)'를 'before you could say Jack Robinson('잭 로빈슨'이라고 말하기도 전에: 눈 깜짝할 사이에)'으로 번역할 것을 제안한다. 'Jack Robinson'이 영어 이름이므로 앞에서 살펴본 등가보다는 번안으로 분류하는 것이 보다 적절하다고 설명하고 있다. 이 같은 번역은 일부 맥락에서는 문제가 될 수 있다.
3. 메시지 차원의 번안: 프랑스어 'Bon appétit!(맛있게 드세요!)'를 영어로는 'Hi!(안녕!)'로 번역할 수 있다고 했다.[15] 이에 대해서는 더 이상 설명할 필요가 없을 것이다.

---

[14] [역주] 통역사가 '국민스포츠'라는 공통점을 부각시키고 이해를 돕기 위해 연사의 발화 중 나오는 'cricket'을 'Tour de France'로 바꿔서 통역한 경우인데, 청자가 'Tour de France'와 관련된 질문을 하면서 혼란이 유발됐다.

[15] [역주] 영어와 한국어 예를 들자면, 'Good morning?'을 '식사 하셨어요?'로 옮기는 경우다. 다시 말해, 친교적 기능(phatic function)을 담은 주요 메시지만 전이되는 상황이다.

Vinay와 Darbelnet의 번안은 문화적 대체(cultural substitution)에 가까운데, 도착어 독자가 출발어권의 문화를 접한 경험이 사실상 없을 경우에는 유용하게 사용될 수 있다. 참고로, 이렇게 출발어 및 도착어 문화권의 격차가 큰 경우에는 친밀한 번역(close translation: 원문에 가까운 번역)을 통해서는 의사소통이 힘들다. Vázquez-Ayora(1977, p. 324)는 도착어 독자가 눈[雪]에 대한 지식이 전혀 없는 문화권에 살고 있음에도 불구하고 '눈처럼 하얀'에 해당하는 도착어 표현을 사용한 '우스꽝스러운' 번역 사례를 인용한 Nida의 논의를 재인용했다. 사실 이는 뮤지컬 『The King and I(왕과 나)』에 나오는 문제인데, '눈처럼 하얀'을 흰 새의 깃털에 비유하는 방식으로 번안을 한다면 나름 합리적인 해결책이 될 수 있다. 하지만 Vázquez-Ayora는 Vinay와 Darbelnet(1958, p. 53)의 '문제의 소지가 다분한' 어떤 '제안'을 언급하면서 번안이 얼마나 심각한 문제를 일으킬 수 있는지를 논증했다. Vinay와 Darbelnet은 프랑스와는 달리 영국에서는 아버지가 딸의 입술에 입맞춤하는 것이 문화적으로 자연스럽다(긴 여행을 마치고 집으로 돌아왔을 경우)라고 설명하면서 번안의 가능성을 제안했다. 다시 말해, 프랑스어 텍스트의 '포옹'을 영어로 옮길 때는 '입맞춤'으로 옮길 수도 있다고 했다. 그런데 문제는 Vinay와 Darbelnet의 문화적 배경에 대한 설명이 부정확하다는 것이다. 영국 문화권에서는 그런 일은 '부적절한 행위'가 된다. 이를 통해 번안을 번역 기법으로 사용하려면 극도로 세심한 주의를 기울여야 한다는 점과 다른 문화에 대한 광범위한 지식이 필요하다는 사실을 알 수 있다.

영화 『Une Semaine de Vacances(7일간의 외출)』의 번안 번역에도 비슷한 문제가 있다. 원작에서는 벨기에인을 무시하는 프랑스 농담이 나온다. 그런데 번역된 영화 자막을 보면 이 농담이 아일랜드인을 무시하는 영국 농담으로 번안되어 있다('정치적 올바름'에 대한 인식이 생기기 전에는 프랑스와 영국에서 각각 이들 국적을 낮은 지능을 나타내는 예로 인용하는 것이 관행처럼 받아들여졌다). 이 경우, 번안으로 인해 발생할 수 있는 대표적인 위험 요소가 두 가지 있다. 첫째는 출발어 문화에 대해 아무런 지식이 없는 독자가 이를 잘못 이해해 프랑스인들이 아일랜드인들을 우스갯거리로 만든다고 오해할 수 있고, 편견이 더 깊어질 수도 있다. 둘째는 다른 문화에 대해 아무것도 배울 수 없다는 것이다. 극단적인 경우, 번안은 Levý(1969, p. 86)가 주장하듯 '현지화(localization)' 혹은 '화제화(topicalization)'로 이어져 세심한 주의를 기울이지 않으면 상당히 위험한 번역 기법이 될 수 있다.

하지만 Vinay와 Darbelnet은 그럼에도 불구하고 위와 같은 번역을 할 때는 도착어 문화에 맞추는 번안이 더 바람직하다고 주장했다. 출발어 문화를 보존하려는 시도가 종종 별 것 아닌 '싸구려 지역 색채(cheap local colour)'를 보존하는 것에 불과하며, 결과적으로 'The muzhik finished his kasha and kefir and jumped into his kibitka.(무즈힉이 카샤와 케피르를 끝내고 키비트카에 올라탔다.)'와 같은 도착어에 존재하지 않는 기이한 문체를 만든다는 것이다(Vinay와 Darbelnet, 1958, p. 53). 번안은 분명 위험한 기법이지만, 경우에 따라 아주 적절하게 사용될 수도 있다. 프랑스의 『Le Monde(르몽드)』 지가 수년 전에 발행한 '삶의 질'에 관한 텍스트에 따르면 프랑스에서는 계산서를 보면 레스토랑의 수준을 알 수 있다. 간이 식당에서는 계산서를 종이 냅킨에 낙서하듯 갈겨쓰고, 고급 식당에 가면 양각으로 장식된 종이에, 최고급 식당은 받침 접시에 계산서를 올려 손님에게 준다. 이런 관행이 없는 문화권으로 번역할 경우, 도착어 현지에 맞는 관행으로 바꾸는 것이 중요하다. 텍스트의 주된 의도가 프랑스인의 생활 방식에 대한 지식 전달이 아니라 '삶의 질'과 관련된 교훈을 주기 위함이기 때문이다. 하지만 이 텍스트에 나오는 내용 중, 프랑스 오라두르

지방(제2차 세계대전 당시 독일 나치에 의한 학살이 자행된 곳)이 언급되고 있는데 이런 지명까지도 번안한다면 너무나 무미건조한 글이 될 것이다. 이런 경우, 번안보다는 다른 번역 기법을 이용하는 것이 바람직하다.

상기 번안 논의는 우리에게 시사하는 바가 크다. 언어학 지향적 번역학자들－Vinay와 Darbelnet을 비롯한 여러 학자들－이 비록 언어학 중심의 연구를 중시했지만 번역에 있어서의 문화의 중요성 또한 절실히 느끼고 있다는 점이다. 따라서 Lefevere가 "언어학자들은 분석 단위를 단순히 단어 차원에서 텍스트 차원으로 넓혔을 뿐 그 이상을 보지 못한다."라고 말한 것(Bassnett과 Lefevere, 1990, p. 4에서 재인용)은 그릇된 인식이다. Lefevere가 말하는 번역에서의 이데올로기적 조작(ideological manipulation)이라는 '문화적 전환(cultural turn)'을 언어학 지향적 번역학자들이 온전히 받아들이지 않았을 수는 있지만 맥락이나 문화를 간과하지는 않았다.

비록 Vinay와 Darbelnet의 이론이 여러 측면에서 공격의 대상이 됐지만, 이들의 이론이 선구자적인 연구임을 부정할 수는 없다. Delisle(1988, p. 75)은 이들의 연구를 "파장이 크고 상당히 가치가 높은 성과"라고 평가했다. 맞는 말이다. 적어도 프랑스와 캐나다의 번역학계에서는 큰 반향을 일으켰다. 아울러, Vinay와 Darbelnet의 연구는 러시아와 스페인의 번역학 연구에서도 종종 인용된다(스페인에서 종종 인용되는 것은 Vázquez-Ayora 덕분이다). 하지만 영미권에서는 생각보다 큰 주목을 받지 못했다. 사람들이 가장 많이 읽은 번역학 책을 두 권 꼽으라면 Newmark의 『Approaches to Translation(번역에의 접근법)』과 Nida와 Taber의 『The Theory and Practice of Translation(번역의 이론과 실제)』일 텐데, Vinay와 Darbelnet의 연구는 Newmark의 책에서 단 두 번 언급됐고, Nida와 Taber의 책에서는 참고 문헌에 소개된 것이 전부다. Vinay와 Darbelnet의 연구가 발표된지 거의 40년 만에 영어 번역본이 출판됐는데, 이로 인해 영미권에서도 이들의 이름이 보다 자주 거론될지 지켜봐야 하겠다.

3. 미국식 모형(Malone)

앞서 다룬 일곱 가지 번역 기법과 더불어 Vinay와 Darbelnet은 희석(dilution)/축약(concentration), 그리고 부연(amplification)/절감(economy)의 개념을 언급한 바 있다(1958, pp. 183-188). 이 개념들은 30년 후 Malone(1988)이 제시한 번역 기법 분류에서 다시 등장한다. Malone은 Vinay와 Darbelnet의 개념들을 수용하고 추가해 다음과 같은 여러 번역 기법[Malone은 투과(trajection)라 칭함]을 제시했다. 일치(matching), 지그재깅(zigzagging), 재형(recrescence), 재구성(repackaging), 재배열(reordering), 재부호화(recoding)가 바로 그것이다. 이 책에서는 재부호화를 제외한 나머지 다섯 가지 번역 기법을 살펴보겠다. Malone(1988, p. 2)은 이들 번역 기법과 절차가 "번역 결과물을 분석하기 위한 도구[분석모드(ANALYTIC mode)]로 사용될 수도 있고, 번역 작업을 실제로 돕는 조력자[실행모드(OPERATIVE mode)] 역할을 할 수도 있다."라고 주장했다.

Malone이 제시한 각각의 번역 분류(재배열 제외)에 붙여진 이름(왼쪽에 가장 먼저 제시되는 용어)은 총칭(總稱)이며, 그 속에는 두 개의 구체적인 번역 방법이 자리하고 있다. 예를 들어, 우리가 아래에서 가장 먼저 살펴볼 번역 기법의 경우, '일치'는 총칭이며, 이는 구체적인 번역 방법인 '대체'와 '동치'로 구성되어 있음을 알 수 있다. 그렇다고 해서 두 개의 구체적인 번역 방법이 총칭 과정의 전부라고 말할 수는 없다. 따라서 구체적인 번역 방법에 대한 논의와는 별개로, 총칭 과정에 대해서도 살펴볼 것이다.

3.1. 일치: 대체와 동치

동치(equation)는 Vinay와 Darbelnet의 직역과 동일한 개념이기 때문에 더 이상 논의하지 않겠다. 동치가 불가능할 경우, 대체(substitution)가 그 자리를 메우게 된다. 대체는 Vinay와 Darbelnet의 치환(예 기도를 나타내는 그리스어 문법 구조가 영어의 고어 대명사인 'thou'로 대체되는 경우)과 등가(예 독일어의 관용 표현이 문체나 문법적 구성이 전혀 다른 영어의 관용 표현으로 대체되는 경우[16])와 번안(예 출발어 텍스트에서 주인공이 휘파람을 불었는데 도착어 텍스트에서는 주인공이 콧노래를 부르는 경우)을 포괄한다(Malone, 1988, pp. 20-21).

동치와 대체를 총칭하는 과정인 일치(matching)는 두 가지 형태로 구체화될 수 있다(Malone, 1988, p. 22).

(1) 문체상의 이유로 동치와 대체 간의 교체 사용
(2) 동치나 대체가 아닌 기타 방법의 사용

예를 들어, 번역가가 '공지시 연쇄(co-reference chain)'에 문체론적 변화를 주려 한다면, 이는 (1)에 해당한다. 아이들은 'John got up early. John was going fishing. John liked fishing.(존은 일찍 일어났다. 존은 낚시하러 가고 있었다. 존은 낚시를 좋아했다.)'라고 글을 쓸지도 모른다. 하지만 어른들은 'John got up early. He was going fishing. The lad was a keen fan of the sport.(존은 일찍 일어났다. 그는 낚시하러 가고 있었다. 녀석은 낚시 광이었다.)'라고 표현할 수 있다. 이 경우, '존'과 '낚시'에 대한 다양한 표현의 사용을 통해 문장 연쇄의 단조로움을 피하고 있다. Baker(1992,

---

16 [역주] 한국어 관련 예를 들자면, 영어의 'Too many cooks spoil the broth.'가 '사공이 많으면 배가 산으로 간다.'로 대체된 경우다.

p. 183)는 "각각의 언어에는 일반적으로 선호되는 지시 패턴이 존재한다. 또한, 텍스트 유형에 따라 특히 선호되는 패턴이 있다."라고 했다. 이에 대해서는 연구된 바가 거의 없기 때문에 번역가는 자신의 직관에 따라 번역해야 한다. 만약 다양한 공지시 연쇄가 번역에서 유지되지 않거나, 유지될 수 없을 경우 텍스트 차원에서의 등가는 힘들어진다.

(2)에 해당하는 예를 살펴보자. 총칭 과정인 일치에서 동치나 대체 모두 사용되지 않는 경우인데, 이때는 앞서 살펴본 Vinay와 Darbelnet의 차용[Malone은 이월 일치(carry-over matching)라 명명함]과 모사와 더불어 끼워맞춤식 일치(prefabricated matching)[17]와 포자미(faux amis)[18]를 우선 고려해야 한다(Malone, 1988, p. 23).

앞서 필자는 차용이라는 기법은 주로 출발어에서 도착어로 이어지는 '일방통행'이라고 설명하며, 미국 텔레비전 연속극을 독일어로 더빙할 때 지방색을 나타내기 위해 'sir'와 'mister'를 그대로 차용한 예를 들었다. 하지만 출발어 텍스트 자체에 이미 차용이 포함된 특이한 경우도 있다. 독일에서 제작한 어떤 텔레비전 연속극에는 'Das war **too much**.(너무 했다.)'라든지 'das ist die ganze **Cleverness**.(정말 똑똑하다.)'와 같은 표현이 등장한다. 영어 표현 'That was too much.(너무 했다.)'에서 'too much(너무)'를, 'That's the whole cleverness.(정말 똑똑하다.)'에서 'cleverness(똑똑함)'를 이미 차용한 것이다. 이러한 텍스트가 영어로 번역될 때는 독일어에서 존재하던 타국화 효과는 사라진다.

---

17 [역주] '끼워맞춤식 일치(prefabricated matching)'는 도착어에서 이미 굳어진 표현 형식에 맞추는 것을 일컫는다.

18 [역주] 간단히 정의하자면, 포자미(faux amis)는 거짓짝 또는 거짓유사어다. 영어와 한국어 관련 예를 들자면, 영어의 'mister', 'madame', 'glamorous' 등을 한국어로 차용해서 '미스터', '마담', '글래머러스'로 사용한다면 이들은 거짓짝이 된다. 소리는 비슷해도 '실제' 의미가 서로 다르기 때문이다.

Malone의 끼워맞춤식 일치 개념은 이미 존재하는, 관례화된 도착어 대응어를 사용하는 것을 일컫는다(1988, p. 26). 라틴어 'auri'를 영어로 번역할 때, 시적인 의미를 살리기 위해 단순히 'gold(금)'가 아닌 'burnished gold(빛나는 금)'라는 표현을 사용해 번역하는 것도 이런 맥락에서다. 이미 영어에서 관례화된 표현에 '끼워 맞추는' 것이다. 이는 Toury(1995, pp. 267-268)도 논하고 있는 것으로, '표준화 증가의 법칙(law of growing standardisation)'이라는 개념을 통해 설명되고 있다. 이 법칙에 따르면 출발어의 텍스트소(texteme)는 번역되면서 도착어의 저장소(repertoreme) 혹은 도착어에서 관례화된 표현으로 바뀐다. 이러한 표준화 과정이 존재하기 때문에 어떤 특정 시대의 번역에서 사용되는 표현들을 살펴보면 통일성 내지 공통점이 드러나는 것이다.

이와 같은 '끼워맞춤식 관습'은 사실 번역 활동의 결과물일 수도 있다. Steiner(1992, p. 333)는 일본의 단시 하이쿠의 번역을 그 예로 제시하면서 이를 "즉석 이국풍(instant exotica)"으로 부르고 있다.[19] 이러한 관습은 유・무형의 '강제성'에 의한 것일 수도 있다. 프로이트의 책을 번역하는 경우가 그러하다. Hatim과 Mason(1990b, p. 2)은 영어 번역가들이 프로이트의 글을 번역하는 과정에서 프로이트로 하여금 과학적인 담화의 규범을 따르게 하려 했다고 주장했다. 그 예로 번역가들이 프로이트의 게르만어 어휘들을 라틴어를 사용해 번역한 사실을 들었다. 한편, Hjort는 "프로이트의 글이 여태까지 어떤 방식으로 번역됐는지를 알고 있는 번역가는 정해진 관습을 따라야 한다는 사실을 이미 알고 있다."라고 말했다(Bassnett과 Lefevere, 1990, p. 43에서 재인용). 이로 인해 가장 최근에

[19] [역주] 일본 하이쿠의 고유한 형식은 영어로 번역될 경우 파괴된다. 번역가들은 소위 '하이쿠 번역 형식 관례'를 따른다. 하이쿠는 본래 17 음절(5/7/5) 형식인데 영어로 번역할 때는 12 음절 형식에 끼워 맞추는 것이 일반적이다.

번역된 프로이트의 책을 놓고 격한 논쟁이 일기도 했다. 이와 관련한 논란은 1990년대 중반에 프랑스 신문에서도 기사화된 바 있다.

Malone은 '포자미(faux amis)'라는 개념도 다루고 있지만(1988, p. 28), 사실 이는 번역 기법 목록에 썩 어울리지는 않는다. 확실한 번역 오류에 해당하기 때문이다. 포자미란 출발어와 도착어의 단어가 철자는 비슷하지만 의미는 다른 단어를 말한다. 이는 번역 능력이 아니라 언어 체계와 관련이 있다. 번역가가 이 개념을 모르고 의미가 다른 두 단어를 혼동한다면 번역을 하기 전에 외국어 공부를 더 해야 할 것이다. Hönig와 Kussmaul(1984, p. 120)은 다음과 같은 흥미로운 질문을 던진다. "영국에는 왜 이렇게 'curate(부목사)'가 많고 'vicar(교구목사)'는 적은가? 미국인들은 왜 이렇게 집을 크게 지어서 방문객이 'lobby(로비)'에 서 있어야 하는가?" 이 질문에 대한 답을 살펴보자. 아마추어 독일어 번역가들이 단어의 철자에 속아 영어의 'hall(현관)'을 독일어 'Halle(호텔 로비)'로, 영어의 'vicar(교구목사)'를 독일어 'Vikar(부목사)'로 오해한 것이다.

3.2. 지그재깅: 발산과 수렴

지그재깅(zigzagging)은 앞서 논의한 언어 간의 상이한 어휘적 구조화에서 비롯된 것으로, '일 대 다수의 대응' 개념과 관련이 있다. 예를 들어, 독일어 'See'는 영어로는 'sea(바다)'가 될 수도, 'lake(호수)'가 될 수도 있다. 같은 맥락에서, 독일어 'Wurst'는 영어의 'sausage(소시지)'에 대응될 수도 있지만 'turd(똥, 비열한 놈)'에 대응될 수도 있다. 이를 발산(divergence)이라 한다. 물론, 이는 언어 지식의 문제이며, 올바른 의미를 파악하는 데 필요한 언어적, 상황적, 문체적 단서를 읽는 방법을 배워야 하는 초보 번역가에게나 유용하다고 볼 수도 있다.

하지만 발산이 가능한지 여부가 항상 명료한 것은 아니다. 사전이 구식이거나 완벽하지 않을 수도 있기 때문이다(이상하게도 아마추어 번역가 상당수는 이 사실을 인정하지 못한다). 다수의 프랑스어-영어 사전에는 프랑스어 'populisme(민중 문학 운동, 대중 영합 정책 등)'에 대해 단 하나의 뜻만 제시되어 있다. 사전에는 이 단어가 갖는 정치적 의미가 완전히 생략됐기 때문에 사전에 전적으로 의지하는 경향이 있는 아마추어 번역가들을 호도할 수도 있다.

번역에서 더 흥미로운 점은 발산이 출발어의 문체적 선택에 의한 것임에도 불구하고 도착어에서는 이러한 문체적 효과를 복제할 수 없는 경우가 종종 있다는 것이다. 영자 신문을 보면 인용문 뒤에 'he stormed(그가 격노했다)'나 'he complained(그가 불평했다)' 등의 구체적인 표현들을 사용해 기자의 생각을 다양한 방식으로 드러내는 것을 볼 수 있다. 하지만 일부 언어권의 신문은 다소 제한적인 표현만을 사용한다. 예를 들어 '단언했다' 또는 '말했다'에 해당하는 표현만 사용되는 경우가 있다. 이러한 경우, 번역가는 자신이 번역하고자 하는 간행물 유형에 대한 지식과 더불어 도착어에 대한 상당한 텍스트적 능력도 갖춰야 한다. 다소 의외의 연구 결과도 있다. Gallagher(1993, p. 153)는 영국의 『Financial Times(파이낸셜 타임스)』 지와 프랑스의 『Le Figaro(르피가로)』 지를 비교했는데, 연구 결과 전자의 표현 선택이 상대적으로 더 제한적이었다. 분석 대상이 되는 간행물이 달랐을 경우 이와는 상이한 결론에 이르렀을 수도 있다.

발산을 통해 예상치 못한 부작용이 생길 수도 있다. 어떤 언어에서는 긴장감을 유발하기 위해 특정 언어적 장치를 동원해 글을 '모호하게' 쓰는 경우가 있다. 하지만 이러한 '모호성'을 가능케 하는 언어적 장치가 없는 언어도 있다. 따라서 후자로의 번역이 이루어질 경우, 명료한 용어(들)로 발산시킬 수밖에 없는 경우가 발생한다. 이 경우, 출발어 텍스트에 존재하는 긴장감은 도착어 텍스트에서 보존될 수 없다. Malone(1988, p.

34)은 이와 관련한 흥미로운 예를 인용하고 있다. Malone이 인용한 출발어 텍스트의 경우, 의도적으로 '모호성'을 부여하기 위해 'us(우리)'를 사용하고 있다. 대명사 'us(우리)'만을 통해서는 정확히 누구를 가리키는지 알 수 없기 때문이다. 하지만 이와 같은 언어적 장치가 없는 도착어 텍스트에서는 이러한 효과가 사라졌다.

앞서 언급한 삶의 질에 관한 프랑스어 텍스트는 영어 'it(그것: 진주어나 목적어가 뒤에 나올 경우 사용하는 가주어, 문장의 특정 부분을 강조할 때도 사용)'에 상응하는 프랑스어 'il(그것)'로 문장이 시작된다. 그리고 상당히 긴 문단의 가장 마지막 부분에 가서야 텍스트의 주제를 설명하고 있다. 그 전까지는 'of which(관계대명사의 계속적 용법)'와 'of it(그것의~)' 등에 해당하는 언어적 장치를 사용해 주제에 대한 구체적인 언급을 의도적으로 피하고 있다. 이를 영어로 옮길 때 해당 효과를 그대로 유지해야 하는지, 혹은 앞부분에서 발산을 사용해 소멸시켜야 하는지에 대해서는 의견이 분분하다. de Beaugrande와 Dressler에 따르면 문장에서의 "대용형(pro-form)[20]과 공지시 표현(co-referring expression)[21]이 일정 범위 내에 존재할 경우"에 이러한 언어적 장치가 최상의 효과를 발휘한다(1981, p. 61). 이야기 전개 속도가 빠른 영어의 특성상 한 문단이 끝날 때까지 기다린다는 것은 무리일 수 있다.

'**Il s'agit juste d**'un petit test réalisé par Fortune.(포춘지가 실시한 간단한 테스트에 대한 문제일 뿐이다.)'으로 시작하는 프랑스어 텍스트를 살

20 [역주] 대용형(代用刑)은 문장이나 문맥 속에 나오는 다른 부분에 의거해 의미가 결정되는 언어적 수단이다. 대명사나 대동사가 가장 흔하다.

21 [역주] 문장 중의 둘 또는 그 이상의 요소가 동일 지시물을 가리킨다고 해석될 때, 그 두 가지 요소는 공지시적(共指示的)이라고 한다. 예를 들어, '김민강은 자기가 잘 생겼다고 생각한다.'라는 문장에서 '김민강'과 '자기'는 공지시적이며, '자기'는 공지시 표현이 된다.

펴보자. 이 문장은 'Il s'agit de(그것은 ~의 문제다)'로 시작하고 있는데, 이는 영어의 'It's a matter of(그것은 ~의 문제다)'와 유사한 비인칭구 표현이다. 이를 통해 포춘지의 테스트에 대한 구체적인 언급을 뒤로 미루고 있다. 결과적으로, 순간적인 긴장감이 생겨나며, 포춘지를 비꼬는 말투(포춘지의 실험이 불필요할 수 있다는 말투)도 느껴진다. 만약 도착어로 이 구조를 복제할 수 없는 경우, 즉, 문장 구성 순서를 바꾸거나[Fortune magazine has devised this little test.(포춘지에서 이러한 간단한 테스트를 고안했다.)] 혹은 다른 표상적 장치[예 There's this little test…(간단한 테스트가 있는데…)]를 사용할 수 없는 경우, 프랑스어의 'Il(그것)'과 'test(테스트)'는 발산될 수밖에 없으며[예 questionnaire(설문지)/test(테스트)로 발산], 이 경우 긴장감을 주는 효과는 상실된다.

또한 Malone(1988, p. 88)은 하나 이상의 도착어 용어로의 발산(계열관계적 발산)이 번역가가 모든 가능한 번역을 조합하는 결합관계적 발산으로 대체될 수 있는 경우를 인용했다. 우리는 앞서 보상을 다루는 부분에서 'Le socialisme français est un cadavre exquis.(프랑스의 사회주의는 고아한 시체다.)'라는 문장을 통해 번역이 사실상 불가능한 '말장난'을 살펴보았다. 앞에서는 두 개의 의미 중 하나를 선택하라고 사실상 강요했다. 하지만 결합관계적 발산을 통해 'The mish-mash that is French socialism is well and truly dead.(뒤죽박죽인 프랑스 사회주의는 고아하게, 그리고 진정 죽었다.)'라는 번역을 통해 두 가지 의미 모두를 살릴 수도 있다. 아마도 우유부단한 번역가라면 이러한 방식의 번역을 선호할 것이다. 어찌 보면 상당히 안전한(?) 방법이기 때문이다.

발산의 반대 개념은 수렴(convergence)이다. 수렴은 여러 형태의 출발어 용어가 하나의 도착어 용어로 옮겨지는 경우다. 특별한 상황을 제외하고는 대부분 수렴이 가능하며 번역가가 별반 유의해야 할 것도 없다. 하지만 출발어에서 사용되는 다양한 형태의 용어(예 공손어법에 따른 용어)가 지위나 신분을 나타내는 목적으로 사용된 것이라면 얘기가 달라진다. Wienold(1990, p. 184)는 일본의 젊은 여성과 노인의 대화를 번역하는 과정에서, 실제 출발어 텍스트에서는 서로를 대하는 말투에 차이가 있지만 수렴을 통해 동등한 지위에서 하는 대화로 바뀐 사례를 인용했다.

지그재깅은 수렴과 발산을 총칭하는 용어다. 이는 출발어에서 두 단어가 가리키는 의미는 동일하나 암시하는 의미가 다른, 소위 '이중어(doublet)[22]'가 존재할 경우 가능해진다. Malone(1988, p. 38)에 따르면 노르웨이어에는 담배 파이프를 나타내는 단어가 두 개 있다. 하나는 일반적인 단어고, 다른 하나는 개인적인 애착을 더 잘 표현하는 단어라고 한다. Vinay와 Darbelnet(1958, pp. 72-73)은 모두 '어머니의' 또는 '모성의'를 뜻하는 프랑스어 'maternel'과 영어 'maternal/motherly' 사이의 지그재깅 관계를 논증했다.[23] 또한 영어와 프랑스어가 언어 체계적으로 기술적/일반적 사용역 변환을 운영한다는 점을 논증하며 'concours hippique'와 'horse show'를 예로 들었다.[24]

지그재깅 기법을 사용하려면 번역가에게 발산과 수렴 중 어느 하나를 고를 수 있는 선택권이 있어야 한다. 참고로, 성별에 대한 정보를 '경제적으로' 나타내는 언어가 다수 있다. 예를 들어, 프랑스어 문장 'Je suis fatigueé.(나는 피곤하다.)'에서는 화자가 여성임이 동사 변형(fatigueé)을

22 [역주] 이 책의 저자 및 Vinay와 Darbelnet의 '광의'의 정의와는 달리, '협의'의 이중어는 같은 어휘에서 갈린 두 어휘를 가리킨다. 'frail'과 'fragile', 'bench'와 'bank'를 예로 들 수 있다.

23 [역주] Vinay와 Darbelnet(1958, p. 72)은 'motherly'의 경우 항상 정감적 의미를 가진다는 점을 지적했다.

24 [역주] 정확히 말하면, 둘 다 말 경기(로데오 경기 등)를 뜻하지만, 프랑스어 'concours hippique'는 식자어고, 의미상 같은 영어 'horse show'는 통속어로 분류된다(Vinay와 Darbelnet, 1958, p. 73).

통해 자동적으로 드러난다. 이를 영어로 번역하면 일반적으로는 수렴되어 'I'm tired.(나는 피곤하다.)'로 변해 성별 정보가 없는 문장이 된다. 하지만 만약 독자가 화자의 성별을 알아야 한다고 번역가가 판단한다면(그리고 이것이 텍스트의 첫 문장일 경우), 발산 혹은 확산을 통해 'I'm one very tired lady/woman.(나는 매우 피곤한 여성/여자다.)'이라는 번역도 가능하다. 하지만 여러 측면에서 그 의미는 변한다.

3.3. 재형: 부연과 축소

외과 수술을 연상시키는 재형(再形, recrescence)은 그 이름만으로도 다소 자명하다. 재형의 한 축인 Malone의 부연(amplification)은 '정치적으로 의심스러운' Vinay와 Darbelnet의 번안 대신 사용할 수 있는 기법이다. Malone의 부연은 문화적 번안과 달리, 도착어 독자에게 필요하다고 판단되는 설명을 번역가가 덧붙임으로써 도착어 독자의 지식 격차를 메우기 위한 번역 기법이다. 번역가가 독자를 배려하는 정도나 번역가의 열의에 따라 부연의 범위는 달라진다.

독자에게 도움을 줄 필요가 전혀 없다고 생각하는 번역가도 있다. 독자 스스로 사전이나 백과사전을 찾아야 한다고 믿는 것이다. 반면, 어떤 번역가는 지나치게 많은(그리고 산만한) 역주를 제공한다. Govaert(1971, p. 431)는 '명시화(explicitation)'에 해당하는 이 부연 기법을 사용하기 위해서는 미시맥락 및 거시맥락 차원에서 모두 정당한 이유가 있어야 한다고 경고하며 "그렇지 않으면, 번역가가 글을 윤색하거나 조작하는 것에 다름없다."라고 했다.

번역가의 열의 정도에 따라 자신의 부족한 지식을 보충하기 위한 조사와 연구 정도는 달라진다. 특히, 아마추어 번역가는 광범위한 조사를 하기보다는 손쉽게 얻을 수 있는 정보에만 의존하려는 경향이 있다. 어떤 번역가가 'It reminded many people of the story of the Medusa raft.(이것은 많은 사람들에게 메두사호의 뗏목을 연상케 했다.)[25]'라는 도착어를 만들었다. 하지만 대부분의 도착어 독자가 이를 읽고 아무 것도 연상할 수 없다면 어쩔 것인가? 또 다른 예로, 프랑스어를 영어로 옮긴 어떤 번역가는 출발어 텍스트에 언급되는 어떤 책의 제목을 직역해 '마빈 해리스(Marvin Harris)의 『Monarchs and Cannibals(군주와 식인)』에 따르면' 이라고 번역했다. 하지만 마빈 해리스(Marvin Harris)란 이름에서 저자가 프랑스 사람이 아니라는 것을 번역가가 눈치를 챘어야 한다. 이 책의 원제는 『Of Cannibals and Kings(식인과 제왕)』이다. 번역가가 조금만 더 관심을 가지고 제대로 조사를 했다면 이런 오역은 미연에 방지할 수 있었을 것이다.

Malone은 번역을 할 때 부연이 필요한 텍스트 유형을 목록을 만들어 정리했다. 어쩌면 부연은 모든 텍스트 유형의 번역에서 필요할 수도 있다. Malone의 목록에는 철학 텍스트도 포함된다. Zimmer(1981, pp. 118-120)는 독일 철학자 슐라이어마허가 번역한 철학 서적을 연구 자료로 삼았다. 책 내용을 간단히 소개하자면, 이 책은 대화 형식을 통해 우리가 1장에서 살펴본 기표와 기의의 관계가 자의적인 것인지, 아니면 '동기가 부여된' 것인지에 대한 논쟁을 소개하고 있다. 특정 사물이나 사상에 꼭 들어맞는 단어라는 것이 존재하는가? 이 질문에 대해 이 책 속에 등장하는 사람이 '그렇다'라고 대답하며 그리스어 'anthropos(인간)'는 '인간'을 나타내는 가장 적절한 용어라고 주장한다. 그리스어 'anathrei(조사하다)'와 'opope(관찰하다)'의 조합인 'anthropos(인간)'가 인간과 동물의 차이를 가장 여실히 보여주기 때문에 지칭하는 대상의 의미에 정확히 부합하는 용어라

25 [역주] 1816년 여름에 메두사호(프랑스 군함)가 세네갈로 가던 중 난파됐는데, 그 중 일부가 기적적으로 구조됐다. 선장, 고급 선원 등 상류층은 구명보트를 타고 먼저 떠나고 하급 선원들은 뗏목을 타고 표류했다.

는 것이다. 슐라이어마허는 자신만의 번역 이론을 세워 직역이야말로 최고의 번역 기법이라 주장했고, 형태소 차원의 직역을 통해 'anthropos(인간)'를 독일어로 번역했다. 하지만 도착어 독자(독일 독자)는 슐라이어마허의 번역 결과('조사하다'와 '관찰하다'에 상응하는 독일어 형태소를 조합한 신조어)를 선뜻 받아들이지 못했다. 독일어에서는 '인간'을 의미하는 단어가 '조사하다' 및 '관찰하다'와 큰 관련이 없는 것으로 생각되기 때문이다(영어에서도 마찬가지다). 다시 말해, 독일어에서는 '조사하다'와 '관찰하다'가 인간과 동물의 차이를 극명히 드러내는 특성이 아닌 것이다. 이러한 경우에는 부연이 필요하다.

도착어 독자가 번역된 내용을 이해할 수 있을 정도로, 넘치지도 부족하지도 않을 정도의 부연 설명을 제공하는 것은 무척 어려운 일이다. 우선, 독자의 교양 수준을 파악해야 한다. 또한, 번역가는 독자가 원하는 부연의 범위를 가늠해야 한다. 두 가지 모두 결코 쉽지 않다. 이 과정에서 정보의 과다 제공을 경계해야 하며, 가독성도 고려해야 하는 등 균형감각도 유지해야 한다. 이는 언어학이 해결할 수 없는 문제다. 문화적 판단과 출판 정책 등 다양한 요소가 번역 의사결정에 영향을 미친다.

번역가가 부연을 고려하는 경우, 이는 우선 세상사 지식과 관련이 있다. 즉, 독자의 지식 격차를 보상하기 위해 부연 기법을 사용하는 경우인데, Malone은 이를 보상 부연(compensatory Amplifications)이라 칭했다.

보상 부연의 방법은 텍스트의 본문에 한두 단어 정도를 보태는 것(예 프랑스 노동조합 CGT, 독일 신문 『Die Zeit』)에서부터 각주나 부록을 통해 상대적으로 더 방대한 차원의 부연을 하는 것에 이르기까지 다양하다. 앞서 언급한 '메두사호의 뗏목'의 경우 어느 정도의 부연이 필요할까? 참고로, 러시아 출신의 미국 소설가 블라디미르 나보코프는 자신이 직역한 19세기 서사시 「Eugene Onegin(유진 오네긴)」에 대한 설명을 위해 두 개의 각주를 사용했으며, 이를 통해 장황한 부연 설명을 제공했다. 아마도 '메두사호의 뗏목'의 경우 이토록 방대한 부연은 필요 없을 것이다.

하지만 부연이 지식 격차 해소가 아닌 언어학적 이유로 필요한 경우도 있다. Malone(1988, p. 45)은 이를 분류의 부연(classificatory Amplifications)이라 불렀는데, 이는 특정 단어의 경우 어울리는 단어들과 한 조(組)를 이루기 때문이다. 예를 들어, 영어에서는 'old('오래된'의 뜻이 아님, 애정을 나타내는 표현)[26]'라는 단어를 이름(별명, 애칭 포함) 앞에 쓰는 경우가 종종 있다. 이름과 'old(애정을 나타내는 비격식 표현)'라는 어휘가 하나의 조로 취급되기 때문이다. 또 다른 예로, 번역을 전공하는 학생이 'It was the **modern** version of the **old** shipwreck story.(이것은 오래된 난파선 이야기의 현대판이다.)'라고 번역한 경우가 있다. 이 학생은 출발어 텍스트에는 없는 'old(오래된)'라는 말을 삽입해 'modern(현대)'과 하나의 대비되는 조를 이루게 한 것이다. 즉, 두 단어가 하나의 조로 취급되기 때문에 함께 사용하는 것이 언어적으로 자연스럽게 받아들여지는 경우다. 같은 맥락에서, 앞서 언급한 어색한 출발어 복수명사에 'kinds(종류)', 'types(유형)', 'methods(방법)' 등의 단어를 덧붙여 도착어에서 구로 만드는 부연의 경우 재분류도 가능하다. 앞서 우리는 식품 안전에 관한 프랑스어 텍스트를 살펴보았다. 거기에는 'certaines volailles(특정 가금류)'의 신경질적인 행동에 대한 글이 나오는데, 아마도 이를 영어로 옮긴다면 'some breeds of poultry(가금류의 일부 종)'로 번역하는 것이 최선일 것 같다.

축소(reduction)는 불필요하거나 중요도가 낮은 정보, 혹은 도착어 독자가 이해하기 힘들다고 판단되는 정보를 제거하는 것을 가리킨다. 당연한

---

26 [역주] 비격식 표현으로, 'Good old dad(사랑하는 아빠)' 등에 사용되며, 애정을 나타내는 기능을 한다.

얘기지만, 프랑스어-영어 번역의 경우, 'les top-models, **comme disent les Anglais**(톱 모델, 영국인들이 말하듯…)'라는 프랑스어 문장에서 마지막 네 단어는 영어로 번역할 필요가 없다. 같은 맥락에서, 영어의 'The cadres－the white-collar, middle-class workers－are dissatisfied.(핵심 계층－사무직 중산층 근로자들－은 못마땅해 했다.)'라는 문장을 프랑스어로 번역할 경우 'cadres(핵심 계층)'가 원래 프랑스어이기 때문에 도착어 텍스트에서는 설명이 불필요해 생략된다. Malone(1988, p. 47)은 Plakate an Litfaßsäulen(기둥에 붙은 광고용 전단지 또는 포스터)의 예를 인용했다. Malone에 따르면 영국과 미국에서는 광고 전단지를 기둥에 붙이는 일이 거의 없기 때문에 'bill(광고용 전단지)'로만 번역되는 반면, 프랑스어에는 일반적으로 사용되는 'colonne Morris(기둥에 붙이는 광고용 전단지 또는 포스터)'라는 등가어가 있다. 이런 번역 문제에 대한 다른 해결책으로는 '정의'를 내리는 방식으로 확산 기법을 이용하는 것이 있다. 텍스트에서 해당 단어가 다시 등장하면 훨씬 짧은 형태로 표현할 수 있기 때문에 유용하다. 이 방법은 흔히 두문자어로 나타내는 기관명 번역에 선호되는 기법이다. 우선 확산을 통해 두문자어를 완전히 풀어 쓴 다음, 부연을 통해 해당 기관의 기능을 설명하고, 텍스트 후반부에서 해당 기관명이 반복될 때는 두문자어로만 나타내는 방식이다. 구체적 예를 함께 살펴보자. 'The SDKPiL (The Social-Democratic Party of Poland and Lithuania) was set up in […] Members of the SDKPiL […](폴란드 및 리투아니아의 사회민주당(SDKPiL)은 […]에 설립됐다. […] SDKPiL의 회원들은 […])'의 경우가 위의 설명에 해당된다. 유사하지만 조금 다른 예를 살펴보자. 'DGSE (The French equivalent of MI6)'/'DGSE(MI6과 같은 프랑스 기관)'의 경우 첫 번째 단계가 생략됐다. 이런 방식도 종종 사용된다.

재형은 부연과 축소를 총칭하는 개념이다. 지그재깅의 경우와 마찬가지로 다른 현상을 나타내기보다는 상황에 맞게 부연과 축소가 번갈아 가며 나오는 경우를 가리킨다.

3.4. 재구성: 확산과 응축

위에서 살펴본 부연과 축소는 정보를 추가하거나 삭제하는 것이지만, 확산(diffusion)과 응축(condensation)은 같은 정보를 길게 혹은 짧게 표현하는 재구성(repackaging)에 속한다.

Vinay와 Darbelnet(1958, pp. 183-188)은 이 네 가지 번역 기법을 '부연(amplification)/절감(economy)' 및 '희석(dilution)/축약(concentration)'이라는 명칭으로 설명했다. Malone의 번역 분류와의 차이점을 살펴보자. 첫째, Vinay와 Darbelnet의 부연/절감은 도착어 독자에게 유용한 정보를 제공하거나 논지에 맞지 않는 정보를 생략하는 것이 아니라 개별 언어의 고유한 특징에 기인한 '자연스러운' 결과라 할 수 있다. 예를 들어, Vinay와 Darbelnet은 현실을 설명할 때는 영어가 프랑스어보다 더 '간결'하지만, 논리나 추론을 기술할 때는 프랑스어가 더 '신속'하다고 주장했다(1958, p. 188). 둘째, Vinay와 Darbelnet의 분류 체계는 상대적으로 더 모호하다. 이는 특히 Vinay와 Darbelnet이 제공한 예시에서 드러난다. 예를 들어, Vinay와 Darbelnet(1958, p. 183, p. 185)은 영어의 'balance sheet(대차대조표)'는 희석인 반면 프랑스어의 'bilan(대차대조표)'은 축약이라 설명했으며, 'this side up(이쪽 면을 위로)'은 부연인 반면 'haut(위)'는 절감이라고 분류했다. 하지만 이러한 분류는 자의적이고 설득력도 부족하다.

확산의 발생 원인으로 두 가지를 꼽을 수 있다. 하나는 구조·언어적 능력과 관련된 것이고 다른 하나는 전적으로 번역 능력과 관련된 것이다. 『Languages of Asia and the Pacific(아시아-태평양 지역의 언어들)』은 어휘적 확산의 예를 다수 제시한다. 예를 들어, '실패하다'를 나타낼 때 영어는 'fail(실패하다)'이라는 한 개의 단어로 표현하지만 말레이어로는 'tidak dapat(실패하다)'로 발음되는 두 단어로 표현된다. 또한, 영어로는 'to plant at regular intervals(일정한 간격으로 심다)'라는 다섯 단어로 표현해야 하는 의미를 스페인어로는 단 한 개의 단어로 나타낼 수 있다.

이와 같은 구조적 확산은 문법적인 이유로도 발생할 수 있다. 프랑스어의 조건절이나 독일어 가정법 용법 중 하나는 글을 작성하는 사람이 인용문에 대해 긍정도 부정도 하지 않은 채 다른 사람의 말을 인용한다는 것을 나타내는 것이다. 다른 많은 언어에서는 이를 표현하기 위해서 'According to(~에 따르면)' 또는 'It is claimed that(~라고 주장된다)'이라는 표현 방식을 사용하기 때문에 확산을 사용할 수밖에 없다. 하지만 『The Guardian(가디안)』지 기자 두 명은 이를 미처 깨닫지 못하고 표준 조건절을 사용해 번역하기도 했다(Hatim과 Mason, 1990a, p. 83). 어찌 보면, 언어의 본질적 특성 때문에 발생하는 확산과 응축은 빈번하게 발생하기도 하며 진부한 번역 절차에 불과하다.

확산이 전적으로 번역 능력과 관련된 경우, 다시 말해, 번역 의사결정의 문제가 되는 경우를 살펴보자. 복잡한 개념이 어떤 언어에서는 어휘화돼 있지만 다른 언어에서는 그렇지 않은 경우가 이에 해당한다. 예를 들어, 독일어 'Familienanschluß'를 사전에서는 확산을 통해 '누군가가 가족 구성원처럼 여겨지다'로 정의 또는 설명한다. 하지만 다른 방식의 확산도 가능하며 어쩌면 오히려 더 선호될 수도 있다['a friendly, caring firm(다정하고 배려하는 회사)'이 떠오른다]. 이러한 정의적 확산은 도착어 독자가 맥락을 통해 단서를 찾을 수 없는 경우 차용과 함께 사용하면 적절하다. 이를 통해 도착어 독자는 차용된 용어가 무엇을 의미하는가를 파악할 수 있다.

Govaert(1971, pp. 431-432)는 매우 부적절한 확산의 예를 인용한 바 있다. 네덜란드 소설과 이 소설의 프랑스어 번역을 비교한 것인데, 이 경우 어떠한 이유나 변명의 여지도 없어 보인다. 출발어 텍스트를 역번역하면 아래와 같다.[27]

> 그는 단지 그 유명한 관광객의 안내원에 불과했다. 그 관광객은 두꺼운 전문 서적을 출판했고 누구도 이해할 수 없는 속기 같은 글을 자신의 노트에 재빠르게 적었다.

두 문장에 불과한 위의 텍스트가 장황하게 확산됐다. 도착어 텍스트의 역번역을 살펴보자.

> 그는 사실 그저 안내원일 뿐 그 이상은 아니었다. 그 안내원을 고용한 여행객은 아주 유명한 작가로 알려졌고 심지어 어떤 이들은 그 여행객이 이미 아주 두꺼운 책을 발간한 사실이 있다고도 했다. 왜 아니겠는가? 그 여행객은 항상 자신의 노트를 펴서는 뭔가를 휘갈겨 쓰고 또 재빨리 덮고는 했다. 너무 빨리 쓰는데다 복잡한 기호까지 섞여 있어 전혀 이해할 수 없었다.

Malone에 따르면 응축이 확산보다는 사용 빈도가 낮다. 응축과 확산이 서로 향하는 방향만 다르다는 점을 생각한다면 의외의 결과다. Malone이 말하고자 하는 바는 번역의 본질상 부연과 확산이 필요하기 때문에 대부분의 경우 출발어 텍스트에 비해 도착어 텍스트가 길어진다는 점이다. 이에 대한 객관적인 검증이나 연구는 부족한 실정이다. 이러한 주장을 펼친 많은 학자들 중에 Vinay와 Darbelnet(1958, p. 185)을 꼽을 수 있다. 이들은 출발어 텍스트에 비해 도착어 텍스트가 더 길어지는 것이 번역가의 '배려' 또는 '무지' 때문이라 주장했지만 이에 대한 구체적인 근거를

---

27 [역주] 한국어 독자의 이해를 돕기 위해 영어 역번역 대신 한국어 역번역을 제시했다.

제시하지는 않았다.

오랫동안 사용된 응축의 용도 중 하나는 텍스트 내용 중 지루하거나 외설적이거나 혹은 정치적으로 문제가 되는 부분을 줄이기 위함이다. 이러한 관점에서의 응축에 대한 연구는 매우 흥미로우며, 이 책의 후반부에서 다루게 될 것이다. 물론, 언어학과는 전혀 관련이 없다.

재구성은 확산과 응축을 총칭하는 개념이다. 텍스트를 번역하는 과정에서 여러 상황에 따라 확산과 응축 사이를 이동하는 과정을 가리킨다. 텍스트의 앞부분에서 자세한 설명을 제공하고 뒷부분에서는 장황함을 피하면서 내용을 짧게 표현해야 하는 상황, 복잡한 문장구조를 탈피해야 하는 상황, 수사적 구조를 수용해야 하는 상황, 공지시 연결을 다양하게 해야 하는 상황 등이 있을 수 있다.

3.5. 재배열

마지막으로 살펴볼 Malone의 번역 기법은 재배열(reordering)이다. Malone은 이해용이성 제고를 위해 단어 순서를 재배열하는 경우(예 복잡한 구조를 분해)와 출발어와 도착어가 서로 다른 이야기 전개 및 문체 구조를 가지고 있기 때문에 재배열이 필요한 경우로 나누어 설명했다.

Vinay와 Darbelnet 역시 재배열의 문제를 아래와 같이 언급한 바 있으며, 상대적으로 더 광범위하다.

> 1. 문법으로 인해 재배열이 필요한 경우
> – 단어의 배열순서는 각 언어의 문법에 따라 대체로 고정돼 있다. 오늘날 영어로 '어디 가니?'를 물을 때 'Where go you?'라고 할 수는 없다. 예외적으로 'What say you?'라고는 할 수 있다. 이 경우, 비꼬는 말투를 드러내거나 'What do you think?(어떻게 생각하니?)'의 뜻으로 사용된다.

2. 언어의 고유한 '정신'으로 인해 재배열이 필요한 경우

— Vinay와 Darbelnet은 언어에 따라 일을 처리하는 방식 또는 논리를 전개하는 방식이 서로 다르다고 주장했다. 이 경우, 예외가 거의 없는 문법과는 달리 선택의 폭이 넓다. 이는 각각의 언어가 가지고 있는 고유한 정신과 관련이 있다. 프랑스어의 경우 '이성의 언어'라 불린다. 프랑스어 문장을 살펴보면 현실의 순서가 논리적인 순서로 표현되는 경향이 있는데, 주어와 관련된 내용이 거의 모두 앞에 나오고 난 후 이에 대한 설명이 제공된다. Vinay와 Darbelnet은 프랑스어의 경우 이런 경향이 너무 강해서 부작용이 발생할 수도 있다고 했다. 예컨대, 시간 · 수단 · 장소를 나타내는 부사절이 논점과 관련이 없고 메시지에 변화를 거의 주지 않음에도 불구하고 문장 앞부분에 집중되기 때문에 불균형이 초래된다는 것이다. 반면, 영어는 이와는 전혀 다른 특성 또는 정신을 가지고 있다. 말하자면 '적나라한' 성격을 가진 '구체성의 언어'가 바로 영어다. 프랑스어의 경우 결과를 제시하기 전에 원인을 먼저 설명하려는 경향이 매우 강하다. 하지만 영어는 꼭 그렇다고 볼 수 없다. 예를 들어, 프랑스어의 전형적인 문장 구성을 영어로 역번역해 살펴보면 'Being ready, he set off on his travels.(준비가 되자, 그는 여행길에 올랐다.)'의 방식이 될 것이다. 영어로도 이렇게 글을 쓸 수 있기는 하지만 'He set off on his travels when he was ready.(그가 여행길에 오른 것은 준비를 끝냈을 때였다.)'라고 하는 것이 보다 자연스럽다.

위와 같은 일반화는 위험할 수 있기에 신중함이 요구된다. 이는 구(句)의 위치는 다분히 자의적으로 정할 수 있고 여러 형태의 조합이 가능하기 때문이다. 하지만 다음에 제시된 우스꽝스러운 번역(Hatim과 Mason, 1990a, p. 87에서 재인용)을 보면 필자의 주장이 나름 설득력이 있음을 알 수 있다. 다소 극단적인 번역이기는 하지만 함께 살펴보자. "But, who, in Auckland harbour on the evening of July 10, placed two mines on the hull of the Rainbow Warrior?(하지만, 누가, 오클랜드 항구에서 7월 10일 저녁에, 레인보 워리어호의 선체에 수뢰를 설치했나?)" 이 문장이 만약 프랑스어였다면 단어 배열순서가 지극히 자연스러울 것이다. 하지만 영

어이기 때문에 무척 어색하다. 긴장감을 주기 위한 어설픈 시도로 보이기도 한다.

4. 비판

앞서 살펴본 학자들의 번역 기법에 대한 비판을 크게 다섯 가지로 나눠 살펴보자. 참고로, Vinay와 Darbelnet에 대한 비판이 특히 많다.

1. 번역 기법의 분류가 본질적으로 문제의 소지가 있다.

– Chuquet와 Paillard(1987, p. 10), Kelly(1979, p. 133), Larose(1989, p. 18)는 Vinay와 Darbelnet이 제시한 차용이나 모사는 번역 기법이라고 할 수 없고, 번안은 번역을 벗어난 것이며, 나머지는 서로의 경계가 불분명하다고 지적했다. 하지만 번역을 체계적인 방식으로 이해하려면(이것이 바로 언어학적 접근법의 목표다) 어디가 됐든 출발점이 있어야 한다. 아울러, 다수의 학자들이 큰 틀에서 유사한 번역 기법을 제시했다는 점도 시사하는 바가 크다.

2. 제시된 번역 분류 체계가 번역의 역동성을 다루기보다는 비교언어학과 더 깊은 관계가 있다.

– 우리가 살펴본 번역 분류 체계가 번역가보다는 언어 학습자에게 더 의미가 있다는 주장인데, 앞서 다루었던 논의를 통해 알 수 있듯 부분적으로만 옳다고 할 수 있다.

3. '번역 기법' 혹은 '번역과정'으로 명명된 것들이 실은 번역 기법이나 과정과 아무 관계가 없다(Delisle, 1988, pp. 72-73).

– 제시된 분류 체계가 번역과정의 최종 결과물을 분류하고 설명한 것 일 뿐, Malone의 주장처럼 번역을 하는 데 있어서의 조력자(실행 모드)의 역할을 할 수는 없다는 비판이다. 이 비판에 대해서는 두 가지 반론이 있을 수 있다. 첫째, 상기 제기된 비판이 일리가 있다 하더라도 분류 체계의 중요성을 부정

할 수는 없다. 번역을 체계적으로 설명한다는 것은 현대 번역 이론에서 그 가치를 따질 수 없을 정도로 중요하기 때문이다. 그리고 초보 번역가는 분류된 번역 기법을 익힐 필요가 있다. Kitty van Leuven-Zwart(1989, 1990)는 Vinay와 Darbelnet의 분류 체계를 '변이(shift)' 개념과 결부시켜 문학 번역 규범을 정립하려 했다. 한편, 필자는 이 분류 체계를 이용해 식민주의적 가치관을 담고 있는 번역물을 추적한 바 있다. 둘째, 앞서 살펴본 분류 체계가 단순히 번역의 결과를 설명하는 것인지, 아니면 번역과정인지에 대해서는 관점에 따라 해석이 다를 수 있다. 이를테면, 반의어적 번역이 무엇인지 알고 작동 원리를 파악한다면, 그 후에는 반의어적 번역은 번역과정이 되어 번역가가 동원할 수 있는 여타 능력과 함께 사용될 수 있다.

4. 분류 체계가 '예측성'이 없다.

– 제시된 번역 기법을 숙지하고 있더라도 실제로 이들 기법을 언제 사용해야 하는지를 알 수 없다는 비판이다. 번역이 과학이라고 주장하고 싶은 사람들에게는 이러한 비판이 매우 중요할 것이다. 이런 '자만심'을 가지고 있는 사람은 몇 없을 것이다.

5. 제시된 번역 기법들을 자세히 보면, 이미 번역가들이 직관에 따라 행하고 있는 번역(혹은 그렇게 하고 있다고 믿는 것)에 멋진 이름을 붙인 것에 불과하다.

– 이 비판에 따르면 번역 기법을 익히는 것은 시간 낭비에 불과하다. 이는 가장 강도 높은 비판이라 할 수 있다. 실제 Kelly(1979, p. 155)는 수백 년 동안 이루어진 번역을 분석했는데, 학자들이 번역 기법에 이름을 붙이기도 전에 이미 이들 기법이 번역에 사용됐다는 사실을 확인했다. Malone(1988, p. 150) 역시 자신의 번역 기법을 의식적으로 사용해야만 번역이 가능한 것은 아니라는 점을 인정한 바 있다.

상기 비판에도 불구하고, 번역 기법을 분류하고 학습하는 과정은 분명 유용하고 가치가 있다. 번역 현실을 직시하자면, 상당수의 번역이 여전히 혹평에 시달리고 있음을 부정할 수 없다. 경멸적인 어감을 가진 '번역투

(translationese)'라는 용어가 통용되고, 학술대회나 언론에서도 번역이 수시로 비판의 도마에 오르는 것을 보면 번역에 대한 차가운 시선을 충분히 느낄 수 있다. 1995년 1월 8일자 『The Observer(옵저버)』 지는 'drab duds(기워 맞춘 누더기)', 'one enormous disaster(대참사)'라는 말로 어떤 번역물을 혹평했고, 일 년 후에는 어떤 번역을 'cumbersome translation from the French(성가신 프랑스어-영어 번역)'로 평가하면서 'If there is such a thing as kitsch translation, this is it.(만약 저속한 번역이라는 것이 존재한다면 바로 이것이다.)'이라는 말을 덧붙인 바 있다.

이러한 문제는 종종 부적절한 직역 방식의 번역으로 인해 발생한다. 일부 번역가들은 '상위어적 번역' 또는 '반의어적 번역' 등을 생각하지도 못한다. 체계적인 방식으로 번역 기법을 배우지 못한 번역가는 자신이 어떤 방식의 번역을 하고 있는가에 대해 자기 자신에게조차 설명하지 못한다. 참고로, 이 책의 12장(심리언어학과 번역)에서는 번역가가 자기 자신에게 설명(독백)을 하면서(특히 어려운 부분에서 독백을 함) 번역하는 방법을 다룰 것이다. 번역의 품질은 그런 독백의 질을 높임으로써 향상될 수도 있다. 이를 통해 체계적인 방식으로 번역 기법을 습득하지 못한 번역가들이 번역을 논할 때 사용하는 모호한 표현들－'맞는 것 같다', '세련되지 못한 것 같다', '흐름이 ~하다' 등－이 구체적인 표현－'의미론적 번역이다', '수용자 등가 달성에 실패했다', '최소 오역의 사례다' 등－으로 대체되는 효과도 있을 것이다.

물론, 반론도 있을 수 있다. Komissarov(1977, p. 46)는 이와 같은 방식으로 사고의 과정을 공식화하는 능력이 곧 번역 능력은 아니라고 주장했다. 번역 기법이 일종의 공식처럼 사용될 수 없으며, 번역가의 직관이 중요하다는 뜻이다. 지극히 옳은 말이다. 하지만 Komissarov가 번역가의 직관이 오류일 가능성을 지적한 사실에도 주목할 필요가 있다. 물론, 번역가들이 상기 제시된 번역 기법을 이미 행하고 있고, 또 제대로 하고 있다면 위의 마지막 비판—'제시된 번역 기법들은 번역가들이 이미 직관에 따라 행하고 있는 번역에 멋진 이름을 붙인 것이다'라는 비판—은 충분히 받아들일 수 있다. 하지만 그렇지 않다면, 우선 번역의 '과학'을 통해 번역 기법의 이름을 외우고 제대로 익혀야 한다. 이렇게 함으로써 직관의 결핍 및 오류를 수정할 수 있다. 번역 기법 분류는 번역을 '속박'하는 것이 아니라 '해방'시키는 역할을 한다. 번역의 '예술'은 번역의 '과학'을 향상시키고 적용하고, 이러한 경험을 축적함으로써 탄생하는 것이다.

05 번역 등가

앞서 살펴본 다양한 번역 기법의 최종 목적지는 바로 '등가(equivalence)'다. 하지만 등가만큼 정의하기 어려운 개념도 없으며, 학자에 따라 개념 정의가 상이한 경우도 많다. 그 이유를 이해하기 위해서는 우선 Koller(1979, pp. 188-189)가 제시한 다섯 가지 '기준계(基準系: 준거의 틀)'를 살펴보는 것이 도움이 된다. 특정 유형의 등가가 달성됐다고 평가할 수 있기 위해서는 단어와 텍스트 의미를 구성하며, 개인의 판단과 이해를 지배하는 기준계에 대한 기술이 선행되어야 한다.

1. 외연적 의미(=지시적 의미): 지시 대상 또는 개념
2. 함축적 의미: Koller는 이를 아홉 개의 하부 개념으로 분류했다.
   - 언어층(아어, 시어, 공식어, 평어, 유의어, 구어, 속어, 비어 등)
   - 사회방언(각기 다른 사회 집단의 은어, 예 군인, 학생 등이 사용하는 특정 언어)
   - 지역방언(특정 지역에서 널리 사용하는 언어)
   - 의사소통 수단(구어, 문어 등)
   - 문체(고어, 유행어, 완곡어 등)

– 빈도(사용 빈도의 차이)
– 영역(일반 분야, 과학 분야, 기술 분야 등)
– 가치(부정적, 긍정적 등)
– 감정 어조(중립, 냉담, 다정 등)

3. 텍스트 규범(법률 문서, 사용설명서 등의 특정 텍스트 유형에서 전형적으로 사용되는 언어 유형)
4. 화용론적 의미(독자의 기대치 등)
5. 언어 형식(압운, 음조, 은유 등)

위의 기준계를 살펴보면 등가에 대한 개념 정의가 어려운 이유를 잘 알 수 있다. 이 다섯 가지 항목 중 어디에 초점을 두는가에 따라 등가의 개념이 달라질 것이며, 모든 층위에서 등가를 구현하는 것은 현실적으로 불가능하다. 다시 말해, 두 명의 번역가에게 동일한 텍스트를 번역시킬 경우, 어떤 층위에 있어서의 등가를 구현할 것인가에 대한 번역가의 판단에 따라 번역 결과 및 해결책이 서로 달라진다. 등가 개념을 비판하는 학자들은 번역 결과 및 해결책에 있어서 모종의 '통일성'이 있어야 한다고 생각하지만, 이는 본질적으로 불가능한 일이다. 이러한 이유로 등가는 모호한 개념이라는 비판을 받기도 한다. 등가가 공식화된 일종의 '준수학적 개념'으로 사용될 경우에는 특히 더 그렇다. Snell Hornby(1988, p. 22)는 "등가는 번역 이론의 기본 개념으로 부적절하다."라고 주장했는데, 그 이유로 "(20년 동안의 열띤 토론에도 불구하고) 불분명하고 모호하기 때문"이라고 설명했다.

그럼에도 불구하고 등가 개념은 번역학의 중심에 자리 잡고 있다. Kelly (1979, p. 24)는 "언어학자가 번역가에게 해줄 수 있는 것이 무엇인가?"라는 질문을 던졌고, 이에 대한 답으로 "언어학자는 우선 등가를 분석해야 하며, 다음으로는 번역가의 직관을 객관적으로 정당화해야 한다."라고 했다.

전술했듯, 등가에 대해서는 수없이 많은 개념 정의가 존재한다. 이들 모두를 살펴본다는 것은 무척 지루한 일이 될 것이다. 이 책에서는 가장 널리 알려진 Catford와 Nida의 등가 개념을 위주로 살펴보겠다. 아울러 Komissarov의 등가도 간략히 다루도록 하자.

1. Catford의 텍스트적 등가

Catford의 텍스트적 등가(textual equivalence)를 빼고 등가 논의를 진행하는 것은 무리다. Catford에 대한 비판이 아예 없는 것은 아니다. 예를 들어, Snell-Hornby(1988, pp. 14-15)는 Catford의 접근 방식이 "구시대적이며 역사적 가치도 없다."라고 혹평했다. 하지만 Catford의 등가 개념은 분명 나름의 가치가 있다. Catford(1965, p. 21)는 번역의 중심에는 등가가 있다고 하면서 "번역과정에서 가장 중요한 것은 등가를 이루는 도착어를 찾는 것이며, 번역 이론에서 가장 중요한 것은 등가의 본질과 조건을 규정하는 것이다."라고 주장했다.

Catford(1965, p. 27)는 우선 형식적 대응(formal correspondence)과 텍스트적 등가(textual equivalence)를 구분했다. 그렇다고 해서 이 두 가지가 서로 다른 번역 유형이라고 주장한 것은 아니며, 텍스트적 등가가 번역의 궁극적인 목표라는 점, 그리고 형식적 대응을 통해서도 텍스트적 등가에 도달할 수 있다는 점을 기술한 바 있다. 형식적 대응은 랑그 차원의 문제고 텍스트적 등가는 빠롤 차원의 문제다. 출발어 텍스트에서 사용되는 어떤 언어적 장치가 해당 언어 체계 내에서 차지하는 위상이 도착어 텍스트에서 동원된 장치와 사실상 동일하다면 형식적 대응이 존재한다고 말할 수 있다. 예를 들어, 대부분의 유럽 지역 언어에 존재하는 전치사라는 언어적 장치는 유럽 언어들 사이에서 형식적 대응을 이루는 경우가 많다(1965, pp. 32-33). 다시 말해, 출발어의 전치사를 도착어의 전치사로 번역할 수 있고, 이 둘이 각각의 언어 체계 내에서 차지하는 위상이 대등할 경우에는 형식적 대응이 존재하게 되며, 이때는 형식적 대응을 통해서도 텍스트적 등가가 달성되게 된다.[1] 하지만 형식적 대응이 성립되지 않을 경우, 텍스트적 등가를 구현하기 위해서는 번역 변이(shift)를 거쳐야 한다(1965, p. 73).

변이의 예로는 구조 변이(structure shift)[예 영어의 'John loves Mary.'가 게일어(영어 역번역)로 'Is love at John on Mary.'로 통사 구조가 바뀌는 경우], 품사 변이(class shift)[예 영어에서 형용사구인 '**medical** student'가 프랑스어(영어 역번역)에서 'student **in medicine**'이라는 부사구로 전이되는 경우], 단위 변이(unit shift[2])(예 영어의 부정관사가 러시아어에서 단어 순서를 변경함으로써 번역되는 경우), 체계 내 변이(intra-system shift)(예 출발어의 단수가 도착어의 복수로 표현되는 경우[3])를 들 수 있다. 이는 Catford가 창안한 번역 기법 분류 체계의 토대를 이루기도 하는데, 우리가 앞에서 살펴본 기법과 유사한 듯 보이지만 기준이 훨씬 엄격하다. 이들 분류가 전적으로 언어학적 체계에 기초하기 때문이다.

1 [역주] 영-한 번역을 예로 들면, 영어의 dash(－)가 한국어의 줄표(－)로 번역될 수 있는 경우가 Catford의 형식적 대응에 해당되며, 그 자체가 텍스트적 등가로 이어진다. 이것이 불가능할 경우에는 변이를 통해 텍스트적 등가를 달성해야 한다.

2 [역주] Catford(1965, p. 79)는 위계 변이(rank shift)가 더 적절한 용어지만 Halliday의 문법 이론에서 같은 용어가 사용됐기 때문에 차별화를 위해 단위 변이(unit shift)를 사용할 수밖에 없었다고 설명하고 있다. Catford의 단위 변이(=위계 변이)는 서로 다른 언어 위계(linguistic rank) 간의 번역을 의미한다. 예를 들어 형태소가 단어로, 단어가 구로, 구가 절로 번역되는 경우(그 반대도 포함) 단위 변이에 해당한다.

3 [역주] 체계 내 변이(intra-system shift)는 도착어의 언어 체계 내에서 특정 변이가 의무적으로 일어나는 경우를 가리킨다. 예를 들어, 영어 '**my** mother'를 한국어로 옮길 경우 '우리 엄마'가 되는 것은 체계 내 변이이다.

Catford는 형식적 대응을 통한 텍스트적 등가든 변이를 통한 텍스트적 등가든, 번역을 통해 우리가 하는 것은 의미 '전이(transfer)'가 아니라는 점을 강조했다. 그에 따르면 번역가의 역할은 출발어의 의미를 특정 상황(언어적으로 표현되는 상황)에서 동일한 기능을 수행하는 도착어의 의미로 '대체(replace)'시키는 것이다. Catford는 출발어와 도착어의 발화가 등가를 이룬다고 해도 절대 동일한 의미를 가질 수 없음을 논증했다. 각각의 언어는 서로 다른 방식으로 상황 특성을 나타내기 때문이다. 다시 말해, 언어에 따라 성별이 드러나는 경우도 있고, 때로는 운송 수단이 암시되기도 한다. 또한, 언어 사용을 통해 존경의 정도가 드러나기도 하고, 동사상(動詞相)이 표출되는 경우도 있다. Catford는 출발어 및 도착어 항목이 "주어진 상황에서 서로 교체될 수 있는 경우(1965, p. 49)" 텍스트적 등가가 이루어진다고 주장했다. 또한, 이러한 '상호교환성(interchangeability)'이 가능하기 위해서는 "출발어와 도착어의 텍스트 또는 항목이, 적어도 부분적으로는, 동일한 '실체'의 특성과 관련이 있어야 한다."는 점도 밝혔다(Catford, 1965, p. 50).

실체에 대한 언급이 다소 의아하게 생각될 수도 있지만, 이는 언어학 이론에서 유래된 것이다. 글, 소리, 그리고 세상에 존재하는 모든 것은 실체다. 언어는 이러한 실체의 추상적이고 형식적인 표상(表象)이다. Catford가 제시한 간단한 예를 살펴보자. 러시아어의 'ya prishla[I came/have come(내가 왔다)]'는 형식적 수단('prishla'의 마지막 문자 '-a')을 통해 화자가 여성이라는 사실(상황적 실체)을 드러낸다. 하지만 실체(이 경우에는 '여성') 스스로는 '-a'를 통해 성(性)을 나타내고자 하는 어떤 동기나 의도가 없다. 이는 추상적인 언어적 형식의 문제라 할 수 있다. 마찬가지로, 누군가가 어떤 장소에 도착했음을 설명하는 상황을 러시아어는 형식적인 수단을 사용해 화자의 성과 교통수단이라는 상황적 실체를 드러내게 된다. 반면, 프랑스어로는 언어적 형식을 통해 화자의 성을 나타낼 수는 있지만(je suis arrivé**e**) 교통수단은 드러나지 않고, 독일어에서는 교통수단(kommen/ fahren)은 나타나지만 성은 드러나지 않는다. 영어는 성과 교통수단 모두 드러내지 않는다. 하지만 이러한 차이점에도 불구하고 이들 세 언어 간에는 '동일한 상황'에서 '기능'하는 텍스트적 등가가 존재할 수 있다.

전술했듯, 언어라는 형식적 표상을 통해 암시되는 상황 요소는 언어에 따라 각기 다르다. 다시 말해, 특정 언어가 선택적으로 드러내는 특정 요소가 다른 언어에서도 반드시 드러나는 것은 아니다. 앞서 3장에서 우리는 언어권에 따라(때로는 동일한 언어권 내에서도) 동일한 외부 현실을 상이한 방식으로 인식하고 표현한다는 점을 살펴보았는데, 결국 이와 같은 맥락의 담화다. Catford의 이론에 따르면 텍스트적 등가가 바로 해결책이며, 이 경우 도착어가 선택하는 요소만을 골라내고 그렇지 않은 요소를 애써 나타내려 할 필요는 없다. 하지만 Catford 역시 언어학적 구조가 메시지의 필수적인 요소이거나 출발어 문화권에 존재하는 특정 풍습이 도착어 문화권에 존재하지 않을 경우 번역이 부분적으로 또는 완전히 불가능한 경우도 있음을 인정했다.

Catford는 텍스트적 등가에 대한 개념 정의에 일부 문제가 있음을 인지하고 있었다. Catford도 인정했듯, 서로 다른 문화권(특히 완전히 다른 문화권) 간에 '동일한 상황'이 존재한다는 가정은 현실을 무시한 것이다(1965, p. 52). 또한 텍스트적 등가를 찾는 방법에 대한 설명 또한 모호하다(이 점에 대해서는 Catford가 동의할지 잘 모르겠다). 텍스트적 등가를 도출하는 과정은 '커뮤테이션(commutation)'이라고 하는 언어학적 절차에 기초하고 있다. 하지만 이를 번역에 적용하기에는 무리가 따른다. 모호하기 때문이다.

기본적인 원리는 다음과 같다. 'ABC'라고 하는 출발어 텍스트가 있다고 가정하자. 번역가는 이와 등가를 이루는 조합이 'XYZ'라고 판단한다. 그리고 'ABC'를 'ADC'로 바꾸니 번역이 'XWZ'가 됐다. 이 경우, Catford의 주장에 따르면 'D'와 'W'가 교차언어 등가어(cross-language equivalents)다. 하지만 이는 다소 '위험한' 개념이다. 번역가라면 누구나 알 수 있듯, 출발어의 변화에 따라 다른 요소도 얼마든지 변할 수 있기 때문이다. 'XYA'도 될 수 있고 'WXY'도 될 수 있다. 혹은 변화가 전혀 일어나지 않을 수도 있다. 프랑스어 문장 'Il pleut à verse.(비가 많이 내린다.)'를 영어로 번역한다고 하자. 'It's pouring.(비가 쏟아진다.)'으로 번역될 수도 있지만 번역가의 '기분'에 따라 'pouring(쏟아진다)' 자리에 'tippling(흩뿌린다)', 'siling(퍼붓는다)', 'bucketing down(억수로 내린다)' 등이 들어갈 수도 있다. 따라서 Catford의 등가 정의는 '과학'이라는 화려한 포장 속에 극도의 모호함과 의심스러운 방법론을 감추고 있는 것이다.

Catford에 대한 비판이 항상 옳은 것은 아니다. 때로는 그의 연구에 대한 정확한 고찰이 결여되어 있는 경우도 있다. Larose(1989, p. 113)는 Catford가 번역과정을 분석하는 과정에서 맥락을 고려하지 않았다고 주장했다. 하지만 Catford는 여러 차례 맥락을 거론했으며, 방언 번역을 위한 방책으로 '사회 맥락적 기능(social contextual function)' 개념을 제시하기도 했다. 또한, Larose는 Catford의 이론이 문장 차원을 넘어서지 못한다는 비판도 했다. Catford가 분석한 예문들을 살펴보면 이 비판이 틀리다고 볼 수는 없다. 하지만 사실상 대부분의 번역이 문장 차원에서 이루어진다는 점도 인정해야 한다. 그럼에도 불구하고 Larose가 Catford의 이론에 실망한 것 또한 이해가 간다. 사실 Catford는 제한적인 번역(단순 문법 번역 또는 철자 번역 등)을 분석 단위로 설정했는데, 이는 이론적인 완성도를 높이기 위한 열망에서 비롯된 것으로 보인다(덕분에 Catford는 자신이 설계한 이론 모형의 모든 측면을 다룰 수 있었다). 하지만 이는 번역의 실제와는 분명 괴리가 있다.

2. Nida의 역동적 등가

Catford의 책이 출간된 지 4년 후 Eugene Nida는 '역동적 등가(dynamic equivalence)'를 세상에 내놓는다. 큰 호응을 얻으며 유명세를 얻었지만, 단순한 비판을 넘어 맹렬한 비난의 대상이 되기도 했다.

1969년 출판된 저서(공저자 Taber는 거의 언급되지 않기에 이 책에서도 종종 생략함) 『The Theory and Practice of Translation(번역의 이론과 실제)』에서 Nida(1969, p. 1)는 번역 이론이 번역 기술에 비해 현저히 뒤쳐져 있어 심도 있는 연구가 필요하다며 "과거에는 번역의 초점이 메시지의 형태에 놓여 있었다. […] 하지만 현재에는 초점이 독자의 반응으로 옮겨왔다."라고 말했다. 이는 독자층에 따라 각기 다른 번역이 이루어져야 한다는 주장이다. Nida는 이 새로운 '발상'의 원천이 무엇인지는 밝히지 않고 있다. 이를 이해하기 위해서는 앞서 1964년에 발간된 『Toward a Science of Translating(번역의 과학을 향하여)』을 읽는 것이 도움이 된다. Nida의 유명한 번역 정의('선언' 혹은 '성명'이 보다 정확한 표현일 수 있다)를 살펴보자. Nida(1969, p. 12)는 "번역은 출발어의 메시지를 가장 자연스러운 등가를 이루는 수용자의 언어로 재생산하는 것이다. 1차적으로는 의미의 등가를, 2차적으로는 문체의 등가를 달성해야 한다."라고 했다. 이와 더불어 Nida는 매우 강경한 어조－아니, '개종'을 시키기라도 하려는 듯한 말투－로 추가적인 설명을 이어간다. "번역가는 반드시 일치가 아닌 등가를 추구해야 한다.", "좋은 번역은 번역처럼 보이지 않는다.", "양식 있는 번역가라면 가장 자연스러운 등가를 원할 것이다." 등의 말을 쏟아냈다. 곧 살펴보겠지만 비판 여론이 들끓었다. 이렇듯 Nida는 규범적인 접근법을 채택했으며 성경 번역과 같이 '민감한' 분야를 건드리면서 엄청난 비난을 초래했다.

오래 전 마틴 루터가 그랬듯, Nida 역시 '천부의' 혹은 '신성불가침적'이라는 이유로 성경 문구를 성직자만 이해할 수 있는 현실을 개탄했다. Nida는 도착어 독자가 성경의 의미를 즉각적으로 이해할 수 있는 '새로운' 성경 번역을 꿈꿨다. 히브리어를 배우지 않은 사람이 'heap coals of fire on his head(머리 위에 숯불을 쌓다)'라고 번역된 성경 문구를 읽게 된다면 일종의 '고문'을 떠올릴 수도 있다(Nida, 1969, p. 2). 이 문구가 '악을 선으로 갚아 남을 뉘우치게 하다'를 의미한다고 받아들이기가 결코 쉽지 않다. 이렇듯 Nida는 독자의 반응, 이해용이성, 효과적인 의사소통 등에 관심을 가졌다. Nida(1969, p. 4)의 "제대로 된 의사소통을 위해서는 각 언어의 고유성을 존중해야 한다."라는 '선언' 또한 그 연장선에서 나왔다. 결국 Nida는 구조주의 언어학, 심리언어학, 사회언어학을 융합해 자신의 주장과 선언을 체계적인 이론으로 발전시켰다.

Nida와 Taber(1969)의 설명은 명료하고 구체적이며 박식함이 묻어난다. 이들은 역동적 등가가 문법적 의미(Catford와 마찬가지로 Nida 역시 문법적 '형태'가 아닌 문법적 '기능'을 번역해야 한다는 점을 분명히 했다), 외연, 함축 등이 번역에 어떤 영향을 미치는지 논증했다. 또한 관용구 번역, 담화 구조, 언어 다양성, 담화 양식 및 유형 등의 개념을 분석했을 뿐만 아니라 번역과정과 그 과정을 통해 발생하는 문제에 대해서도 논했다. 그 결과, 번역에 대한 가장 완벽하고 일관된 논리를 도출하게 된다. 여러 비판에도 불구하고 Nida와 Taber(1969)의 『The Theory and Practice of Translation(번역의 이론과 실제)』은 번역가에는 필독서다.

역동적 등가 달성을 위해서 Nida(1964, p. 139)는 형식적 대응 방식의 번역으로 인해 복잡한 텍스트가 도출될 수 있는 부분에 잉여성(redundancy, 정보의 반복)을 구축함으로써 과도하게 복잡한 구조를 이해하기 쉽게 바꿀 것을 제안했다. 또한 본래의 사건 발생순서가 실제 연대와 맞지 않을 경우에는 문장의 순서를 바꾸는 시도도 했다. 비종교적 텍스트를 다루는 번역가들에게는 매우 유용한 조언으로 여겨질 수 있을 것이다. 하지만 "심지어 어순 그 자체도 신성하다."라고 주장한 성 제롬의 말에 비추어 본다면 당시 Nida의 주장은 상당히 파격적인 것으로 받아들여졌다.

Nida에 대한 다문화주의자들의 비판을 살펴보자. 이들은 도착어의 특성을 존중하라는 Nida의 '명령'을 따를 경우 결과적으로 출발어의 '타자성(Otherness)'이 억압되며 이는 특수한 형태의 식민주의 또는 '자민족 중심주의'로 이어질 수 있다는 우려를 표명했다[Venuti(1995, p. 21)가 사용한 용어를 인용함]. 이들은 Nida의 "의미를 보존하기 위해서는 출발어 텍스트의 형태가 바뀌어야 한다."라는 주장(1969, p. 5)과 "좋은 번역은 번역처럼 보이지 않는다."라는 말(1969, p. 12)에 반감을 드러냈다.

역동적 등가 개념이 내포하는 문제점이 가장 극명히 드러나는 경우는 Nida가 타자성을 억압하는 번역을 제안할 때다. 가장 자주 비판받는 예로 1964년 출판된 『Toward a Science of Translating(번역의 과학을 향하여)』에서 Nida가 간략히 언급한 성경 번역의 대안을 꼽을 수 있다. Nida(1964, p. 160)는 'greet one another with a holy kiss(거룩한 입맞춤으로 서로 문안하라)'가 'give one another a hearty handshake all around(진심 어린 악수를 나누며 서로 문안하라)'로 옮겨질 수 있다고 주장하면서, 후자가 전자에 대한 "상당히 자연스러운 번역"이라고 했다. 번역에 대해 신비주의적인 관점을 갖고 있던 프랑스의 이론가 Henri Meschonnic(1986, p. 77)은 Nida의 주장을 신랄하게 비판했으며 심지어 다음과 같이 주장했다. "이러한 기계적인 '행동주의'는 어떠한 형태의 조작도 용인하게 한다. […] 이런 방식이라면 번역이 번안으로 둔갑할 수도 있다. Nida의 역동적 등가가 그 빌미를 제공한다."

Catford의 경우와 마찬가지로 Nida에 대한 비판 역시 정확한 고찰에 기초하지 않은 경우가 종종 있다. Nida가 '문화적 제국주의'를 부추긴다는 비판이 그러하다. 이는 Nida(1969, p. 134)가 "언어적 번역(linguistic translation)은 정당하지만 문화적 번역(cultural translation) 또는 번안(adaptation)은 그렇지 않다."라고 밝힌 점을 간과한 것이다. Nida(1969, p. 13)는 번안 등의 문화적 재해석이 이루어질 경우 성경 시대 인물들의 문화관이 신중하게 고려되지 않을 수 있기 때문에 문화적 번안은 정당화되기 힘들다는 입장을 이미 밝힌 바 있다. 앞서 Nida(1964, p. 167)는 "'Lamb of God(하느님의 어린양)'과 같은 외래 물체(foreign object)를 제거하는 것은 사실상 불가능하다."라고 설명했다.

문제는 그 경계가 분명하지 않다는 것이다. Nida는 'hearty handshake(진심 어린 악수)'의 경우, 출발어의 관용구를 도착어의 관용구로 바꾼 언어적 번역인지, 아니면 그가 분류한 "형식적 등가 번역과 역동적 등가 번역이 만나는 경계에 놓인 것(1964, p. 171)"인지 명확히 밝히고 있지 않다. 출발어 문화와 도착어 문화 양쪽에 존재하지만 그 기능이 서로 다른 물체나 사건이 있다면, 이는 '두 등가가 만나는 경계'에 위치한다고 말할 수 있다. 참고로, Nida는 이런 상황에 대한 해결책으로 '도착어의 기능적 등가어'를 사용할 것을 제안했다. 예를 들어, 출발어 문화권에서 'heart(심장)'가 '감정의 중심'으로서의 기능을 한다고 여겨지는데, 도착어 문화권에서는 'liver(간)'가 그 기능을 한다는 인식이 지배적이라면 번역과정에서 전자를 후자로 대체할 수 있다(Nida, 1964, p. 172). 하지만 이 논리에 따르면 'kiss(입맞춤)'를 'handshake(악수)'로 대체하는 것 또한 정당화된다. Nida의 분류법에 대한 두 번째 문제라면 번역가의 자격과 권한에 관한 것인데, 이 문제는 몇 단락 아래에서 자세히 다루도록 하자.

Nida의 이론에 대한 근본적인 비판은 역동적 등가 구현이 본질적으로 불가능하다는 것이다. Nida는 수용자 반응 차원의 등가를 중시했지만, 이는 많은 학자들에 의해 달성되기 힘들다는 지적을 받았다. 중국의 Qian Hu(1994, p. 427)는 역동적 등가 개념을 비판하면서, 언어의 본질 때문에 "두 언어 간의 완전한 양립(수용자 반응의 양립)은 불가능하다."라고 주장했다. Hu는 동일한 언어권 내의 화자들이라 하더라도 살아온 배경에 따라 동일한 발화를 두고 서로 다른 방식으로 이해하고 각기 다른 반응을 보일 수 있다는 점을 강조했다. 이는 Nida도 인정할 것이다. Hu는 동일한 수용자 반응이 존재하기 힘들다는 점을 논증하는 과정에서 Nida가 제시한 예문들을 종종 인용하기도 했다. 하지만 이 점에 대해서는 1969년 출판된 『The Theory and Practice of Translation(번역의 이론과 실제)』의 초반부에서 이미 Nida가 인정한 바 있다. Nida(1969, pp. 4-5)는 "동일한 언어권 내에서도 완벽한 의사소통은 불가능하다(특정 단어에 대한 이해는 사람에 따라 다를 수 있다). 하물며 서로 다른 언어들 간의 완전한 일치를 기대하는 것은 무리다."라고 했다(이에 공감하지 않는 사람은 몇 없을 것이다). 이것이 바로 일상생활에서 발생하는 오해와 분쟁의 씨앗이다. 이는 앞에서 살펴보았듯 서로 다른 언어 간에, 그리고 동일한 언어 내에서도 존재하는 무수히 많은 '격차' 때문에 발생하는 것이다.

번역에 있어서 이러한 사실이 시사하는 바는 매우 크다. 동일한 언어권의 화자들조차 각기 다른 방식으로 언어를 사용하고 이해한다면, 어떻게 번역가가 외국어 텍스트를 마치 모국어처럼 이해하고 반응하기를 기대할 수 있겠는가? 또한, 동일한 반응은 차치하더라도, 어떻게 시·공간적으로 떨어져 있는 다른 문화의 텍스트에 대한 수용자 반응을 측정할 수 있겠는가? Steiner(1975)는 그의 저서 『After Babel(바벨탑 이후)』의 앞부분 전체를 할애해 이 문제를 다룬 바 있다.

문제점을 두 가지 측면에서 살펴보자. 첫째, Nida의 역동적 등가 이론은 지극히 주관적이며 유아론(唯我論)적이다. 전술했듯, 출발어 텍스트 독자층의 반응을 번역가가 측정한다는 것 자체가 현실적으로 힘들다. 도착어 텍스트 독자의 반응도 마찬가지다. 결국 번역가는 출발어 및 도착어 텍스트 수용자 반응을 객관적으로 '측정'하는 것이 아니라 본인의 반응에 비추어 '추정'함으로써 등가 효과를 달성해야 한다. 이러한 허점에도 불구하고 Nida의 이론 체계 내에서는(만약 Nida의 이론을 받아들인다면) 벗어날 구멍이 없다. 그냥 받아들이고 노력하는 것 외에는 방법이 없다. 언어의 작동 원리가 원래 그렇기 때문이다.

둘째, 지극히 유아론적인 Nida의 이론을 수용하지 않는다고 해도 서로 다른 언어들은 여러 방면에서 '공약 불가능성(incommensurability, 동일한 기준으로 비교 자체가 불가능함)'을 가진다. 대상 독자층의 관점에서 논의를 해보자. 수용자 반응 차원의 등가를 달성하기 위한 구체적인 수단은 무엇이며, 이러한 수단이 존재한다고 가정할 때 수용자 반응 차원의 등가 구현을 위해 어떤 방법을 얼마나 사용할 수 있는가? 이 점에 대해서 Gutt는 Nida의 이론에 오류가 있다고 주장했다. Gutt(1991, p. 76)는 우선 도착어 독자층이 성경 문구에 적정 수준의 반응을 보이기 위해 필요하다고 판단되는 정보를 구체적으로 제시하고 설명한 후(Nida를 비판하기 위해 Gutt 스스로 제시하고 설명함), "역동적 등가 이론이 도착어 독자층의 반응을 이끌어내기 위한 자세한 방법을 제시하고 설명할 수 있어야 한다."라고 주장했다. 이어 Gutt는 Nida가 구체적인 방법을 제시하는 데 실패했음을 지적했다. 그는 Nida의 '언어적 번역'과 '문화적 번역'의 구분으로 인해 Nida의 이론적 틀 내에서는 도착어 독자의 적정 반응을 이끌어내는 것이 불가능하다고 주장했다. 다시 말해, 도착어 독자가 어떤 반응을 보이려면 Gutt가 제시한 방식의 설명(이러한 설명은 본질적으로 문화와 관련이 있다)을 도착어 독자에게 제공해야 하는데 Nida가 '문화적 번역'은 용인될 수 없다고 선을 그었으니 '문화적 설명'을 제공하는 것은 원천적으로 불가능하며 따라서 도착어 독자의 반응을 기대하기 힘들다는 것이다.

하지만 위의 Gutt의 주장은 결과적으로 Nida에 대한 '모함'에 가깝다. 우선, Nida는 도착어 독자 반응을 이끌어내고 수용자 반응 차원의 등가를 구현하기 위한 방법을 구체적으로 제시하고 설명했다(1964, p. 171 이하 참조). 또한, Nida는 '문화적 번역(cultural translation)'과 '문화적 설명(cultural explanation)'의 차이도 설명했으며 전자는 용인될 수 없지만 후자는 타당한 번역 방법이라고 밝힌 바 있다(1969, p. 111).

전술했듯, Gutt는 도착어 독자층의 적정 반응을 유도하기 위해 번역가가 부연 설명을 제공할 필요성이 있다고 주장했다. 하지만 이런 방식의 '정보 제공 및 설명'의 경우, 독자의 이해를 도울 수는 있지만 결코 등가 반응을 유발하지는 못한다. 이러한 경우에는 애초에 Nida의 역동적 등가 이론이 적용되기 힘든 상황이다. 무리하게 역동적 등가를 추구할 경우 번역이 전면적인 번안[앞에서 살펴본 'hearty handshake(진심 어린 악수)' 등의 표현으로 가득 찬 번역]으로 바뀔 수도 있다. 다시 말해, 우리는 역동적 등가를 적용하기 힘든 텍스트(또는 텍스트의 일부)가 존재한다는 점을 인정해야 한다. 물론, 이와는 반대로 역동적 등가가 적용되는 경우도 분명 존재한다. 우리는 Nida의 역동적 등가를 무분별하게 받아들여서도, 무조건 거부해서도 안 된다. 역동적 등가는 '적절한' 경우 사용할 수 있는 하나의 번역 전략이며, 그 적절성 여부는 번역가들이 형성하는 '번역 문화'에 의해 결정된다(논란의 여지가 있을 수 있다). 모차르트의 오페라가 간이 식당보다는 고급 식당에 더 어울린다는 것을 우리는 광의의 문화를 통해 충분히 알 수 있다. 마찬가지로, 역동적 등가가 적용될 수 있는 상황인지 여부를 우리는 번역 문화의 맥락 내에서 파악할 수 있다.

앞서 4장(번역 기법)에서 우리는 출발어와 도착어의 언어 · 문화적 차이로 인해 도착어 독자가 텍스트를 제대로 이해하기 힘든 상황이 존재할 수 있다는 점, 그리고 이로 인해 생겨나는 문제를 살펴보았다. 이와 관련해서는 11장(화용론과 번역)의 '전제와 번역' 부분에서도 다시 한 번 언급할 것이기 때문에 5장에서는 다루지 않겠다. 다만 '번역'과 '해석'의 경계가 불분명하다는 점만 우선 짚고 넘어가자.

무수히 많은 언어 · 문화적 차이점에도 불구하고 성공적인 의사소통이 가능하다는 점은 주지의 사실이다. 모든 차이점에도 불구하고 각각의 언어는 서로를 인정한다. 경계가 모호함에도 불구하고 사람들은 연예 가십 기사, 서정시, 과학 보고서 등의 차이를 인식하며, 글을 작성하는 사람들 역시 독자층에 따라 어느 정도의 정보를 제공해야 하는지, 어떤 방식으로 정보를 제공해야 하는지에 대해 고민하고 나름 현명한 결정을 내린다. 개념 정의가 힘들거나 가변성을 가진다고 해서 이들 개념이 불필요하거나 적용 불가능하다고 말할 수는 없다. 등가 개념도 그렇지만 세상을 지배하고 있는 모든 이론과 논리가 다분히 복잡하고 모호한 측면을 가지고 있지 않은가?

3. Komissarov의 명확 등가 및 불명확 등가

5장을 끝맺기 전에 등가에 대한 다소 모호한(?) 접근법을 하나 살펴보자. 바로 Komissarov의 명확 등가(sharp equivalence)와 불명확 등가(fuzzy equivalence)인데, 우선 배경을 살펴보자. 동유럽 번역학계에서 나온 이 접근법은 단어 차원에 집중되던 번역 논의를 그 위의 단계로 끌어올리는 데 크게 기여했다. 우선 Gak(1992, p. 139)가 제시한 세 가지 종류의 등가 중 '성층 등가(stratificational equivalence)'를 간략히 살펴보자. 다른 두 개의 등가는 크게 도움이 되지 않는다고 판단되기에 넘어가도록 하겠다. 성층 등가는 등가가 이루어지는 언어적 층위에 의해 정의된다. Gak는 언어적 층위를 총 세 가지로 분류했다. 형태, 의미, 상황[Gak는 '불러일으켜진 현실(the reality evoked)'이라 표현]이 바로 그것이다. 이는 van den Broek의 등가 분류법－통사론적 등가, 의미론적 등가, 화용론적 등가－과 사실상 일치한다. 다시 말해 Gak의 '형태 층위의 등가', '의미 층위의 등가', '상황 층위의 등가'는 van den Broek의 '통사론적 등가', '의미론적 등가', '화용론적 등가'에 각각 대응되는 개념이다. Gak는 이와 같은 큰 분류만을 제시했을 뿐 더 이상의 등가 관련 논의는 하지 않았다. 우리가 살펴보게 될 Komissarov는 이러한 등가 분류를 세분화하고 구체적으로 논증한 학자다. 1977년 발간된 저서를 통해 Komissarov는 언어 층위에 따라 번역 등가 유형을 총 다섯 개로 세분화한 후 각각에 대한 구체적인 기준을 제시했다. 각각의 층위에서 이루어지는 등가는 하위 층위에서 이루어지는 등가의 요소를 유지하면서 추가적인 요소를 더해간다. Komissarov가 제시한 러시아어 예시는 필자가 영어로 직역('R'로 표시)했다. Komissarov가 제시한 일부 예문이 다소 이상하기는 하지만 그의 의도를 이해하는 데는 큰 무리가 없다. Komissarov의 다섯 가지 번역 등가 유형을 아래에서 본격적으로 살펴보자.

1. 출발어 텍스트와 도착어 텍스트 간에 '일반적인 메시지(의사소통 의도)' 층위에서만 일치점이 발견되는 유형의 등가다. 상황 · 어휘 · 문법적 층위에서는 대응 관계가 성립되지 않는다.

   E: Maybe there is some chemistry between us that doesn't mix.
   (직역: 아마 우리 사이에는 섞이지 않는 화학 반응이 있다.)

   R: Is often that people not go together by characters.
   (직역: 종종 사람들은 성격이 함께 갈 수 없다.)

상기 예에서 번역된 내용은 '서로 함께 할 수 없음'이라는 '일반적인 메시지(의사소통 의도)'가 전부다. 참고로, 은유적 표현이 일반적인 표현으로 대체됐다.

2. 출발어 텍스트와 도착어 텍스트 간에 '의사소통 의도'와 더불어 '구체적인 상황' 층위에서 일치점이 발견되는 유형의 등가다. 하지만 어휘적인 측면에서는 일치점이 없다. Komissarov는 통사론적으로도 일치점이 없다고 주장했으나 예문을 살펴보면 그의 주장이 오류라는 것이 드러난다.

   E: He answered the phone.
   (직역: 그가 전화를 받았다.)
   R: He took the receiver.
   (직역: 그가 수화기를 들었다.)

위의 경우, '의사소통 의도'는 '행위 설명'이다. 아울러, 출발어 텍스트 및 도착어 텍스트에서 공히 '구체적인 상황'은 '전화 응답'이다. 하지만 문법 구조의 유사성 이외의 어휘적 대응은 이루어지지 않는다.

3. 동일한 '의사소통 의도' 및 '구체적인 상황'과 더불어 일반적인 '상황 기술 표현' 층위에서도 대응이 이루어지는 경우다.

   E: Scrubbing makes me bad-tempered.
   (직역: 닦는 것은 나를 화나게 한다.)
   R: From the washing of floors of me the character is spoilt.
   (직역: 바닥을 씻는 것으로 인해 내 성격은 망쳐진다.)

위의 경우, '의사소통 의도'는 '태도 표현'이고 '구체적인 상황'은 '부정적인 행위'가 된다. 그리고 동일한 일반 용어를 통해 상황을 묘사하고 있다. 다시 말해, '상황 기술 표현'에 있어서도 유사점을 찾을 수 있다.

4. 앞의 세 가지 요소와 더불어 보다 친밀한 의미론적, 통사론적 관계가 존재하는 경우다. 대다수의 출발어 단어들이 도착어 어휘에 대응되며 통사론적인 구조에 있어서도 상당히 유사하다.

   E: I told him what I thought of her.

(직역: 나는 그에게 내가 그녀를 어떻게 생각하는지 말했다.)

R: I told him my opinion of her.

(직역: 나는 그에게 그녀에 대한 내 의견을 말했다.)

5. 출발어 텍스트와 도착어 텍스트 간에 사실상 완전한 일치가 이루어지는 경우다.

E: I saw him at the theatre.

(직역: 나는 그를 극장에서 보았다.)

R: I saw him in theatre.

(직역: 나는 그를 극장 안에서 보았다.)

Komissarov의 등가 분류법의 장점은 번역가들이 아무 생각 없이, 혹은 강박관념에 사로잡혀 단어 대 단어의 대응만을 고수하는 우를 범하지 않도록 한다는 데 있다. 대부분의 경우, 단어 대 단어 번역은 매우 어색하다. 예를 들어, 어떤 번역가는 단어 대 단어 번역을 통해 'After receiving strong blows in the press(언론으로부터 강타당한 후에)'라는 영어 표현을 도출했다. 이는 산업 재해가 발생했을 때나 사용할 법한 표현이다. 출발어 텍스트와 도착어 텍스트 간에 사실상의 완전한 일치('유형 5')를 추구해야 한다는 강박관념이 만들어낸 이 어색한 번역을 보다 자연스러운 번역으로 바꾸기 위해 번역가는 '유형 3'으로의 전환을 고려할 수 있다. 이 경우 'As a result of intense media criticism(미디어의 신랄한 비판의 결과로)' 혹은 'Following hostile press reports(언론의 적대적 보도 후에)' 등의 번역이 가능해진다. 비슷한 예로, 'Today, we offer you to share this position.(오늘 여러분께 이 자리를 함께 나눌 것을 제안합니다.)'이라는 어색한 프랑스 와인 구매회사의 광고 문구 번역을 '유형 2'로 전환할 경우 'Now you too can take advantage of this wonderful opportunity.(이제 여러분 또한 이 멋진 기회를 활용할 수 있습니다.)'와 같은 자연스러운 영어 표현이 도출될 수 있다. ‘유형 1’은 영화 자막의 공간 제약을 해결하는데 매우 유용하다. 영화 『Cible émouvante(허황된 목표)』에는 ‘Comment ça: et alors, et alors?(무슨 뜻이야? 그게 뭐? 그게 뭐?)’라는 대사가 나온다. 이를 ‘유형 1’ 차원에 부합하게 번역한다면 ‘Is that all you can say?(그게 네가 할 수 있는 말 전부야?)’라는 도착어 표현이 도출될 수 있다. 같은 영화에서 ‘유형 2’의 예로는 ‘두드러기가 나다’에 상응하는 프랑스어 표현이 영어로는 ‘throw a tantrum(기분이 언짢다)’으로 옮겨진 것을 들 수 있다.

물론, Komissarov의 분류법 역시 다른 등가 모형과 마찬가지로 어떤 유형이 어떤 상황에 가장 적절한지를 번역가에게 정확히 알려주지는 못한다. “가능한 한 직역으로, 필요한 만큼 자유롭게(as literal as possible, as free as necessary)”라는 오래된 번역 격언보다 조금 더 유용할 뿐이다. 또한, 이러한 등가 분류보다 우선적으로 고려해야 하는 요소도 분명 존재할 것이다. 앞에서 어색한 표현의 예로 들었던 ‘After receiving strong blows in the press(언론으로부터 강타당한 후에)’의 경우 어쩌면 다른 고려 사항 때문에 번역가가 의도적으로 타국화 번역을 시도한 것일 수도 있다.

이러한 관점에서 본다면, 다양한 등가 개념과 분류법－비록 ‘올바른’ 번역을 위한 과학적인 지침으로 인정받기는 하지만－의 이론적 토대는 직역, 충실한 번역, 의역 등의 개념들만큼이나 공고하지 않다. 그럼에도 불구하고 직역, 충실한 번역, 의역과 같은 개념들과 마찬가지로 등가의 개념과 등가를 달성하기 위한 기법은 계속해서 번역에 적용되고 있다. 번역의 실체를 살펴보는 데 유용하기 때문이다. 앞서 살펴본 등가 분류 체계들은 어디선가 난데없이 나온 것들이 아니라 실제 번역에서 발생하는 문제들을 관찰하고 기술한 결과다. 시대와 학자가 달라도 유사한 현상이 발견된다는 사실에도 주목할 필요가 있다. Nida의 형식적 등가와 역동적 등가 개념 또한 어느 날 하늘에서 뚝 떨어진 것이 아니라 실제 번역에서 나타나는 현상을 관찰하고 분류한 결과물이다. 이제는 공식적으로 인정받는 등가 개념이자 번역의 틀이 됐다. 물론, 이들 개념을 적용하기 위해서는 폭넓은 언어 · 문화적 고려가 선행돼야 한다.

06
단어를 넘어: 문장 차원의 번역

Shveitser는 Retsker의 번역 기법 분류법이 언어의 하위 단위(단어와 구 등) 분석에만 치중되어 있다고 비판했다(1987, p. 33). 이러한 문제와 관련, Delisle(1988, p. 44) 역시 같은 맥락의 비판을 했다. "번역에 대한 [언어학적] 이론의 가장 큰 취약점은 단어와 문장 차원을 넘어서려는 시도가 없었다는 것이다."

이러한 비판이 전적으로 옳다고는 할 수 없다. 하지만 번역 단위(translation unit)를 단어로 국한시킬 경우, 텍스트 차원에서 '거북한' 효과가 발생할 수 있다는 점도 인정하지 않을 수 없다. 예를 들어, 베를린 공항에는 'Welcome in Berlin![1]'이라는 안내문이 있다(지금은 수정됐을 수도

1 [역주] 'Welcome in Berlin!'은 '베를린에서 환영합니다!'로 해석된다. '베를린에 오신 것을 환영합니다!'의 뜻으로 사용하려면 전치사 'to'를 사용해 'Welcome to Berlin!'이라고 해야 한다. 개별 단어 차원의 번역을 했기에 발생한 번역 오류다.

있다). 유사한 예로, 『Seven Cities of Gold(일곱 개의 황금도시)』라는 영화에서는 에피소드가 끝날 때마다 'To Be Continued(다음에 계속)'가 아니라 'To Follow[2](뒤이어)'라는 자막이 등장한다. 어디까지를 하나의 번역 단위로 볼 것인가를 둘러싼 문제는 번역학계의 오랜 논란거리다(Kelly, 1979, p. 121). 이는 '직역(하위 단위의 번역)'과 '의역(상위 단위의 번역)'의 논쟁과도 맥을 같이한다(Albrecht, 1973, p. 52). 물론, Albrecht 외에도 무수히 많은 학자들이 직역과 의역의 문제를 다룬 바 있다. Albrecht (1973, p. 52)는 번역 단위를 형태소와 단어 등으로 협소하게 설정하고 번역을 할 경우 어색한 번역이 도출될 수 있다는 점을 지적하면서도 이러한 직역 방식의 번역이 언어학자들의 연구 관심사를 넘어 특정 상황에서는 매우 유용하게 사용될 수 있음을 논증했다.

단어 차원의 번역 분석에 지나치게 몰두한다는 이유로 비판받는 번역 이론이 꽤 있다. 하지만 많은 번역이 실제로 단어 차원에서 이루어지며 그 결과물 또한 대체로 흠잡을 데 없다는 점도 고려해야 한다. "텍스트야말로 진정한 번역 단위다."라는 말은 얼핏 보기엔 꽤 세련된 주장이다. 하지만 이 주장을 뒷받침할 근거가 빈약하다는 데 문제가 있다. Lörscher (1991, p. 13)는 "전문 번역가는 텍스트 차원에서만 번역하며, 이는 잘 알려진 사실이다."라고 주장했다. 하지만 그는 텍스트 차원의 번역이 실제로 진행되는 과정을 구체적으로 설명하지 못했다. 심하게 말하면 Lörscher의 주장은 관념적 가식에 불과하다. 이와 상반된 관점을 피력한 Kade(1980, p. 18)는 "텍스트는 너무 길어 변환(transcoding) 과정에서 의사소통의 단위로 삼기 힘들다."라고 말했으며, Popovič(1977, p. 13)는 "번역가의 의사결정이 주로 이루어지는 곳은 텍스트의 미시구조 차원이다."

---

2 [역주] 프랑스어 'á suivant(뒤이어: 장면이 넘어갈 때 사용하는 불어 표현)'을 단어 차원에서 영어로 직역(á→to, suivant→follow)하면 'to follow'가 된다.

라고 주장했다.

번역가—전문 번역가와 아마추어 번역가 모두—가 실제로 번역하는 과정을 살펴보자. 번역가는 우선 단어나 구 등의 하위 단위를 번역한 후 이를 상대적으로 상위 단위인 문장이나 문단의 틀 내에서 검토한다. 이 과정을 모두 거친 후에야 비로소 사용역, 장르, 텍스트 관습, 주제 등의 요인과 결부시켜 살펴보게 되는 것이다. 이 모든 절차는 변증법적 방식을 통해 진행된다. 참고로, 사용역, 텍스트 관습, 장르 등의 문제, 그리고 번역에의 시사점은 이 책 후반부에서 다루겠다.

1. Nida: 변형생성문법과 번역과정 모형

단어, 구, 절 등의 단위 위에는 문장이 자리 잡고 있다. 번역 분석 단위를 문장 차원으로 끌어올리기 위해서는 변형생성문법(transformational-generative grammar)[3]을 반드시 살펴봐야 한다.

1960년대 중반, Chomsky는 두 개의 새로운 '발상'을 내놓았고, 이는 언어학계에 지각변동을 일으켰다. 첫째, 그는 기존 언어학 이론이 언어의 특정 표층구조[4]의 특징을 설명하는 데 한계가 있음을 지적하며 변형생성문법이라 명명한 혁신적인 이론을 선보였다. 변형생성문법에 따르면 화자는 핵문(kernel)[5] 혹은 심층구조(deep structure)[6]라는 훨씬 더 기본적인

---

3 [역주] 변형문법 또는 생성문법으로 불리기도 한다. 배경을 살펴보자. 인간은 어휘부(머릿속 사전)를 가지고 있는데, 여기서 필요한 어휘를 선택한 후 '생성 규칙(구절 구조 규칙)'을 적용함으로써 핵문을 생성한다. 이어 '변형 규칙(피동 변형 규칙, 삭제 규칙 등)'을 적용해 여러 변이형 문장(표층구조의 문장)을 도출한다.

4 [역주] 표층구조는 발화의 기본을 이룬다. 단, 문장의 발음 부분을 포함하지는 않기 때문에 귀로 듣는 발화가 아니다.

5 [역주] 핵문은 '단순 긍정 서술문'이다.

구조에 일련의 변형을 가해 상대적으로 복잡한 표층구조의 문장을 도출한다. 둘째, Chomsky는 핵문을 구성하는 요소는 보편성[7]을 가지며 모든 언어에 존재한다고 주장했다.

이러한 발상에서 비롯된 이론은 지나치게 복잡해서 언어학자가 아니면 쉽게 접근하기 어렵다. 따라서 Nida는 Chomsky의 심층구조 분석 모형을 단순화시켜 번역에 접목했다.

Nida의 번역과정(translation process) 모형을 정리해보자. Nida는 우선 복잡한 출발어의 구나 절, 또는 문장을 핵문으로 변형시킬 것을 제안했다. 이를 위한 중간 과정으로 사물을 나타내는 'O(Object)', 사건을 나타내는 'E(Event)', 양과 질 등을 나타내는 'A(Abstraction)', 관계를 나타내는 'R(Relation)'의 네 가지 범주로 문장을 표현한다(이를 바탕으로 핵문이 만들어진다). 이러한 O, E, A, R의 범주에 본질적인 문제가 있다고 할 수는 없지만(사실 격문법과 의미론 분야에서 제안한 범주에 견줄 정도로 훌륭하다) 보다 정교하고 세부적인 분류도 가능했으리라는 아쉬움이 남는다. 참고로, Andrews(1985, p. 71)는 "문법적으로 중요한 의미적 역할은 너무도 […] 많다(아마 무한대로 많을 것이다)."라고 지적했다. 하지만 무한대로 세분화된 분류를 연구한다는 것은 불가능하기에 우리는 Nida의 단순하고 실용적인 접근법을 따르자.

위에서 살펴보았듯, O, E, A, R의 범주로 출발어 텍스트의 문장을 나타낸 후 이를 바탕으로 다수의 핵문을 도출하는 것이 첫 번째 단계다. 그리고 출발어의 핵문을 도착어의 핵문으로 전이시키는 과정이 두 번째 단계

---

6 [역주] 심층구조는 문장의 본질적인 의미를 가진 실제 말의 토대를 이루는 표기다. 핵문이 심층구조에 근접하다고는 할 수 있지만 동일하다고 볼 수는 없다.

7 [역주] Chomsky는 서로 다른 언어라 할지라도 심층구조 차원에서는 공통적인 자질이 훨씬 더 많다고 생각했다. 이러한 관점은 보편문법 및 보편언어의 근간을 이루고 있다.

다. 이어 세 번째 단계에서는 번역가가 도착어의 핵문에 다양한 변형 규칙(transformational rules)을 적용함으로써 표층구조 문장을 생성하게 된다.

Nida의 번역과정 모형의 근간을 형성하고 있는 것은 위에서 살펴본 Chomsky의 두 번째 발상인 '보편성'이다. Nida는 다음과 같이 말했다.

> 언어는 보다 복잡한 구조 차원보다는 핵문 차원에서 공통점이 훨씬 많다. 다시 말해, 문법적 구조를 핵문 차원으로 낮출 수 있다면 전이가 보다 용이하며 왜곡은 최소화될 것이다(1969, p. 39).

사실 Nida는 핵문 차원 전이에 관해 밝혔던 생각을 각주를 이용해 즉각적으로 수정했는데, 이로 인해 '적정한' 변형생성문법을 사용하지 않는다는 비난을 사게 된다(Gentzler, 1993, p. 49 참조). 하지만 변형생성문법이 여러 단계를 거쳤으며 언어학자들 역시 '적정한' 모형이 무엇인지 합의하지 못하는 점을 고려한다면 Nida가 대단한 오류를 범했다고 할 수는 없다.

우리에게 중요한 것은 Nida의 번역과정 모형이 어떤 방식으로 작동하는가를 살펴보는 것이다. Nida가 들었던 예를 통해 알아보자. 'John [⋯] [preached] a baptism of repentance for the forgiveness of sins.[8](요한은 [⋯] 죄의 용서에 대한 회개의 세례를 [설표했다].)'라는 문장은 다음과 같이 나타낼 수 있다.

O	E	E	R	E
John	〔preached〕	a baptism	of	repentance

8 [역주] 분석의 용이성을 위해 루카 복음 3:3을 Nida가 수정해 단순화시킨 문장이다. 흠정영역성경에는 "And he came into all the country about Jordan, preaching the baptism of repentance for the remission of sins.(한국 교회 공용 번역본: 그리하여 요한은 요르단 부근의 모든 지방을 다니며, 죄의 용서를 위한 회개의 세례를 선포하였다.)"라고 적혀 있다.

R	E	R	E
for	the forgiveness	of	sins

유의해야 할 점은 'E'의 범주에는 동사는 물론 명사도 포함될 수 있다는 것이다. '명사'가 '사물'을 지칭하는 품사로 정의되지만, 실은 '행위'를 표현하는 '동사'와 성격을 같이 하는 경우가 종종 있다. 따라서 Nida의 분석에서는 품사와 관계없이 'Event(사건)'의 기능을 수행할 경우 'E'의 범주로 분류해야 한다.

위와 같이 출발어의 문장을 O, E, A, R로 나타낸 후 완성된 핵문들을 도출하기 위해서는 추가 작업이 필요하다. 즉, 문장 내에 내포되어 있는 두 가지 요소를 명시적으로 드러내야 한다. 첫째는 '사람들이 세례와 용서를 받는다(사람이 행위의 목표가 됨)'는 것과 '사람들이 죄를 짓고 회개한다(사람이 행동의 주체임)'는 것이다. 둘째는 '신이 용서한다(신이 행위의 주체가 됨)'는 사실이다.

이를 바탕으로 핵문을 만들어 보자.

(1) John preached X.(요한은 X를 설표했다.)
  [이때 X는 아래 (2)~(5)를 가리킴]
(2) John baptizes the people.(요한은 사람들에게 세례를 한다.)
(3) The people repent.(사람들이 회개한다.)
(4) God forgives X.(신은 X를 용서한다.)
  [이때 X는 아래 (5)를 가리킴]
(5) The people sin.(사람들은 죄를 범한다.)

얼핏 보면 무척 간단해 보인다. 당장이라도 이들 핵문을 도착어 핵문으로 전이시키고 변형 규칙을 적용해 표층구조의 문장을 도출하고 싶지 않은가? 안타깝게도 Nida는 핵문 차원에서 전이가 일어난다고 밝혔을 뿐 세부적인 설명을 하지 않았다. 이후 Nida(1969, p. 47)는 “핵문의 표현을 그대로 번역할 수는 없다. […] 핵문은 전이의 토대에 불과하다.”라는 주장을 했다. 하지만 Nida는 이에 대해서도 구체적인 설명을 덧붙이지 않았다. 아울러, 전이와 재구성 과정을 설명하는 단계로 넘어가서는 핵문 개념은 은근슬쩍 사라진다.

알고 보니 문장을 다수의 핵문들로 분리한 후에는 반드시 “핵문들이 세밀하고 적정하게 서로 연결되는 단계까지 ‘다시 되돌아가야’ 한다(Nida, 1969, p. 104).”라는 전제가 있다. 하지만 Nida는 구체적인 방법을 알려주지는 않는다. 또한 분석 과정에서 핵문들을 만드는 것과 더불어 추후 도착어 핵문들을 표층구조로 바꾸는 과정에서는 도착어에 나타날 효과도 예상해야 한다. 게다가 재구성 단계에서는 핵문 차원에서는 드러나지 않는 문체도 고려해야 한다. 그렇다면 Nida가 제시한 분석 과정의 유일한 목표는 단어의 기능과 관계를 분별하는 데 있다고 할 수 있다. 하지만 이럴 경우 번역과정의 다른 부분에서 다루어지는 의미의 문제와 관련성을 잃게 된다.

단순하고 명확하며, 이해하기 쉬워 보이던 Nida의 번역과정 모형은 결국 훨씬 더 복잡하고 모호한 개념으로 변질된 것으로 보인다. 또한 Nida의 모형은 번역의 한 가지 측면 – 출발어 문장의 분석 – 에 편중돼 있다. 덧붙이자면, 언어의 특성상 핵문 차원까지 내려가지 않고도 번역이 가능한 경우가 무수히 많으며 Nida의 모형이 번역 목적에도 부합하지 않아 무용지물일 때도 있음을 지적하지 않을 수 없다. 물론, 흠정영역성경과 같이 명사화 및 소유격화가 과도하게 이루어진 텍스트의 경우, 언어의 모호성을 해소하는 데는 유용할 수 있다. 또한, 문장 분석을 연습하는 아마추어 번역가들에게도 도움이 된다. 하지만 Nida의 모형을 실제 번역에 적용하기에는 무리가 따른다. 필자가 신문에서 임의로 한 문장을 골랐다. 'The squeeze on domestic demand would be at least partly offset by growth in exports.(긴축된 내수가 적어도 부분적으로는 수출 증가로 상쇄될 수 있다.)'라는 문장인데, 이를 번역한다고 하자. 번역하지도 않을 핵문을 도출하는 데 시간과 노력을 쏟는 것은 '낭비'에 가깝다. 그럴 시간과 노력으로 경제 전문 용어인 'squeeze(긴축)', 'domestic demand(내수)' 등을 조사하고 용법을 익히는 것이 훨씬 더 생산적이다.

2. Shveitser: 번역, 그리고 '다시 쓰기' 규칙

번역을 '다시 쓰기(rewriting)'의 관점에서 고찰한 Shveitser는 Nida가 단순화시킨 변형생성문법을 대체로 수용했지만 Nida의 번역과정 모형 중 핵문 도출 과정에 있어서만은 유독 비판적인 견해를 피력했다. Nida의 모형에 따르면 'the foundation of the house(성전의 기초)'를 번역하기 위해서는 우선 'of(~의)'의 의미를 설명하기 위한 심층구조 분석이 필요하지만, Shveitser는 심층구조 분석 없이도 맥락을 통해 의미를 명확히 알 수 있으며 도착어의 표층구조로 바로 전이가 가능하다는 점을 지적했다(1987, p. 47). 하지만 Shveitser는 표층구조 차원의 직접적인 전이는 동족 언어 사이에서만 가능하다는 점도 덧붙였다. 그러나 실제 번역과정에서 능숙한 번역가는 체득된 외국어 능력을 통해 어떤 언어든(동족 언어가 아닐 경우에도) 표층구조로 바로 전이할 수 있다. 즉, 출발어 텍스트의 심층구조 분석을 통한 핵문 도출은 번역과정에서 활용할 수 있는 하나의 도구에 불과하며, 번역과정 자체도 아니고 반드시 필요한 과정도 아니다.

Shveitser는 미국식 변형생성문법은 번역과정을 설명하거나 대안을 도출하는 도구로 부적합하다고 판단했다. 변형생성문법(초기 단계의 변형생성문법[9])이 의미의 문제를 간과했으며, 이로 인해 어휘적 · 통사적 패러프레이즈(paraphrase, 바꿔 쓰기)를 설명할 수 없기 때문이다(Shveitser, 1987, p. 51). 그에 따르면 "문법적 변형보다도 훨씬 복잡한 [⋯] 어휘적 혹은 통사적 패러프레이즈의 메커니즘은 일반적인 언어활동에서 발생하는 전형이며, 특히 번역에서 더욱 빈번히 발생한다." 이런 이유로 Shveitser는 미국식 모형이 아닌 러시아식 모형에 기초해 이론 정립에 나섰다. 러시아식 모형은 각각의 단어에 통사적 기능을 배정(assign)하는 것은 물론 심층 어휘 규칙까지 담고 있는데, 이 규칙은 개별 단어에 ① 단어의 등가 대체어(유의어, 반의어, 파생어)와 ② 연어 관계를 나타내는 정보를 배정한다(Shveitser, 1987, p. 53).

예를 들어, 기능 매개변수(function parameter)는 'rain(비)'에는 'fall(내리다)'을, 'sun(해)'에는 'shine(빛나다)'을 배정한다. 이는 실제로 비는 내리고 태양은 빛나기 때문이다. 반면 개시 매개변수(inception parameter)의 경우, 'storm(태풍)'에는 'set in(시작되다)'을, 'conflict(분쟁)'에는 'break out(촉발되다)'을 배정한다. 이는 태풍과 분쟁이 실제 이런 방식으로 개시되기 때문이다. 사역 매개변수(causative parameter)는 'reduce(흘리게 하다)'와 'to tears(눈물을)'를, 그리고 'incite(유발하다)'와 'to murder(살인)'를 연어 관계를 맺게 한다. 이와 같은 매개변수는 무수히 많다.

이들 통사적 · 어휘적 매개변수들은 조합해서 사용할 수도 있다. 이러한 조합이 바로 Shveitser의 '다시 쓰기(rewriting)' 규칙이며, 이를 적용할 경우 등가를 유지하면서도 구조적 변형을 일으킬 수 있다. 예를 들어, '역

9 [역주] 초대 변형생성문법으로 분류되는 Chomsky(1957)의 『Syntactic Structures(통사 구조)』에 나타난 모형은 의미부를 결여하고 있다. 이러한 결점을 보완한 Chomsky(1965)의 『Aspects of the Theory of Syntax(통사이론의 양상)』부터를 제2대 변형생성문법으로 부른다.

(逆) 재구성(conversive reformulation)' 규칙을 적용하면 'Many unions joined the TUC.(많은 노조가 TUC에 가입했다.)'를 'The TUC counts many unions as members.(TUC는 많은 노조를 회원으로 두고 있다.)'로 '다시 쓰기'할 수 있다. 이 경우, 주어/목적어 기능의 재배정(reassignation)을 통해 동사는 역(逆)이 된다. 또 다른 예를 살펴보면, 문법적 재배정을 통해 구동사인 'prepare for'를 동일한 의미('준비하다')를 갖는 동사구 'make preparation for'로 '다시 쓰기'할 수 있다.

때로는 보다 광범위한 통사적 변화가 일어나기도 한다. 예를 들어, 'He subjected the patients to an examination.(그가 환자들을 검진 받도록 했다.)'라는 문장을 'The patients allowed themselves to be examined by him.(환자들은 그에 의해 자신들이 검진될 수 있도록 허락했다.)'으로 '다시 쓰기'할 수 있는데, 이 경우에는 동작주의 문법적 역할 전환이 일어난 것이다(Shveitser, 1987, p. 54).

앞서 4장에서 살펴보았듯 번역가는 실제로 이러한 변형을 번역과정에서 사용한다. 이 때문에 번역을 패러프레이즈의 과정으로 보는 Shvietser의 관점은 얼핏 보기에는 타당성이 있어 보인다. 하지만 위에서 살펴본 규칙들이 번역가에게 크게 유용하다고 말하기는 힘들다. 여기에는 세 가지 이유가 있다.

첫째, Shveitser는 자그마치 55개의 어휘 규칙과 22개의 통사 규칙을 제시했다. 대여섯 개 정도라면 번역가들이 배워서 요긴하게 쓸 수도 있겠지만, 그 많은 규칙을 외우고 싶은 사람은 없을 것이다.

둘째, 위의 규칙들은 동일한 위상을 가지지 않는다. 다시 말해, 어떤 규칙은 번역가에게 더 유용한 반면 어떤 규칙은 전혀 그렇지 않다. 유용한 경우를 먼저 살펴보자. 도착어의 지배적인 통사적 · 문체적 경향 때문에 번역가가 '더 나은' 번역을 위한 대안을 모색하는 경우가 있다. 예를 들어,

Shveitser의 규칙을 적용해 'The platoon was shot at.(소대가 총격을 당했다.)'을 'The squad came under fire.(소대가 공격을 받았다.)'로 '다시 쓰기'한 경우, 영어에서 부자연스러운 수동태가 능동태로 고쳐졌을 뿐만 아니라 'was shot'이라는 어색한 소리 조합도 사라졌다. 반면, 도움이 되지 않는 경우도 있다. 풋내기 번역가라 할지라도 'Die Sonne scheint.(태양이 빛나다.)'를 'The sun falls.(태양이 내리다.)'가 아닌 'The sun shines.(태양이 빛나다.)'로 번역하기 위해 Shveitser의 규칙을 찾아보며 시간을 낭비하지는 않을 것이다.

그렇다면 Shveitser의 규칙들이 서로 다른 위상을 차지하는 이유를 알아보자. Shveitser가 사용하는 생성 규칙들은 원래 내재적인 언어 능력(모국어 화자가 발화 전에 생각할 필요가 없는 내재적 능력)을 나타내기 위해 제시됐다. 하지만 비모국어 화자는 이와는 상당히 다른 방법으로 언어를 익힌다. 또한, 번역은 말하는 능력과는 다르다. 번역가는 텍스트의 특정 요소에 상대적으로 더 많은 관심과 노력을 집중한다. 다시 말해, 번역가는 아주 짧은 구를 놓고 몇 시간씩 고심하다가도(의식적으로 구조를 변형시킬 필요가 있을 수 있기 때문), 이어서 나오는 수많은 문장들은 순식간에 '전자동'으로 번역하곤 한다(번역가의 머릿속에 내재된 정형화된 언어 사용례만이 필요하기 때문). 다시 말해, 변형생성문법이 언어의 작동 원리를 구체적으로 설명할 수 있을지는 몰라도(이에 동의하지 않는 학자도 있다) 번역의 작동 원리를 규명한다고 말하기는 힘들다.

셋째, Shveitser는 '다시 쓰기' 규칙을 적용할 경우, 구조적 변형이 일어남에도 불구하고 의미 차원의 등가가 유지된다고 주장했지만 항상 그렇다고 말할 수는 없다. 우리는 앞에서 'He subjected the patients to an examination.(그가 환자들을 검진 받도록 했다.)'을 'The patients allowed themselves to be examined by him.(환자들은 그에 의해 자신들이 검진될 수 있도록 허락했다.)'으로 '다시 쓰기'한 경우를 살펴보았다. 이 경우, 동작주의 문법적 역할 뿐만 아니라 그 이상의 변화가 발생했을 수도 있다. 따라서 Shveitser의 모형은 그가 주장한 '이질성 내 동질성(sameness in difference)'이라는 목적을 온전히 달성한다고 보기 힘들다.

3. Malone: 번역, 그리고 '다리 놓기' 규칙

Malone의 '다리 놓기(bridging)' 또한 변형생성문법에서 파생된 기법이다. 이 기법의 이름은 양쪽에 위치한 두 개의 '탑(pylon)' 사이에서 상하로 움직이는 '다리(bridge)'에서 따온 것이다. '다리'는 번역돼야 할 문장으로 출발어와 도착어에서 모두 나타나며 심층구조와 표층구조 사이 어딘가에 위치하게 된다. '탑'은 심층구조를 표층구조로 끌어올리기 위해 필요한 변형 규칙을 일컫는다. 결국, 출발어와 도착어의 구조적 유사성 정도에 따라 표층구조 또는 심층구조 근처에서 전이가 일어날 수 있다. 이 이론은 Nida의 핵문 도출 단계에서 발견되는 결점을 극복했다고 평가할 수 있다. 표층구조 차원에서 곧바로 번역이 가능하다면 굳이 심층구조까지 다리를 내릴 필요가 없다는 점을 지적하고 있기 때문이다. 출발어와 도착어의 표층구조가 사실상 같다면 더 이상의 분석은 불필요하다. 반대로 표층구조가 상이하다면 출발어와 도착어의 구조가 유사해서 전이가 가능한 높이까지 다리를 내려야 한다. 전이 과정 후에는 변형 규칙을 적용해 도착어의 표층구조를 만들면 된다.

프랑스어 표층구조 문장 'Je tâcherais de m'y conformer'는 'JE<a> TÂCH-[+conditional]{JE<a>CONFORM-JE<a>y}'라는 심층구조에서 파생된다. 이 심층구조에 적절한 대명사 연결고리를 만드는 규칙을 적용한 후 적절한 문장 구성 요소 간의 조화를 찾아내고 문장 내에 각 요소를 재배치해 나온 결과가 앞의 표층구조 문장이다.

반면, 위의 프랑스어 문장을 영어로 번역할 경우, 심층구조인 'I <a> would try {I<a>ACCOMMODATE I<a>to them}'을 표층구조로 바꾸는 데는 단 두 개의 규칙이 필요하다. 하나는 대명사를 처리하기 위한 규칙이며, 또 다른 하나는 적절한 동사 형태를 생성하는 규칙이다. 이를 통해 'I would try to accommodate myself to them.(나는 그들에게 나 자신을 맞추려고 노력할 것이다.)'이라는 표층구조의 문장이 만들어진다(Malone, 1988, p. 147). 영어 문장의 앞부분('I would try')이 이미 표층구조이며 일부만이 심층구조로 나타내진 점에 주목해야 한다. 이를 통해 Malone은 출발어와 도착어의 표층구조 격차가 클 경우에만 '다리 놓기'를 해야 한다는 점을 보여주려는 것으로 추정된다.

심층구조에서 표층구조로 올라가기 위해 필요한 변형 규칙은 표준 변형생성문법에서 들여온 것이다. 임의로 선택한 두 개의 규칙만 맛보기로 살펴보자.

- 동등(Equi): 공지시 연쇄의 연결을 삭제하는 규칙이다. 'He wants he should do this himself.(그는 원한다 그는 스스로 이 일을 해야 한다.)'라는 다소 어색한 문장에 이 규칙을 적용하면 'He wants to do this himself.(그는 이 일을 스스로 하기를 원한다.)'라는 자연스러운 문장이 만들어진다.
- 상승(Rais): 종속절을 주절로 상승시키는 규칙이다. 'What I want is that you shut up.(내가 원하는 것은 바로 네가 입을 다무는 것이다.)'에 이 규칙을 적용하면 'I want you to shut up.(나는 네가 입을 다물기를 원한다.)'으로 변형된다.

Shveitser의 규칙과 마찬가지로 Malone의 변형 규칙 중에는 번역에 유용한 것도, 불필요한 것도 있다(모국어 문장 생성에 있어서는 대체로 유용하다). 따라서 관계대명사를 삽입하는 'RelPro(렐프로: 관계대명사 변형 규칙)'의 사용은 아마도 문체를 고려해서 몇 개의 단문을 하나의 장문으로 나타내려는 번역가의 의도적 선택이라 할 수 있다. 하지만 대부분의 경우 번역가는 선택권이 없다. 예를 들어, 목적격 대명사의 위치를 규정하는 규칙은 대다수의 언어에서 문법적으로 정해진다. Vinay와 Darbelnet은 이런 상황을 '노예 상태'에 비유했으며 번역가는 선택의 여지없이 무조건 따를 수밖에 없다.

많은 학자들은 Nida, Shveitser, Malone의 번역과정 모형이 실제로 번역가의 머릿속에서 진행되는 과정과는 큰 관계가 없다는 점을 지적했다. 이들 모형은 모두 번역과정이 세 단계로 이루어진다는 가정에 기초한다. 첫 번째 단계에서는 심층구조와 의미를 분석한다. 두 번째 단계에서는 출발어를 도착어로 전이시킨다[때로는 '비교의 제3점(tertium comparationis)[10]'이라 불리는 신비스러운 중간언어를 경유한다]. 세 번째 단계에서는 수용 가능한 텍스트를 만들기 위한 재구성 작업을 한다(Nida, 1969, p. 33). 물론, 우리가 살펴본 세 명의 학자 중 각각의 단계가 개별적이거나 순차적으로 일어난다고 명시적으로 주장한 사람은 없다.

이러한 번역과정 모형들은 정보 이론이나 컴퓨터 모델링 접근법에서 사용하는 '입력⇒처리⇒출력'의 개념과 아주 유사하다. Lörscher(1991, p. 17)는 이들 모형이 논리적으로는 흠잡을 데 없지만 번역가의 머릿속에서 진행되는 실제 번역과정을 기술한 것이 아니라는 점을 지적했다. 텍스트 분석에 골몰할 때(일부 텍스트는 심도 있는 분석 자체가 불필요하다), 번역가는 텍스트의 내용을 추론하는 과정에서 매우 산만하고 종잡을 수 없는 방식으로 자신과의 대화에 빠져드는 것 같다. 우리가 살펴본 학자들의

10 [역주] '비교의 제3점'은 비교의 대상이 되는 두 사물이 공통적으로 갖는 성질이다. 직유를 예로 들자면, '은경은 꽃처럼 아름답다.'라는 문장이 있다면 비교의 대상은 '은경'과 '꽃'이고 '비교의 제3점'은 '아름다움'이다.

이론에 따라 정교하게 핵문을 도출한 후 전이 과정을 거치고, 변형 규칙을 적용해 표층구조의 문장을 만든다고 보기는 힘들다. Lörscher의 연구를 통해 번역가 역시 미니맥스 원칙(minimax principle)[11]을 사용한다는 사실을 알 수 있다. 번역가들은 표층구조 차원의 번역이 불가능할 때만 보다 심층적이고 추상적이며, 따라서 더욱 어려울 수밖에 없는 과정을 선택하며, 이를 통해 정신적인 부담을 최소화한다(Lörscher, 1991, p. 267). 이에 대해서는 12장에서 자세히 살펴보자.

전체적으로 평가한다면, 변형생성문법은 언어학에 혁신적인 변화를 가져왔을 수는 있지만 번역 연구에 있어서는 혁명적인 이론이라고 평가하기 힘들다. 변형생성문법을 번역에 접목한 이론들은 번역과정에 대한 통찰이 결여됐을 뿐만 아니라, Gentzler(1993, p. 50)가 지적했듯, 번역가가 실제 고민하는 문제와도 동떨어져 있다. 번역은 그리 간단하지 않다. Gentzler는 "고문체에서 현대 신조어, 고유명사에서 은유, 고차원적 사용역에서 방언, '실수'에서 해결하기 어려운 문제에 이르기까지, 이 모든 것들로 인해 번역이 불가능할 수도 있지만 그래서 더 매혹적인 작업이 되기도 한다."라고 했다.

단어가 아닌 전체 문장을 볼 수 있어야 한다는 주장이 내포하는 또 다른 의미는 문장이 수반하거나 전제하는 것을 고려해야 한다는 것이다. 이는 종종 언어 사용과 관련이 있기 때문에, 이와 관련해서는 화용론과 번역의 관계를 다루는 11장에서 살펴보자. 다음 장에서는 문장 차원을 넘어 맥락과 사용역 차원에서 번역을 조명하겠다.

---

11 [역주] 최소의 노력으로 최대의 효과를 얻으면서 추정되는 최대의 손실을 최소화하는 기법

07

문장을 넘어: 맥락 및 사용역 차원의 번역

1. 맥락과 번역

"맥락을 살펴라!" 번역가라면 지겹게 들어본 말일 것이다. 변형생성문법이 번역에 크게 유용하지 않은 것은 바로 맥락(context)을 간과했기 때문이다(Faiss, 1973, p. 78). 1개 국어 사전 혹은 2개 국어 사전에 등재된 대다수의 단어는 여러 개의 뜻을 갖고 있다. 즉, '일 대 다수의 대응관계'가 성립된다. 바로 옆에 있는 단어만을 보고 특정 단어가 어떤 상황에서 어떤 의미로 사용됐는지를 알아내기란 쉽지 않다. 'She won the butterfly.'는 운이 좋은 어떤 여자가 '인시류(鱗翅類) 관람권에 당첨됐다.'라는 뜻일 수도 있고 '접영 경기에서 우승했다.'라는 의미로 받아들여질 수도 있다. 이러한 중의성을 해소하려면 반드시 맥락을 파악해야 한다. 참고로, 학자에 따라 맥락에 대한 개념 정의가 다소 다르다는 점을 염두에 두자. 이렇듯 개념 정의에 있어서조차 일치된 견해가 도출되기 힘들다는 점을 고려

한다면 맥락이 다루기 쉬운 주제가 아니라는 점은 분명해 보인다. 전체성을 비판하는 해체주의자들조차 맥락만은 분석(해체)의 대상으로 삼지 않았다. 각각의 단어에는 언제나 그 의미의 흔적이 남아 있어 단어의 합(合)인 맥락을 해체하는 것이 사실상 불가능하다고 생각했기 때문이다.

맥락이라는 용어가 만들어진 학술적 배경을 Leech(1981, p. 61 이하)의 설명을 통해 살펴보자. 신뢰할 수 없는 내성(內省)에만 의존하는 순수한 정신적 영역 내에 언어가 있을 경우에는 과학적 관찰이 매우 힘들다. 하지만 이러한 영역에서 언어를 분리시킨다면 객관적이고 과학적인 관찰이 가능해진다. 이렇듯 주관적 해석의 여지를 최소화하고 객관적이고 과학적인 관찰을 가능케 하기 위한 시도의 일환으로 창안된 개념이 바로 맥락이다. Leech는 언어가 사용되고 그 언어로 무엇인가가 일어나는 '구체적인 상황'을 맥락으로 정의했다. '기차표를 구매하는 상황'이나 '경찰에 체포되는 상황'을 예로 들 수 있다.

맥락은 '읽고 있는 텍스트 주위의 텍스트'라는 협의의 의미로만 사용되지는 않는다.[1] 일부 학자의 견해이기는 하지만 광의의 맥락은 '상황 맥락(context of situation)'이며 협의의 맥락은 '코텍스트(co-text)'다. 행위 이론(Handlungstheorie, action theory)[2]을 주창한 Holz-Mänttäri는 번역 행위에는 제도적 맥락(institutional context)[3]이 포함된다는 점을 논증했다. 스코포스 이론(Skopostheorie, skopos theory)[4]을 정립한 Vermeer는 출발어

1 [역주] 영어 'context'의 경우 'con'은 '함께'를, 'text'는 '글'을 의미하기 때문에 문자 그대로 해석한다면 '함께 하는 글'을 뜻하게 된다. 이는 협의의 맥락이며 한국어의 문맥(文脈: 글월에 표현된 의미의 앞뒤)에 해당한다.

2 [역주] 번역의 목적이 협력적 · 기능적으로 적절한 의사소통이 가능하도록 하는 것이라는 주장을 담은 이론으로 기능주의 번역학의 토대를 마련했다.

3 [역주] 번역 행위의 맥락에는 의뢰인, 의뢰인의 요구, 번역가와 의뢰인의 관계, 도착어의 목적과 기능 등이 포함된다는 개념이다.

4 [역주] 'skopos'는 그리스어로 '목적'을 뜻한다. 스코포스 이론은 행위 이론에서

텍스트와 도착어 텍스트의 맥락은 서로 다르며 번역은 도착어 텍스트의 맥락에서 원활히 기능할 수 있어야 한다고 주장했다[Christiane Nord의 『Translating as a Purposeful Activity(번역행위의 목적성)』 참조].

맥락은 상당히 매력적인 개념이다. 맥락 덕분에 우리는 특정 상황에서의 언어적 행위를 과학적인 방식으로 설명할 수 있고, 해당 맥락을 다른 언어에서 어떻게 처리하는지를 파악할 수 있다. 맥락을 파악하고 해당 맥락에서 사용되는 출발어와 도착어의 전형적인 언어를 알 수 있다면 번역은 무척 용이한 작업이 된다. 예를 들어, '자동차 내에서 신체 일부를 밖으로 내미는 것을 예방하는 상황'이 맥락임을 번역가가 파악했다고 하자. 그렇다면 번역가는 이 맥락에서 사용되는 출발어와 도착어의 전형적인 어휘 및 표현을 조사하고 열거 · 비교할 수 있다. 이렇게 한다면 스페인어 'è pericoloso sporgersi(밖으로 기대는 것은 위험합니다)'를 충실히 '번역'해서 'it is dangerous to lean out(밖으로 기대는 것은 위험합니다)'이라고 하지 않고 동일한 맥락에서 사용되는 영어의 전형적인 표현인 'do not lean out of the window(창밖으로 손이나 머리를 내밀지 마십시오)'로 '대체'할 수 있다. 유사한 예로, 프랑스어 'défense d'entrer(출입이 금지됨)'는 'forbidden to enter(출입이 금지됨)'로 '번역'되지 않고 해당 맥락에서 사용되는 전형적인 영어 표현 'no entry(출입 금지)'로 '대체'할 수 있다. 이러한 경우, 전혀 고민할 필요 없이 맥락어 사용을 통한 '대체' 방식을 선택할 수 있다. 하지만 맥락을 규정할 수 없는 경우에는 이런 방식을 사용할 수 없다. 'Longtemps je me suis couché de bonne heure.(오래 전부터 나는 일찍 잠자리에 들었다.)[5]'나 'Four score years ago and ten(90년

영감을 받은 기능주의 이론이다.

5 [역주] 프루스트의 『À la recherche du temps perdu(잃어버린 시간을 찾아서)』에 나오는 문장이다.

전)[6]' 등과 같은 표현을 예로 들 수 있다. 이러한 경우에도 과연 정확한 맥락적 매개변수를 파악할 수 있을까?

스미스 씨 부부가 식료품 가게에 가는 상황에 대한 텍스트를 번역한다고 하자. 번역가가 해야 하는 일이라고는 동일한 도착어 문화권의 문맥(식료품 구매 상황)에서 사용되는 표현을 파악해 출발어 텍스트에서 사용된 표현을 이들 맥락적 대응어로 '대체'하는 것이 전부다. 물론, 문화적인 격차로 인해 일부 문제가 발생할 수 있다는 점은 고려해야 한다[문화권에 따라 식료품의 범주가 다르다. 예를 들어, 영국인들은 파스닙(양방풍나물: 배추 뿌리처럼 생긴 채소)을 먹지만 대다수의 프랑스인은 이를 돼지 사료라고 생각한다].

위와 같은 방식이 가능하다면 번역은 참으로 간단한 작업이 될 것이다. 하지만 여기에는 함정이 있다. Leech는 위의 상황이 '원시적(primitive)'이라는 점을 지적했다(1981, p. 64). 식료품 매매 상황에서 의사소통 참여자들이 식료품 매매와 직접적으로 관련된 대화만 한다면 이러한 상황을 과학적으로 관찰할 수 있고 맥락을 규정하기 용이하다. 하지만 스미스 씨가 오이 재배에 지대한 관심이 있는 사람이라면 식료품 가게 주인과 나누는 대화는 '삼천포'로 빠지기 십상이다. 이렇게 된다면 전형적이고 고정된 틀을 가져야 할 맥락이 지나치게 유동적으로 변한다. 다시 말해, 식물재배법 이론과 실제, 그리고 대화 기술까지 수용해야 하기 때문에 맥락이 상당히 확대된다. Leech(1981, p. 64)는 맥락주의[7]의 문제가 여기에 있었다는 점을 지적했다. 과학적인 기술이 불가능할 정도로 맥락의 개념이 추상화

---

6 [역주] 'score'는 20년을 가리키는데, 성경에서 많이 사용되는 어휘이며, 링컨의 게티스버그 연설("Four score and seven years ago, our fathers brought upon this continent […]")에도 등장한다.

7 [역주] 맥락주의(contextualism)는 주변 상황과의 관련성을 바탕으로 발화나 행동 등이 이해될 수 있다는 점을 강조하는 철학적 개념이다.

됐고 결국 맥락 자체가 희석됐다는 것이다.

텍스트 장르에 따라 맥락의 유용성이 달라지기도 한다. Eggins(1994, p. 8)는 'Perhaps you should maybe mix the eggs and milk for about two minutes or so.(아마도 대략 2분가량 달걀과 우유를 섞어야 할지도 모릅니다.)'와 같이 애매모호한 표현으로 가득 찬 문장은 절대 요리책에서 사용되지 않는다는 점을 지적했다. 다시 말해, 요리책은 엄격히 통제되는 장르(controlled genre)이기 때문에 맥락이 상대적으로 고정된 틀을 가지고 있으며 전형적으로 사용되는 표현들이 존재한다. 이런 장르에 속하는 텍스트를 번역할 경우에는 위에서 살펴본 맥락적 대응어 사용을 통한 번역이 가능하다. 하지만 이와는 다른 장르도 다수 있다. 예를 들어, 정원정령(garden gnomes)[8]이나 영화배우 케빈 베이컨에 관한 텍스트는 통제되는 장르에 속하지 않기 때문에 맥락이 유동적이며 전형적으로 사용되는 표현을 찾기 힘들다.

맥락은 ① 중의성을 해소하고 ② 'this(이것)'나 'then(그때)' 등의 지시 대상을 알려주고 ③ 생략된 발화의 의미를 이해할 수 있도록 돕는다. 이와 같은 다양한 효용 가치에도 불구하고 Leech는 특정 상황을 철저하게 과학적인 방식으로 기술하는 것이 사실상 불가능하다는 점을 지적하면서 맥락이 화용론 연구에는 유용할지 모르지만 의미론과는 연관성이 없다고 말했다.

물론, 엄격한 학문적 잣대(과학적 · 언어학적 기준)를 들이댄다면 맥락은 객관성과 과학성이 결여된 '부실한' 개념이다. 그렇다고 해서 맥락을 쓸모없는 것으로 치부해서는 안 된다. '직역', '의역', '등가'와 같은 용어들도 과학적인 방식으로 정의하기 힘든 개념이 아닌가? 그럼에도 불구하

---

8 [역주] 정원을 지키는 요정이나 난쟁이

고 번역가들은 이들 개념을 유용하게 사용하고 있다. 맥락도 마찬가지다. 비록 이들 개념이 다소 모호하고 과학적으로 정의를 내리기는 힘들지만 실제 번역에 있어서는 큰 도움이 된다. 이미 효용을 인정받고 있는 개념을 놓고 학자들이 왈가왈부하는 이유가 오히려 궁금하다. 맥락이 실제로 도움이 된다는 점을 살펴보기 위해 간단한 연습을 해보자. 'Je vais à l'école.'이라는 프랑스어 문장이 있다고 하자. 아래에서 제시되는 네 가지 문장 모두 '옳은' 번역이다. 단, 맥락에 따라 '적절성' 여부는 달라진다. 그렇다면 어떤 맥락 내에서 각각의 번역이 적절할 수 있을까? 'I go to school.(나는 학교에 다닌다.)', 'I'm going to school.(나는 학교로 가고 있다.)', 'I'm going to the school.(나는 그 학교로 가고 있다.)', 'I'm driving to college.(나는 운전해서 학교로 가고 있다.)'. 맥락에 따라 더 많은 '적절한' 번역이 존재할 것이다(Pergnier, 1993, pp. 51-52).

맥락의 실체에 한 걸음 더 다가가고 싶다면 앞으로 살펴볼 두 가지 접근법이 큰 도움이 될 것이다. 물론, 맥락이 다면적이기 때문에 이들 접근법을 활용하더라도 맥락의 모든 측면을 규명할 수는 없다. 첫째, 사용역 분석(register analysis)을 활용할 수 있다. 사용역은 의사소통 상황에 대한 구체적인 요소와 의사소통 참여자 및 매개변수를 포괄한다. 둘째는 맥락주의에서 발달된 개념인 '장면과 틀(scenes and frames)'의 관점을 도입할 수 있다. 두 번째 접근법은 8장의 '결속성과 번역' 부분에서 살펴보자.

2. 의사소통 상황과 사용역, 그리고 번역

글의 첫째 단락에서 '누가, 무엇을, 언제, 어디서, 왜'에 대한 정보를 제공하는 것은 기사 작성의 기본이다. 과거에도 그랬고 현재에도 그렇다.

이들 요소는 특정 상황을 설명하기 위해 필요한 가장 기본적인 정보다. 역사를 거슬러 올라가 보면 매우 흥미로운 사실을 발견할 수 있다. 그리스의 작은 도시국가 템노스의 수사학자 헤르마고라스(기원전 2세기경)조차 이러한 정보를 중요시했다고 한다(Nord, 1991, p. 36). 헤르마고라스가 제시한 완전한 목록은 다음과 같다.

누가 전하는가?
누구에게?
무엇을 위해?
어떤 매체로?
어디에서?
언제?
왜?
텍스트의 기능은 무엇인가?
주제는 어떤 것인가?
무엇을?(혹은 무엇이 아닌 것을?)
어떤 순서로?
어떤 비언어적 요소를 사용해서?
어떤 어휘를 사용해서?
어떤 유형의 문장으로?
어떤 어조로?
의도하는 효과는?

Nord는 텍스트 외적 요인(extratextual factors)을 첫째 단락에, 텍스트 내적 요인(intratextual factors)을 둘째 단락에 기술해야 한다고 주장했다. 구체적인 목록은 아래 사용역 모형에 체계적으로 정리돼 있다.

3. 사용역과 번역

언어의 주요 특징으로는 가변성을 꼽을 수 있다. 우리는 상황과 맥락에 따라 다른 방식으로 말을 한다. 다시 말해, 우리는 주어진 상황과 맥락에 적합한 어휘와 표현 방식을 선택한다. 언어학에서는 '사용역 분석(register analysis)'을 통해 이러한 가변성을 설명한다. 언어학의 다른 분야와 마찬가지로 사용역에 있어서도 하나의 표준이 존재하는 것이 아니라 여러 이론적 모형이 공존하고 있다. 하지만 그 근본 원리는 같다. 가변성에 영향을 미치는 매개변수는 '언어사용자(language user)'와 '언어사용(language use)'이다. 각각의 매개변수는 여러 하부 매개변수를 두고 있으며 이들 변수에 변화가 주어지면 실제 사용되는 언어(language used)에도 변화가 일어난다.

3.1. 사용역과 언어사용자

언어사용자의 성격을 규정하는 하부 매개변수들은 아래와 같다.

- 시간(어떤 시대에 살고 있는가/살았는가?)
- 장소(어느 지역 출신인가?)
- 사회(어떤 사회적 지위를 가지고 있는가/가졌었는가?)

언어적 관점에서만 본다면 이들 하부 매개변수들은 별스럽지 않다. 그러나 다른 관점에서 보면 그리 간단하지 않다. 첫째 변수(시간)에 대해서는 논란의 여지가 별로 없는 것처럼 보인다. 저자든 번역가든 특정 시대를 살아간다. 그리고 당연히 그 시대에 사용되는 언어를 사용한다. 물론, 시간이 흐르면서 단어가 사라지기도 하고 뜻이 변하거나 문법구조가 완전히 바뀌기도 하며 심지어 철자가 바뀌기도 한다. 번역과 관련해서 생각해 볼 문제는 간단하다. 고전 텍스트를 번역할 경우, 현재 사용되는 도착어를 사용하는 것이 옳은가? 아니면 그 이전 시대에 사용되던 도착어를 사용해야 하는가? 예를 들어, 19세기 초에 쓰인 도스토예프스키의 작품을 번역할 경우, 같은 시대에 활동한 찰스 디킨스가 사용하던 영어를 사용해 번역할 필요가 있는가에 대해 생각해 볼 여지가 있다.

예외적인 경우를 제외하면 도착어의 고대 언어를 사용해 번역할 필요는 없다. 그렇다면 시간이라는 변수는 번역에 아무런 영향을 주지 않는다는 결론에 이를 수 있다. 고어를 배우기 위해 번역가가 엄청난 노력을 쏟지 않는다면 저급한 모방 번역에 그칠 것이 뻔하다. 아울러, 독자가 메워야 할 시대적 격차가 커질수록 독자는 번역이 더 낯설다고 느낄 것이며, 독자 입장에서는 도착어 고어를 배워서 번역서를 읽느니, 차라리 출발어 고어를 배워서 원서를 읽으려 할 것이다.

이와 관련해 많은 사람의 주목을 받는 사람은 중세 이탈리아의 작가 단테다. 『La Divina Commedia(신곡)』는 19세기에는 중세 프랑스어로, 20세기에는 '창안된' 중세 독일어로 번역됐다. 그런데 매우 흥미로운 사실을 발견할 수 있다. 이 작품이 세상에 나온 시대의 중세 이탈리아어는 현대 이탈리아어와 크게 다르지 않지만 중세 프랑스어와 현대 프랑스어, 중세 독일어와 현대 독일어는 마치 서로 다른 언어처럼 보인다는 점이다. Zimmer(1981, p. 135)는 이러한 방식의 번역을 두고 '지성의 유희'에 불과하다고 했다.

하지만 문학 번역에서는 물론 다른 분야에서도 출발어 텍스트의 일부에서 서로 다른 시대의 언어가 사용되는 경우는 종종 있다. 예를 들어, 작품 속에서 주인공이 고대 필사본을 발견하거나 상상 속의 미래 언어가 사용되는 설정은 충분히 있을 수 있다. 이런 경우에는 번역에 대한 전체론적인 접근법(holistic approach)이나 환상적인 접근법(illusionary approach)

이 정당성을 가진다고 할 수 있다. Zimmer(1981, p. 133)는 고대 독일어 구절을 담고 있는 토마스 만의 소설과 그 번역을 예로 제시했다. 소설을 프랑스어로 옮긴 프랑스 번역가는 이들 고대 독일어를 고대 프랑스어로 번역하지 않았다. 대신, 가끔씩 고어를 연상시키는 철자법을 사용하는 등 고어처럼 보이는 언어를 고안해서 사용했다. 다시 말해, 번역에서 사용된 '고안된 고대 프랑스어'는 실제로는 존재한 적이 없는 상상의 언어다. 하지만 번역가는 이 상상의 언어를 통해 현대 독자들로 하여금 고어를 읽고 있다는 환상을 갖게 만들었다.

출발어 텍스트가 시간적으로 유표적일 경우, 다음과 같은 결과로 이어질 수 있다. 첫째, 기존 번역이 현대 언어 상황과 맞지 않는다고 판단되어 번역을 다시 할 필요성이 대두될 가능성이 있다. 물론, 널리 읽히는 대작에만 해당되는 얘기일 수 있다. 재번역에 따르는 경제성을 고려해야 하기 때문이다. 둘째, 기존 번역이 고전의 위상을 가진다는 인식 때문에, 혹은 원작과 가까운 시대의 번역일수록 원작의 언어를 더욱 잘 나타낸다는 믿음으로 인해 오히려 재번역을 기피할 수도 있다.

언어사용자를 결정짓는 다른 두 가지 변수[장소(지역) 및 사회(사회적 지위)]는 표면적으로는 논란의 여지가 없어 보이지만 실상은 그렇지 못하다. 출발어 텍스트의 전부 혹은 일부가 지역방언으로 작성됐다면 번역가는 이를 번역에 반영하고자 할 것이다. 이에 대해서는 10장(사회언어학과 번역)에서 자세히 다루게 될 것인데, 방언 번역은 생각처럼 수월하거나 간단하지 않다. 방언 번역이 힘든 것은 방언이 사회적 지위와 억압의 문제와도 관련이 있기 때문이다.

사용역 개념이 처음 제시됐을 때, 마지막 변수인 사회적 지위는 전혀 논란거리가 아니었다. 지금도 다수의 언어 사회에서는 이 매개변수에 대해 이견이 없다. 참고로, 사회언어학자인 번스타인[9]은 교육받은 부르주아 계층은 '확장된' 언어 체계를 가지고 있으며 풍부한 어휘와 다양한 표현을 구사하는 반면 노동자 계층은 '제한된' 언어 체계에 갇혀 있으며 한정된 어휘와 표현만을 사용한다는 점을 비교·기술했다. 이 당시만 해도 무표적 사용역－즉, 일반적으로 수용되는 표준－이 '교육을 받은 중산층의 언어'라는 주장에 아무도 반론을 제기하지 않았다. 시간이 흐르면서 번스타인의 논리를 비판하는 목소리도 생겨났다. 경제적 지위가 낮은 계층이 사용하는 언어가 빈곤을 겪는다는 주장, 그리고 중산층 백인의 언어가 표준이라는 논리 둘 다 비판의 대상이 됐다. 참고로, 후자의 비판은 큰 호응을 얻지 못했다.

번역과 관련, 이데올로기 또한 사회적 지위라는 매개변수에 영향을 미친다. 도착어 문화의 이데올로기가 표준 방언(표준어) 이외의 언어 사용을 불허한다면, 이러한 억압은 번역가가 선택한 번역 전략에도 고스란히 드러날 것이다. 이와는 달리, 표준어로 쓰인 출발어 텍스트가 비표준어로 번역되는 경우도 있다(10장에서 몇 가지 예를 살펴보도록 하자). 일반적인 경우, 번역가는 출발어 텍스트에 담겨 있는 다양한 표지(사회적 지위를 나타내는 표지)를 번역에서 재현시키는 것이 허용된다. 번역가 역시 이들 표지를 나타내려고 노력할 것이다. 이를 위해서는 번역가가 이러한 표지를 인지하고 이를 적정한 도착어로 재생산할 능력이 있어야 한다.

위에서 언급한 능력을 번역가가 갖추는 것은 생각만큼 쉽지 않다. 일반적인 경우(도착어가 모국어인 경우)에는 번역가는 출발어의 서로 다른 언

9 [역주] 번스타인(1924-2000)은 사회언어학자이자 교육자로서, 언어의 사회적 작용에 대한 연구에 한 획을 그었다. 1950년대에 직업학교 교사로 재직한 그는 경제적 소외자들의 낮은 학업 성과를 설명하려 했다. 교육은 경험을 구성하는 주된 힘이라는 가정 하에 교육과정, 교수법, 평가가 메시지 체계를 구성하는 방식을 이해하려 했으며, 학교는 교육코드를 구체화한다고 주장했다. 그의 연구는 하나의 주요 가설로 받아들여졌다.

어형(variety)에 노출될 기회가 부족하다. 이와는 반대로 출발어를 모국어로 하는 번역가의 경우에는 출발어의 서로 다른 언어형을 인식하는 데는 무리가 없지만 이를 번역에서 도착어로 표현하는 데 어려움을 겪을 수 있다. 모국어 화자라면 지역마다 발음이 다르다는 사실 정도는 알고 있다. 그렇다고 해서 그 모든 발음을 모방할 수 있는 사람은 몇 없다. 문자로 표시되는 사용역도 마찬가지다. 가장 일반적인 유형의 번역가는 Levý의 세 가지 유형(1969, p. 63) 중에서 세 번째에 해당한다. 자신만의 '개인방언(idiolect)'만을 이용해서 번역하는 이들로, 지극히 개인적이고 특정한 방식으로 언어를 사용하는 번역가를 일컫는다. 이에 대한 예는 텍스트 기능과 관련한 논의 끝 부분에서 살펴보자.

3.2. 사용역과 언어사용

사용역을 결정짓는 첫째 매개변수가 '언어사용자'라면 둘째 매개변수는 '언어사용'이다. 언어사용자가 세 가지 하부 매개변수－시간(time), 장소(space), 사회(society)－를 두고 있는 것과 마찬가지로 언어사용 역시 세 가지 하부 매개변수－담화관계(tenor), 담화매체(mode), 담화영역(domain)－로 구성되어 있다. 이 중 담화관계와 담화매체는 개념 정의가 용이한 반면 담화영역은 다소 모호한 측면이 있다.

담화관계(tenor)는 텍스트 작성자와 텍스트 수신자 간의 관계를 나타내는 것이다. 다음 예문들을 살펴보면 담화관계가 서로 다르다는 것을 파악할 수 있다. 'Please place it in the receptacle provided.(준비된 용기에 담아주시기 바랍니다.)'와 'Bob it in the bin.(쓰레기통에 넣어라.)'의 경우 전자가 후자에 비해 텍스트 작성자와 텍스트 수신자의 거리가 더 멀다는 점을 알 수 있다. 비슷한 유형의 예로 'Bitte gehen Sie weg.(자리를 좀 비켜주십시오.)'와 'Hau ab.(꺼져.)' 또는 'Ayez l'obligeance de quitter ma presence.(자리를 좀 비켜주시면 좋겠습니다.)'와 'Foutez-moi le camp d'ici.(여기서 꺼져.)'를 들 수 있다. 텍스트에는 다양한 어휘적, 문법적, 통사론적 표지가 담겨 있으며, 이들 장치를 통해 발신자와 수신자 사이의 격식성, 거리, 공손성의 정도가 드러난다. 그 정도는 격식을 차린, 심지어 무미건조할 만큼 딱딱한 관공서용 문체에서부터 친밀한 사적 대화에 이르기까지 다양하다.

이러한 거리의 정도와 이에 따르는 격식성의 정도를 실제로 결정짓는 것은 사회적 지위[필자가 재직 중인 영국 대학에서 받은 첫 번째 편지는 'Dear Fawcett(친애하는 Fawcett 선생님에게)'으로 시작한다]일 수도, 학식에서 나오는 일종의 권위일 수도 있다["The existence of mediation does not entail the existence of either Kuhnian paradigms or 'Foucauldian epistemes.(매개의 존재는 토마스 쿤의 패러다임이나 푸코의 인식소의 존재를 수반하는 것이 아니다.)"(Benjamin, 1989, p. 32)]. 사실 필자는 후자의 난해한 인용문이 의미하는 바를 도통 모르겠지만, 분명한 것은 학식과 권위가 느껴지고 이에 따라 거리감이 드러난다는 점이다. 때로는 가용 공간처럼 아주 단순한 요소에 의해서도 거리의 정도가 결정된다. 과거에는 약통에 글자를 새겨 넣을 공간이 부족했다. 이에 따라 우리가 자주 보던 '표준 문구'는 'If symptoms persist consult your doctor.(증상이 지속되면 담당 의사와 상담하십시오.)'라는 짧고 딱딱한 문장이었다. 하지만 근래에 들어 상황이 달라졌다. 약통에 글자를 적을 공간이 늘어나면서 'If symptoms do not go away, talk to your doctor about it.(증상이 사라지지 않으면 담당 의사와 상의해 보세요.)'라는 다소 길면서 비공식적이고 친근한 표현으로 바뀐 경우를 종종 볼 수 있다.

언어사용의 두 번째 하부 변수인 담화매체(mode)는 담화통로(channel)로 불리기도 한다. 짧게 설명하면, 이는 말하기와 글쓰기, 또는 구어와 문어 중 하나를 선택하는 것이다. 부부 싸움 후 서로 말도 하지 않는 냉전 상황을 떠올려 보자. 이 경우, 냉장고 문에 쪽지를 붙이는 방식(문어)으로 의사소통을 할 수 있다. 물론, 어조 역시 차가울 것이다. 즉, 친근한 표현인 'Back at 5!(5시까지 돌아올게!)'가 아니라 'I shall return home at 5 p.m.(오후 5시까지 집에 돌아올 것임)' 등의 차가운 표현이 사용된다. 참고로, 구어든 문어든 의사소통 참여자는 한 명일 수도, 두 명 이상일 수도 있다. 우리는 전자를 독백, 후자를 대화라고 부른다. 담화매체라는 변수는 때로는 상당히 복잡해질 수 있다. 주제나 상황 등이 다를 경우 가변성을 가지기 때문이다. 우선 구어에 대한 얘기를 해보자. 구어라고 해서 항상 친근하거나 격식이 떨어지는 것은 아니다. 친구와 대화할 때는 주로 격식을 갖추지 않는다. 다양한 몸짓 언어를 사용해 말을 보완하기도 한다. 반면, 세관 미신고 물품을 두고 담당 공무원과 면담할 경우에는 격식을 갖춰 말을 할 것이다. 문어도 마찬가지다. 주제와 상황에 따라 격식을 갖추는 경우도, 그렇지 않는 경우도 있다. 일기를 쓸 때는 느낌표를 과다할 정도로 많이 쓰기도 하고 밑줄을 긋는가 하면 여기저기를 색연필로 표시하기도 한다(이러한 경우는 구어의 특성을 가진 문어라 할 수 있다). 반면, 컴퓨터로 민원서류를 작성해 담당자 앞으로 보낼 때는 격식을 최대한 갖춘다. 이렇듯, 담화매체라는 변수는 담화관계에서 비롯되는 격식성과도 관련이 있다. 또한 명시적 정보와 묵시적 정보 사이의 균형, 수반되는 계획성의 정도, 메시지 구조의 완결성 여부와도 연관성이 있다.

구어와 문어의 구분이 분명한 언어가 있는 반면 둘 사이의 경계가 비교적 모호한 언어도 존재한다. 이러한 차이점 때문에 번역이 더 어려워지는 경우도 있다. 필자가 아는 어떤 프랑스 학자는 신문 기사를 번역하면서 'kids(아이들)'라는 영어 어휘를 프랑스어 등가어인 'gosses(아이들)'로 번역하기를 '거부'했다. 그 이유는 'gosses(아이들)'가 격식성이 낮은 구어에만 어울리는 단어라고 판단했기 때문이다.

구어에서 사용되는 표현 양식과 문어에서 사용되는 표현 양식의 경계가 유동적일수록 특정 표현 양식을 구어에서 사용해야 할지, 문어에서 사용해야 할지에 대한 판단이 어려워진다. 특히 시간이 흐름에 따라 언어가 변한다는 점을 고려하면 더욱 그러하다. 영어 번역을 가르치는 사람들은 분리 부정사나 분리 구동사 사용을 극도로 싫어한다. 아직까지는 그렇다. 그런데 앞으로도 계속 반대만 할 수 있을 것인가에 대해서는 의문이다. 이와 관련한 흥미로운 사례로 프랑스어를 들 수 있다. 프랑스어의 경우 과거에는 구어와 문어의 구분이 엄격했으며, 문어는 상대적으로 복잡한 측면을 가지고 있었다. 하지만 시간이 흐름에 따라 그 경계가 유동적으로 변했다. 이를 바로잡기 위해 프랑스 교육부는 '지침서(일종의 실수 목록)'를 정기적으로 개정 · 발행하고 있다. 아이러니하게도 프랑스 교육부의 지침이 교육 현장에서는 제대로 수용되지 않고 있다. 즉, 학생들의 과제에서 교육부 지침서에 위배되는 표현이 나와도 교사들은 오류라고 지적하지 않고 있다.

통역사와는 달리 대다수의 번역가는 구어를 번역하는 데 별반 어려움을 겪지 않는다. 연극에서 사용되는 언어도 예외가 아니다. 물론, 연극 대사에 맞게 번역해야 배우가 대본을 읽기 편하지만, 여기서 말하는 '대사'란 이미 문어 체계에 의해 걸러진 것이며, 실제 대화 속의 말이라기보다는 관습화된 표상(conventionalized representation)인 경향이 있다(실제 구어를 마디마디 옮겨 적는다면 읽기 지루할 것이다). 연극 대사를 번역한 경험이 있는 John London은 그가 번역한 대사(구어에 가까운 표현)를 배우들이 상대적으로 딱딱한 표현(문어에 가까운 표현)으로 종종 바꾸는 것을 보고 놀랐다고 한다(1990, p. 161).

영화 더빙도 마찬가지다. 자연스러운 구어 대사로 번역하는 것보다 배우의 입 모양과 발화되는 대사가 일치하는 번역을 도출하는 것이 훨씬 더 중요하다. 반면 영화 자막 번역의 경우 문어와 구어의 차이가 확연하게 드러난다. 자막 공간의 제약 때문에 현대 구어에서 거의 사용되지 않는 격식을 갖춘 구조를 사용해야 하는 경우도 종종 있다. 필리핀 영화 『Manila: In the Claws of Darkness(네온 불빛 속의 마닐라)』의 경우, 자막에서 'You see nothing but my pate.(내 정수리만 볼 수 있다.)'라는 문장이 등장한다. 구어체 영어에서는 찾아보기 힘든 표현이다.

대다수의 번역가는 담화매체의 제약에 직면하게 된다. 이와 관련해, 번역가는 광범위한 문어적 표현 중 언어사용의 세 번째 변수인 담화영역(domain)에 적합한 표현을 찾아야 한다. 참고로, 담화영역을 담화장(field) 혹은 담화범위(province)라고 부르는 학자도 있다.

담화영역은 앞서 설명한 두 변수－담화관계 및 담화매체－에 비해 그 의미가 명확하지 않다. Hatim과 Mason(1990a, p. 48)이 "담화영역은 주제와 다르다."라고 말한 반면 Bell(1991, p. 191)은 "광의의 담화영역은 [···] 가족, 우정, 교육 등을 일컫는다."라고 주장해 담화영역이 주제와 관련이 있음을 암시했다. Crystal과 Davy(1969, p. 73)는 담화영역은 주제와 동일하지 않다고 주장했지만 이들이 제시한 담화영역의 종류에 광고 언어나 예배 언어가 포함된 것을 보면 주제와 관련이 없다고 보기도 힘들다.

Hatim과 Mason(1990a, pp. 52-53)은 간략한 예시를 통해 담화영역을 아래의 네 가지로 설명했다.

① 주제에 있어서의 관심 유발
② 미국 국내 정책과 국제 시사 문제
③ 뉴스 보도
④ 시사 문제 평가(탐사 저널리즘)

얼핏 보기에도 위 항목들은 각기 성격이 다르다. ①은 텍스트 기능에 관한 것이고, ②는 주제에 관한 것, ③은 전문적인 활동 혹은 텍스트 유형에 관한 것, ④는 텍스트 기능, 주제, 전문적인 활동 혹은 텍스트 유형 모두를 아우르는 것이다.

담화영역을 정의할 때 문제가 되는 것은 사용역의 모든 변수가 서로 뒤섞여 있기 때문이다. 격식을 차린 어떤 텍스트가 있다고 하자. 이러한 격식은 담화관계(저자가 독자와의 거리를 유지한다)에 기인할 수도 있지만 담화매체(문어가 구어보다 더 격식적인 경향이 있다)와 담화영역(예를 들어, 핵물리학에 관한 글을 쓰면서 속어를 사용하는 일은 흔치 않다) 때문일 수도 있다. 번역 결과, 정보의 양이 증가했다면 이는 문어 담화매체에 기인한 것만은 아니다. 물론, 맥락과 몸짓 언어를 통해 정보를 전달할 수 있는 구어와 달리 문어의 경우 이러한 정보를 다른 방식으로 제공해야 하기 때문에 정보의 양이 늘어났을 수도 있다. 하지만 다른 이유가 존재할 가능성도 있다. 예를 들어, 번역가가 독자를 우둔한 사람으로 여겨 일일이 설명하다 보니 정보의 양이 증폭됐을 수도 있다.

담화영역을 번역 연구에 실제로 적용하기 위해 우선 개념 정의를 단순화하자. 담화영역은 주제와 장르 또는 정보 전달 방법의 조합으로 볼 수 있다. 주제는 어휘 선택에 영향을 미치며, 장르 또는 전달 형식은 격식성, 복잡성, 제시 방법 등에 영향을 준다. 이를 통해 우리는 담화관계 뿐만 아니라 담화영역 역시 수신자의 참여와 관련이 있다는 사실을 알 수 있다. 수신자의 참여는 중요한 요소인데, 이는 텍스트 작성자가 독자를 '개입'시키려 하느냐의 문제다. 텍스트 작성자가 텍스트 수신자를 의사소통 사건에 보다 깊이 참여시킬 때는 두 가지 이유가 있다. 독자와 가까워지고 싶거나 친근감을 드러내고 싶기 때문이거나(담화관계), 혹은 텍스트 관습 때문일 수도 있다(담화영역). 팬터마임(무언극) 작가는 관객이 'Watch out, he's behind you!(조심해요, 그 사람이 바로 뒤에 있어요!)'라고 외쳐주기를 바란다. 이 경우에는 관객과의 개인적인 친근감을 드러내려는 것이 아니라 관객의 참여가 팬터마임에는 절대적으로 필요한 일종의 텍스트 관습이기 때문이다.

3.3. 사용역의 실제

사용역 개념을 번역에 가장 먼저 도입한 학자로는 House를 꼽을 수 있다. House는 사용역을 활용해 번역 품질 평가 모형을 구축했다. 비록 우리가 앞에서 살펴본 사용역 개념과는 조금 다른 모형을 사용하고 있지만 앞서 언급한 모든 변수를 포함시켰으며, 여기에 '사회적 역할 관계(social role relationship)'라는 개념을 추가했다(1977, p. 45). House는 이러한 사회적 역할 관계를 구성하는 변수로 '평등권력 측면(equality-power dimension)'과 더불어 '지위적 역할(positional role)' 및 '상황적 역할(situational role)'이라는 개념을 제시했다. 삶에서 어떤 역할을 하는지(직업)를 나타내는 지위적 역할은 언어 사용 방식에 지대한 영향을 미친다. House는 교사와 목사 등을 '높은 지위'에 있는 사람으로 분류한 후 이들의 언어 사용을 분석했다. 하지만 배관공이나 목수라고 해서 항상 상대적으로 '낮은 지위'에 있는 사람이 사용하는 전형적인 언어를 사용하는 것은 아니며 대화 상대방에 따라 결정되는 지위에 따라 언어 사용이 달라진다는 점 또한 기술했다. 다시 말해, 대화 상대방이 손님인지, 납품업자인지, 또는 견습생인지에 따라 지위적 역할이 달라지며, 이에 따라 그때그때 사용하는 언어도 달라진다. 상황적 역할은 상대적으로 더 일시적인 속성을 지닌다. 예를 들어, 학부모의 밤에 참석한 배관공 또는 치과 치료를 받고 있는 교사의 상황적 역할은 지속성이 없으며 상당히 일시적이다.

사용역에서 더 나아가 House는 텍스트 기능까지 다루고자 했다. 이 점에 대해서는 9장에서 자세히 다룰 것이다. 7장에서는 House가 어떤 방식으로 사용역 개념을 이용해 번역 품질 평가를 시도했는가를 이해하는 것이 중요하다. House의 모형에 따르면 우리는 우선 출발어 텍스트에서 드러나는 각각의 사용역 변수를 분석해야 한다. 분석이 마무리된 후에는 이들 변수가 정보 전달 및 저자-독자 간의 관계 설정에 어떤 영향을 미치는가를 규명해야 한다. 출발어 텍스트의 사용역 분석을 마무리한 후에는 같은 방식으로 도착어 텍스트의 사용역을 분석하면 된다. 이 과정이 모두 끝난 후에는 출발어 텍스트와 도착어 텍스트를 사용역 차원에서 비교·분석해 번역의 품질을 평가한다. 이처럼 House는 의미적·문법적 불일치(sementico-grammatical mismatch, 의미 오역이나 도착어 문법의 파괴)를 찾아내는 데 편중된 기존의 번역 품질 평가 모형을 넘어 출발어 텍스트와 도착어 텍스트 간의 사용역 불일치(register mismatch)를 살펴봄으로써 번역 품질 평가를 한 단계 끌어올렸다.

획기적인 사고의 전환임은 분명하다. 하지만 아쉬운 점도 있다. House는 의미적·문법적 오류를 '외현적 오류(overtly erroneous error)'라고 불렀고, 사용역 오류를 '내재적 오류(covertly erroneous error)'라고 명명했는데, 이러한 현학적인 용어들을 번역가가 굳이 알 필요가 있을지 의문이다.

House는 다양한 텍스트 유형을 대상으로 사용역 분석을 했다. 그 중에서 Gutt가 비판한 분석 사례를 살펴보자. Gutt는 번역 이론이 텍스트 기능이나 등가 등의 그 어떤 전통적 장치도 필요치 않음을 증명하기 위해 House의 사용역 분석을 비판의 도마에 올린 바 있다(Gutt의 주장에 대해서는 잠시 후에 살펴보자).

House가 분석한 텍스트는 독일 뉘른베르크 지역을 소개하는 여행안내 책자다. 이 텍스트는 단순히 읽기용으로 쓰인 글로, 구어 표지가 전혀 없다(사용역 분석에서는 존재하는 요소는 물론 존재하지 않는 요소도 기록해야 도움이 된다). 텍스트는 주로 독백(2인칭 대명사가 없다)으로 이루어져 있고, 대화를 시도한 흔적['우리'라는 말을 한 번 사용했으며, 구조 및 어휘적인 수단을 통해 뉘른베르크를 방문해서 둘러볼 것(초대)을 암시]은 일부 존재한다. 저자와 독자의 관계는 비인칭적이다(저자는 익명이고 대상 독자층은 일반 대중이다). 하지만 뉘른베르크에 있는 역사적인 건물과 장소에 대해서는 이름만 언급한 후 추가적인 설명을 제공하지 않음으로써 독자를 이미 상당한 지식을 갖춘 사람으로 치켜세우려(flatter) 한다. 담화관계와 관련, 고어 혹은 고문체의 구조 및 어휘를 사용하고 있기에 텍스트 발신자와 수신자의 거리는 다소 멀다고 할 수 있으며, 이에 따라 부분적으로 격식적이다. 담화영역은 상투적인 과장법과 시적인 언어를 사용했기에 여행 홍보물의 전형적인 특징을 지닌다. House는 훨씬 더 심도 있는 분석을 제공했지만, 필자의 요약이 전체적인 그림을 보여주기에는 충분하리라 생각한다.

House는 이 여행안내 책자의 번역을 평가하면서 두 가지 주요 주장을 펼친다. House가 제시한 논거를 모두 살펴보기보다는 그의 번역 품질 평가 결과를 간략히 요약하자. ① 도착어 텍스트가 핵심적인 부분에서 독자를 치켜세우지 못했으며, ② 여행 홍보물의 전형적인 특징인 의사시적 과장(擬似詩的 誇張, pseudo-poetic exaggeration) 및 허세(虛勢, pretension) 차원에서 출발어 텍스트와의 일치를 달성하지 못했다.

필자가 판단하기에 ①과 관련해서는 번역가가 실수를 범했다고 보기 힘들다. 책자에서 언급되고 있는 뉘른베르크의 문화적 상징물을 영어권 독자가 알고 있기를 기대하는 것은 사실상 힘들다. 따라서 번역가가 이들 문화적 상징물에 대한 추가 설명을 제공하는 것은 어찌 보면 당연하다. '치켜세우기'라는 요소가 사라진다 하더라도 말이다. 출발어 텍스트에 존재하는 허세가 도착어 텍스트에서 증발했다는 ②의 평가와 관련, 번역가가 '은밀한 오류'를 범했다는 평가는 타당한 것으로 보인다. 번역가가 사용역 차원의 일치를 충분히 달성할 수 있었음에도 불구하고 노력하지 않았기 때문이다.

Gutt(1991, pp. 46-49)는 ①과 ② 모두 잘못된 평가라고 주장했다. 수용 여부를 떠나 Gutt의 비판은 번역에 있어 큰 의미가 있다. 번역가에게 매우 중요한 질문을 던지기 때문이다. 독자가 텍스트를 얼마나 '가깝게' 읽을 것인가? 텍스트가 독자에게 미치는 영향을 번역가가 과연 파악할 수 있는가? 이들 질문은 시사하는 바가 크다.

'치켜세우기'의 사회적 역할 관계와 관련, Gutt는 우선 출발어 텍스트 저자가 의도적으로 독자를 치켜세우려 했는지와 독일 독자가 실제로 치켜세워지는 느낌을 받았는지에 대해 의구심을 나타냈다. 이는 우선 의도적 착오(intentional fallacy, 저자의 의도가 텍스트에서 파악될 수 있다는 그릇된 믿음)와 관련이 있다. 또한, 텍스트가 독자에게 미치는 영향이 측정될 수 있다고 여기는 수용 이론(reception theory)과도 연관성을 가진다. 바로 앞에 놓여 있는 텍스트에만 의존해 저자의 의도를 정확히 파악할 수 있을까? 과연 독자에 대한 영향을 측정할 수 있을까? 이에 대한 논쟁은 현재진행형이다. 1980년대 문학 비평가들은 '작가의 죽음'을 선언했다. 다시 말해, 작가가 스스로의 목소리를 내는 사람이라기보다는 하나의 언어적 · 사회적 구성체에 불과하다고 본 것이다. 하지만 1990년대에 들어 문학 비평가들은 작가의 작품들을 샅샅이 뒤지기 시작했다. 이러한 노력을 통해 작가의 삶에 대한 실마리를 찾고자 했던 것이다. 이에 대해 더 자세한 정보를 얻고자 한다면 Myriam Diaz-Diocaretz(1985)의 『Translating Poetic Discourse(시적 담론의 번역)』의 1장과 2장을 참고하면 도움이 될 것이다.

만약 뉘른베르크 여행안내 책자에 나타나는 '치켜세우기'가 독일 저자가 의도한 것이고 독일 독자 역시 치켜세워졌다는 느낌을 받은 것이 사실이라면, 번역가는 일종의 보상을 사용해서라도 '치켜세우기' 효과가 번역에서 사라지는 것을 막았어야 했다는 Gutt의 주장에도 관심을 가질 필요가 있다. 출발어 텍스트와 도착어 텍스트 간의 전반적인 기능적 등가를 위해서는 '치켜세우기' 장치를 도착어 텍스트에 사용할 수 있었다는 말이다. 이러한 주장을 통해 Gutt는 귀류법(歸謬法, reductio ad absurdum)을 내세웠고 번역가는 반드시 엄격한 수학적 '치켜세우기' 측정치를 유지시키거나 표본 독자를 대상으로 '치켜세우기' 효과를 살린 번역을 실험해야 한다고 주장했다. 하지만 Gutt의 주장에는 두 가지 문제가 있다. 첫째, 특정 번역가가 특정 방식으로 번역하는 데 실패했다고 해서 그 번역 행위를 분석하는 모형 자체가 무용지물이 되지는 않는다는 점이다. 둘째, 보상은 결코 중립적인 번역 기법이 아니라는 점이다. 번역이라는 커다란 벽에 균열이 생길 때마다 보상을 메움물로 사용할 수는 없다. 보상은 이데올로기적 함축을 지닌 '파괴적' 기법이다. 이런 이유로 보상이라는 장치를 사용하지 않는 번역가도 많으며, 따라서 번역 모형으로 예견될 필요도 없다.

앞서 살펴본 House의 두 번째 주장—출발어 텍스트의 의사시적 과장 표현을 번역가가 도착어 텍스트에서 살리지 못했다는 주장—에 대한 Gutt의 비판은 얼핏 보기에는 옳지만 실제로는 문제가 있다. Gutt는 여행 안내 책자에서 볼 수 있는 허세와 과장이 도착어의 규범과 관습상 수용되지 않을 수도 있으며, 따라서 번역가의 입장에서는 이들을 일치시키려 할 필요가 없다고 했다. 물론 옳은 말이다. 하지만 Gutt의 이러한 주장에 대해서는 House 역시 인정하고 공감했으며, 이미 언급한 바 있다. 결국, House가 사용역의 문화 특수성을 더 강조했어야 한다는 것이 Gutt의 비판이다. 그 이상도 그 이하도 아니다.

그럼에도 불구하고 House에 대한 Gutt의 비판은 큰 틀에서 보면 타당하다. 도착어 텍스트가 출발어 텍스트와 기능적으로 등가를 이루어야 한다는 가정[10]을 수용한다고 해도 실제 번역과정에서 House의 사용역 모형을 어떤 방식으로 언제 사용할 수 있는지에 대한 답을 구하기는 힘들다. 이는 앞서 4장에서 살펴본 번역 기법에 대한 비판과도 같은 맥락이다.

이러한 의구심과 비판에도 불구하고 사용역 분석의 중요성을 무시해서는 안 된다. 사용역은 언어학적으로 매우 중요한 개념이다. 특히, 자신의 감(感)에 전적으로 의존해 무계획적으로 번역 작업을 하기보다는 계획적으로 번역하고자 하고자 하는 이들에게 사용역은 무척 유용한 도구다.

번역가는 다음의 두 가지 이유로 사용역 분석을 할 수 있어야 한다. 첫째, 단순한 외연적 차원을 넘어 번역할 텍스트를 이해하고 도착어에 맞는 적절한 사용역을 선택하는 것이 가능해진다. 둘째, 새로운 주제를 다루게 될 경우, 해당 주제에 대한 출발어 및 도착어의 사용역 분석이 가능해진다.

사용역 분석 능력이 중요한 이유를 구체적으로 살펴보자. 초보 번역가는 같은 텍스트 내에서 특별한 이유 없이 서로 다른 사용역을 뒤죽박죽 섞어 사용하는 경향이 있다. 예를 들어, 번역을 전공하는 어떤 학생은 'drugged up to the eyeballs(약에 찌든 듯)'와 같은 상당히 구어적이고 격식이 떨어지는 표현을 사용하다가 갑자기 'take not the slightest interest (일말의 관심도 보이지 않다)'라는 격식을 갖춘 구문을 동일한 텍스트 내에서 사용하는가 하면, 상당히 격식적인 어휘로 구성된 'evince a studied vulgarity(세심하게 계획된 저속함을 피력하다)'를 사용하다가 바로 다음 부분에는 비격식적 표현인 'come across as(우연히 ~하게 되다)'를 사용하기도 했다. 결국, 출발어 텍스트는 사용역 차원의 일관성이 유지된 반면, 번역은 그렇지 못했다. 또 다른 학생은 출발어 텍스트에 나오는 비격식 구어적 표현을 격식을 갖춘 문어 표현으로 둔갑시키기도 했다. 예를 들어,

---

10 이러한 가정은 House의 입장과는 다르다. House는 기능 수정 번역도 인정했다.

출발어의 구어체적 문장을 'the corporation cynically stated that the pesticides, I quote, had been used incorrectly(그 회사는, 제가 굳이 표현을 옮기자면, 살충제가 오용됐다고 빈정대듯 말했습니다)'와 같은 문어체적 문장으로 번역한 경우다. 유사한 예로, 'comparing anthropophagy to the cravings of pregnant women **makes us laugh**(식인 풍습을 임신한 여성의 식탐에 비유한 것은 우리를 웃게 한다)'라는 번역을 만들어낸 사람이 있는데, 사용역에 조금만 더 신경을 썼다면 마지막 세 단어를 좀 더 격식 있는 표현으로 바꿀 수 있었을 것이다.

Gutt와 House 모두 지적했듯, 주어진 상황에 적합한 사용역이 언어마다 서로 다르다는 점에도 주목해야 한다. 이를 고려한다면 번역을 통해 사용역 차원의 변이가 발생하는 것은 필연적인 결과다. 안타깝게도, 사용역을 비교한 연구는 찾아보기 힘들다. 비교 연구 자체가 이론적으로 어렵기 때문이기도 하다. 우선, 출발어 텍스트와 이를 번역한 도착어 텍스트를 통해 언어별 사용역을 규명하려 할 경우에는 번역 자체에 오류가 있을 수 있기 때문에 연구방법론 차원에서 취약하다는 비판을 받을 수 있다. 또한, UN이나 Aéroport de Paris 등에서 출판한 2개 국어로 된 발행물을 토대로 사용역을 비교・기술하려 해도 문제가 있다. 텍스트를 작성한 사람들이 독립적으로 작업을 했을 가능성이 높기 때문에 이들이 애초에 동일한 사용역을 목표로 했는지를 알 수 없기 때문이다. UNESCO는 약물 관련 보고서를 3개 국어 – 프랑스어, 독일어, 영어 – 로 발간한 바 있다. 이들을 비교해 보면 동일한 메시지를 언어에 따라 아래와 같이 다소 상이한 방식으로 표현하고 있음을 알 수 있다.

- experience seems to demonstrate that it is unrealistic
  (그것이 비현실적임을 경험이 보여주는 듯하다)
- l'expérience semble montrer que c'est là un objectif chimérique

(그것이 허황된 목표라는 것을 경험이 보여주는 듯하다)

- doch zeit die Erfahrung, daß dies eine völlig unzulängliche Aufforderung ist
  (시간을 통해 경험한 바에 따르면 그것은 무리다)

또한 아래와 같은 차이도 발견된다.

- much has happened
  (많은 일이 일어났다)
- beaucoup de chemin a été parcouru
  (먼 길을 왔다)
- es ist viel Zeit vergangen
  (시간이 많이 흘렀다)

각각의 언어는 서로 다른 언어적 전략을 사용하고 있으며, 이에 따라 텍스트의 어조(담화관계) 역시 달라진다. 하지만 상세하고 방대한 분석을 하지 않고서는 이들 전략이 번역가 개개인의 문체인지, 아니면 이러한 보고서 유형에서 드러나는 전형적인 사용역의 차이인지를 명확히 밝힐 수 없다.

비슷한 예로 1991년에 출간된, 2개 국어로 된 『Austria Today(오스트리아의 오늘)』의 경우, 독일어로는 '즐거운 여행'을 위해 차를 한대 '빌리다('훔치다'의 뜻)'에 해당하는 표현들을 사용하고 있지만, 영어로는 "bands of teenagers steal automobiles and race them against each other on public roads. It is almost a mass 'sport' in some countries. Even a quiet personal 'borrowing' of somebody else's vehicle for a quick 'tour' […](한 무리의 십대들이 차를 훔쳐서 도로에서 경주를 했다. 이는 일부 국가에서는 집단 '스포츠'로 여겨진다. 심지어 '잠시 둘러보기' 위해 남의 차를 조용히 '빌리기도' 한다. […])"로 표현됐다. 이처럼 언어에 따라 표현이 다른 이유가

무엇일까? 영어로 글을 작성한 사람이 영어의 사용역이 상대적으로 더 감각적이라고 판단했기 때문일까? 아니면, 이 사람이 히스테리적인 성격의 소유자이기 때문일까? 답을 내리기 힘든 문제다. 사용역과 관련해서는 아직 구체적인 자료가 부족하기 때문에 번역가 자신의 경험에 의지하는 것 외에는 뾰족한 수가 없다.

앞서 프랑스어는 영어보다 구어와 문어의 경계가 비교적 뚜렷하다는 점을 언급한 바 있다. Sa'Adeddin(1990, p. 32)은 출발어 텍스트가 아랍어로, 도착어 텍스트가 영어로 작성된 경우를 예로 들었다. 그는 텍스트에서 사용된 아랍어가 '무디고 거만한' 느낌을 주는데, 친밀한 번역(close translation: 원문에 가까운 번역)을 통해 '무성의하고 과장된' 도착어로 둔갑했음을 지적했다. Neubert(1977, p. 55)는 영미 신문이 러시아나 독일 신문보다 훨씬 더 다양한 층위의 사용역을 허용한다는 점을 논증했으며, 이로부터 다음과 같은 두 가지 결론을 도출했다. 첫째, 영어를 러시아어나 독일어로 번역할 때는 유표적인 영미 문체를 일반화·중성화해야 한다. 둘째, 러시아어나 독일어를 영어로 번역할 때는 보다 광범위한 문체적 다양성을 살려야 한다. 후자는 말처럼 쉬운 작업이 아닐 듯하다. Neubert는 이와 관련한 예를 제시했다. 독일 신문의 머리기사 'EWG-Manipulation, Skandal um heimliche Gelder(유럽경제공동체: 자금 관련 조작 및 스캔들)'을 'EEC Brainwash: Row Over Cash?(유럽경제공동체 세뇌: 돈을 둘러싼 싸움?)'라는 생동감 있고 구체적인 표현을 사용해 영어로 번역한 경우다. 과연 이 정도의 번역을 할 수 있는 사람이 몇이나 될지 궁금하다. 반대로 영어를 독일어로 번역할 경우에는 상대적으로 쉬운 작업이 될 것이다. 구체적인 하위어 대신 독일어의 추상적인 상위어를 이용해 마치 설명하듯 번역하면 되기 때문이다.

08
텍스트 구조와 번역

6장에서는 생성문법에 기초해 문장 의미(sentence meaning)를 살펴보았다. 문법적 구조 및 문장 성분의 기능에 의해 형성되는 문장 의미를 규명하는 데 있어서는 생성문법이 유용하기 때문이다. 또 다른 유형의 문장 의미는 개념적 구조에 의해 형성되며, 언어학에서는 '테마/레마(theme-rheme)[1]' 또는 '기능문장투시법(functional sentence perspective)[2]'이라는 개념적 틀 내에서 다루어진다. 보다 확장된 텍스트 구조를 파악하고자 할 때는 '결속구조(문법적 · 어휘적 연관관계)'와 '결속성(개념적 연관관계)' 개념을 활용할 필요가 있다. 8장에서는 이들 개념을 두루 살펴보자.

---

1 [역주] Theme-rheme은 '화제-정보', '주제–논평', '주제부–설명부' 등의 여러 명칭으로 번역되어 사용된다. 이 책에서는 '테마–레마'로 부르기로 한다.

2 [역주] 기능문장투시법은 후기 프라그 학파의 이론으로 발화를 그 발화가 담고 있는 정보의 측면에서 분석하는 관점이다. 발화를 이루는 각 요소의 역할은 발화 전체에 대한 의미상의 기여도에 따라 측정된다. 테마-레마와 밀접히 관련하여 각 요소의 정보량을 가리키는 의사소통의 역동성 개념이 중요하다.

1. 테마-레마 및 기능문장투시법, 그리고 번역

문장이나 절의 의미론적 구성을 분석하면 '테마(무엇에 관한 것)'와 '레마(테마에 대한 내용)'로 나누어진다. 이는 지극히 당연한 얘기로 들린다. 하지만 조금만 더 파고들면 그리 간단한 문제가 아니다.

일반적으로 수용되는 '표준' 접근법을 살펴보자. 문장 앞에 위치한 것이 테마, 그 뒤에 나오는 것이 레마가 된다. 이어서 앞부분에 위치한 언어적 항목의 본질에 따라 테마가 분류된다(Eggins, 1994, p. 274 이하). 물론, 문장 유형에 따라 분류가 달라질 수는 있다. 일반적인 유형에서 벗어날 경우에는 '유표적 테마(marked theme)'라고 부른다. 이는 얼핏 보기에는 흠잡을 데 없는 논리다. 하지만 이러한 문장 구성 요소의 배치(positioning)를 통해 수행되는 구체적인 '기능'을 설명하려 한다면 문제는 복잡해진다. 어떤 언어는 어순이 엄격히 통제되는 반면 어떤 언어는 어순이 자유롭기 때문이다.

동유럽 언어학자들은 초기 테마-레마 연구에 상당한 기여를 했다. 이들은 다음과 같은 문장들의 차이점을 파악하려 노력했다. 예를 들어, 목적어가 동사 뒤에 위치('정상적'인 위치)하는 러시아어 문장 'Anna liubit Ivana.(안나는 사랑한다. 존을.)'와 목적어가 문장 앞에 위치('비정상적'인 위치)하는 'Ivana liubit Anna.(존을 사랑한다. 안나가.)'의 차이를 규명하려 했다. Comrie(1979)에 따르면 이 두 문장의 차이점을 규명하기 위해서는 각각의 문장이 어떤 유형의 질문에 대한 대답인지를 파악해야 한다. 전자의 경우는 '안나가 사랑하는 사람이 누구인가?'에 대한 답이며, 후자는 '누가 존을 사랑하는가?'에 대한 답이다.

첫 질문에서는 이미 '안나'라는 이름이 주어졌다. 따라서 구정보를 문두에 놓고 흥미로운 신정보를 맨 뒤에 위치시켜 궁금증을 증폭시킬 수 있는 형태인 'Anna liubit Ivana.(안나는 사랑한다. 존을.)'가 답이 되는 것이다. 다시 말해, 구정보를 먼저 제공한 후 신정보를 제공하는 정보 패턴을 따르고 있다. 질문이 '누가 존을 사랑하는가?'일 경우, 러시아어에서는 동일한 방법을 사용할 수 있다. 다시 말해, 구정보인 '존'을 맨 앞에, 신정보인 '안나'를 그 다음에 두는 답변을 할 수 있다. 왜냐하면 러시아어의 경우, 단어의 어미[3]를 통해 '존'이 사랑의 대상이 되고 '안나'가 근원임을 드러낼 수 있기 때문이다.

이와 동일한 정보 흐름을 영어에서 재현한다고 하자. 실제 많은 번역이론은 이러한 시도가 가능하다고 논증하고 있다. 이 경우, 우리는 어쩔 수 없이 다소 복잡하고 생소한 구조를 사용해야 한다. 예를 들어 수동태[John is loved by Ann.(존은 안나에 의해 사랑을 받는다.)] 혹은 분리구조(clefted structure, 예 'It is X who …' 또는 'What X did was to …')를 통해 분리문을 만들어야 한다. 필자의 학생이 독일어의 도치문을 'On October 7, 1949, there was founded the German Democratic Republic.(1949년 10월 7일 그곳에 설립된 것은 독일 민주연방이다.)'이라는 영어 분리문으로 번역한 일이 있는데, 어쩌면 이 학생이 출발어의 정보 흐름을 도착어에서 유지시키기 위해 의도적으로 이런 방식의 번역을 했다는 생각이 든다. 하지만 이는 박물관에서나 찾아볼 수 있는, 낡은 구조를 사용한 잘못된 번역이라는 비판을 피하기 힘들다.

하지만 위의 '신정보-구정보' 방식의 접근법은 다소 모호한 측면이 있다. Diller와 Kornelius(1978, pp. 50-51)는 진술[Cain kills Abel.(카인이 아벨을 죽이다.)]만을 보고 질문[Who does Cain kill?(카인이 죽이는 사람은 누구인가?)]을 하는 방식으로 신정보가 무엇인지를 파악하는 데는 한계가

3 [역주] Ivan 뒤에 붙는 'a'가 목적격을 나타내는 어미다.

있음을 지적했다. 'What does Cain do to Abel?(카인이 아벨에게 하는 짓은 무엇인가?)', 'What does Cain do?(카인이 무슨 짓을 하는가?)', 'Who kills Abel?(누가 아벨을 죽이나?)' 등의 무수히 많은 질문이 가능하기 때문이다. 고정된 통사 구조가 존재하는 언어의 경우, 이들 질문에 대한 답을 제시하는 데 있어 신정보를 문장의 맨 뒤에 놓는 방식으로 레마를 표현하기 힘들 수도 있다. 'John is loved by Ann.(존은 안나에 의해 사랑을 받는다.)' 혹은 'It is by Ann that John is loved.(바로 안나에 의해 존은 사랑을 받는다.)' 등의 문장 구조(신정보를 레마 위치에 두는 구조)는 어학 교재에서나 볼 수 있는 문장이지, 일반적인 영어권 화자에 의해서는 거의 사용되지 않는다. 이처럼 통사 구조가 사실상 고정된 언어들은 다른 방식으로 신정보를 나타낸다. 영어의 경우, 강세형(stress pattern)[4]의 사용을 통해 이를 표시할 수 있다(구어 · 문어 모두 해당). 영어 모국어 화자가 흔히 접하게 되는 경험으로는 어떤 문장을 다시 읽어야만 하는 경우인데, 이는 강세형에 대한 1차적 심리적 표상(mental representation)[5]이 잘못됐기 때문이다.

아래 예문에서 드러나듯, 테마 자리(텍스트의 가장 앞부분)에 위치한 단어라 할지라도 완전히 새로운 정보일 수 있다. Leonora Cherniakhovskaia (1977, p. 89)는 상당히 유사한 구조를 가진 두 개의 러시아어 문장(필자가 영어로 직역해서 제시함)을 인용한 바 있다.

---

4 [역주] 강세(强勢)란 발화 시 언어음, 음절, 단어에 가해지는 강도를 뜻한다. 영어에는 제1강세(primary stress), 제2강세(secondary stress), 제3강세(tertiary stress), 약강세(weak stress)의 네 가지 유형이 존재한다. 이들 강세 유형이 조합되어 드러나는 양상이 바로 강세형(强勢形)이다.

5 [역주] 심리적 표상이란 대상(물체 · 문제 · 일의 상태 · 배열)과 관련한 지식이 머리와 마음에 저장되는 방식이다.

- In Armenia was born the new production of Britten.
  (아르메니아에서 탄생한 것은 브리튼의 새로운 작품이다.)
- On the streets of the capital of Armenia appeared posters.
  (아르메니아 수도의 거리에는 포스터가 나붙었다.)

하지만 영어로는 다르게 번역되어 다음과 같다.

- While in Armenia, Britten composed [···]
  (아르메니아에 있는 동안, 브리튼은 [···] 작곡했다.)
- Posters [···] appeared in the streets of Armenia's capital.
  (포스터가 [···] 아르메니아 수도 거리에 나붙었다.)

Cherniakhovskaia의 설명에 따르면 첫 문장에 나오는 'In Armenia(아르메니아에서)'는 신정보가 아니며(이 문장이 문단 맨 앞에 오는 문장이 아니기 때문) 그 뒤에 나오는 부분이 바로 신정보다. 러시아어와 영어 모두 정보를 다루는 구조가 구정보-신정보 순으로 동일하다. 두 번째 문장에서는 문장 내의 두 부분 모두 신정보다. 텍스트의 첫 문장이기 때문이다. 이와 같은 경우, 러시아어에서는 신정보의 중요성에 따라 위계 구조가 형성되며, 가장 중요한 정보가 레마 자리에 배치된다. 하지만 영어의 정보 흐름은 고정된 문법적 구조에 의해 결정된다['posters(포스터)'를 맨 뒤에 두는 것이 불가능하지는 않지만 어색하다]. Cherniakhovskaia (1977, p. 90)는 테마-레마 이론을 사용해 러시아어 문장에서 가장 앞에 위치한 부사구가 왜 영어에서는 일반적으로 문법적 주어로 바뀌는지 설명한다. 'In the room set in deathly silence.(그 방에 자리 잡은 것은 쥐 죽은 듯한 고요함이다.)'에 해당하는 러시아어 문장을 영어로 옮기면 'The room turned deathly silent.(그 방은 쥐 죽은 듯 고요해졌다.)'가 자연스럽다. 또한, 'To this period belong Lissitsky's first works.(이 시대에 속하는 것은 리스츠키의 초기 작품이다.)'에 해당하는 러시아어 문장이 영어에서는 'This period saw Lissitsky's first works.(이 시대는 리스츠키의 초기 작품을 목도했다.)'로 바뀐다.

테마-레마는 화제-평언(topic-comment)으로도 설명될 수 있다. 테마는 우리가 무엇에 대해서 말하는가(화제)이고 레마는 화제에 대해 어떻게 말하는가(평언)이다. Eggins는 문장 앞부분에 위치한 단어나 구라고 해서 모두 테마로 분류될 수는 없으며 '화제와 관련된 항목(topical item)'이 바로 테마라고 주장했다. 뉴스 속보에서 'Today, in New York, three armed men seized hostages […](오늘 뉴욕에서 세 명의 무장 강도가 인질을 잡고 […])'와 같은 말이 나왔다고 하자[독일 뉴스 속보 역시 유사한 구조를 보인다－'Bonn: der Bundeskanzler(본: 독일 수상)']. 이 경우, 화제는 앞부분의 부사구가 아니라 그 뒤의 'three armed men(세 명의 무장 강도)'임이 분명하다. 따라서 이 항목(three armed men)이 문장 가장 앞부분에 위치하고 있지 않은 이유에 대한 이론적 기술이 필요하다. 화제-평언 이론은 '실제' 화제를 인정하며, 이를 테마에 포함시킨다. 하지만 어떤 언어적 항목이 먼저 나오느냐에 따라 각기 다른 명칭[topical(화제와 관련된), interpersonal(대인관계의), textual(텍스트적인)]으로 불리게 된다. 하지만 이러한 분류법은 다소 기계적이다. 앞서 제시한 예문 앞부분에 위치한 부사구와 같은 장치는 비록 테마 형성과는 무관하지만 두 가지 화용론적 용도로 사용될 수 있다. 즉, 관련성이 일부 있지만 필수적이지 않은 요소를 제거할 때, 또는 장 형성(stage-setting)을 통해 사건의 극적인 효과를 창출할 때 활용할 수 있다.

Hawkins(1986, p. 47)는 문장의 정보 구조가 상당히 "미묘한 현상"임을 지적하면서 "단어 순서를 바꿀 경우, 수행되는 화용론적 기능도 달라진다. 이러한 현상(이에 대해서는 이론적인 논의조차 없는 것으로 보이지만)

이 단순화된 테마-레마 틀 내에서 뭉뚱그려 다루어지고 있다."라고 말했다. 이를 고려한다면, 문장 구조를 단순히 테마-레마, 구정보-신정보, 혹은 화제-평언으로만 나누어서는 안 된다. 번역가는 우선 문장 내, 그리고 문장 간에 정보의 의미적 중요성에 따른 체계가 있음을 인식해야 한다. 이러한 인식을 토대로 문장 구조에 따라 결정되는 화용론적 기능을 파악한 후 해당 기능을 도착어 텍스트에서 구현할 방법을 모색해야 한다. 이를 위해 번역가는 무표적 어순이 무엇인지, 무표적 어순을 사용하지 않을 경우 의도되고 생성되는 기능이 무엇인지에 대한 지식이 있어야 한다. 참고로, 사람들이 일반적으로 기대하지 않는 방식을 사용함으로써 의미를 보다 효과적으로 전달할 수 있는 경우도 있다.

강세, 초점, 대비, 텍스트 유형의 측면에서 아래 문장들이 어떤 차이점을 보이는지 살펴보자.

- The cat sat on the mat.(고양이가 매트 위에 앉았다.)
- On the mat sat the cat.(매트 위에 앉았다. 고양이가.)
- Sat the cat on the mat.(앉았다. 고양이가. 매트 위에.)

우선, 첫 번째 문장은 무표적이고 두 번째와 세 번째 문장은 유표적이라고 평가할 수 있다. 두 번째 문장의 경우, 정보 제시 순서를 통해 발화의 극적인 효과 창출을 목표로 하고 있다[On the floor was a mat and on the mat sat the cat.(바닥에는 매트가 깔려 있었고 매트에는 고양이가 앉았다.)]. 영어에서 보통 이와 같은 구조를 활용해 농담을 던지거나 이야기를 전개하는 것도 이 때문이다. 세 번째 예문은 시적인 표현이다. 물론, 맥락을 우선 파악해야 정확한 판단이 가능하다. 번역가는 해당 효과를 도착어에서 창출하기 위해 동원할 수 있는 도착어 장치를 반드시 파악하고 있어야 한다.

앞서 우리는 무표적 테마의 위치와 유표적 테마의 위치에 대해 살펴보았다. 하지만 무엇이 무표적이고 무엇이 유표적인 것인가는 언어에 따라 상당히 다르다. 프랑스어와 영어도 차이가 있다. 아래 광고용 문구는 프랑스어를 영어로 번역한 것인데, 둘째 문장에서 작은 문제가 발생했음을 알 수 있다. “You surely know or can imagine how exciting is the search [for good wines]. In France, we do this search for our customers.(여러분은 분명 [좋은 와인을] 찾는 과정이 얼마나 설레는 일인지 아시거나 상상할 수 있을 겁니다. 프랑스에서 우리는 고객을 위해 이런 과정을 대신합니다.)” 좋은 와인을 찾는 과정이 무척 설레는 일이라면서 왜 그러한 설렘을 고객에게서 앗아가려 하는지도 궁금하지만, 이를 차치하더라도 또 다른 문제가 있다. 문장 내에서의 무게 중심을 고려한다면 ‘Our company already carries out this search on behalf of our customers over in France.(우리 회사는 고객을 대신해 프랑스에서 좋은 와인을 엄선하고 있습니다.)’라는 번역이 보다 자연스럽다.

절이나 문장보다 더 큰 텍스트 단위에 테마를 배치시킬 경우에는 무표적 테마도 유표적 테마로 바뀔 수 있다. 앞서 7장에서 살펴본 House의 독일 관광 안내 책자의 경우 첫 문단을 제외하고는 모두 ‘Nuremberg(뉘른베르크)’라는 테마로 시작한다. 이와 같은 일련의 반복을 통해 무표적 테마 구조가 유표적 테마 구조로 바뀌었다(이런 특징이 영어 번역에는 반영되지 않았다). 유사한 현상이 아래의 예(여기에 제시된 예는 직역이며 요점을 분명히 하기 위해 형태를 일부 축소했다)에서도 나타난다. “Today, mad cow disease […] Yesterday, contaminated blood. Before yesterday, Minamata disease. Tomorrow, other evils or threats […] And then, there will be yet more threats […](오늘은 광우병, […] 어제는 오염된 혈액, 그제는 미나마타병, 내일은 다른 끔찍한 병 또는 위협이 […] 그 후에는 또 다른 위협들이 […])”

시간부사를 전면에 배치시키는 문장 구성은 프랑스어에서 지극히 정상적이다. 다시 말해, 무표적 구조다. 하지만 이러한 문법 구조를 텍스트 전체에 걸쳐 동일한 방식으로 반복 사용할 경우에는 병렬구조가 생겨나며 결국 무표적 구조는 유표적 구조로 바뀐다. 이는 잠시 후에 살펴볼 결속구조와 깊은 관련이 있다. 결속구조로 넘어가기 전에 우선 프랑스어 텍스트와 관련한 흥미로운 논의를 나누면서 테마-레마를 정리하도록 하자.

첫째, 테마-레마 구조의 변경 없이도 프랑스어 텍스트를 영어로 옮길 수 있다. 하지만 그렇지 않은 언어도 있다. 조심스럽기는 하지만 ‘언어에 따라 테마-레마 구성 방식이 서로 다르며, 어떤 언어에서는 테마-레마 구조 자체가 존재하지 않는다’는 가정을 할 수도 있다. 예를 들어, 네덜란드어에서는 시간부사를 전면에 배치하는 것이 매우 부자연스럽기 때문에 시간부사를 전면에 배치한 프랑스어 문장을 네덜란드어로 옮길 경우에는 큰 어려움이 초래된다(Baker, 1992, p. 133). James(1980, pp. 115-116)는 영어와 달리 프랑스어에서는 문단 구성에 있어 동일한 형태의 레마를 유지할 수 있다는 점을 조심스럽게 논증했다. 예를 들어, ‘고양이가 쥐를 먹는다. 개가 쥐를 먹는다. 뱀이 쥐를 먹는다.’의 형태가 프랑스어에서는 부자연스럽지 않다는 말이다. Hawkins는 테마-레마 패턴을 따를 경우 무표적인 독일어의 보어(간접 목적어+직접 목적어)가 유표적으로 바뀔 수 있다는 연구를 인용한 바 있다. 이 주장에 대해서는 반론이 제기되기도 했다.

둘째, 프랑스어 텍스트의 경우 시간이 테마로 사용되기는 하지만 이 시간 테마가 반드시 연대순으로 일관성 있게 제시되는 것은 아니다. 따라서 다른 언어(영어 포함)로 옮길 때는 연대순으로 정리를 해야 하는 경우도 있다. 즉, ‘First X […] Then Y […] After that […] And next?(처음에는 X, 다음에는 Y, 그 이후에는 […] 그리고 다음에는?)’의 순으로 재구성하는 것이 보다 자연스러울 때가 있다. 참고로, 밀란 쿤데라의 『Žert(농담)』를 영어로 처음 옮긴 번역가는 연대순에 지나치게 연연한 작품의 구조를 송두리째 흔들어 놓기도 했다(Kuhiwczak, 1990, p. 125).

셋째, 테마-레마 구조가 흥미롭고 중요한 요소임을 부정할 수는 없지만 번역가는 이 외에도 산적한 문제로 골머리를 앓는다. 예를 들어, 번역을 하다 보면 'Minamata disease(미나마타병)가 무엇인가?', '도착어 독자에게 이 질병에 대한 부연 설명을 제공할 필요가 있을까?', '번역이 쉽지 않은 avant-hier(그제)를 독자가 어떻게 받아들일까?' 등의 문제로 고민해야 하는 경우가 종종 있다. 또한 번역에는 대체로 시간 제약이 있다. 우선 순위도 정해야 한다. 테마-레마에만 매달릴 수는 없는 노릇이다.

하지만 테마-레마 구조에 주의를 기울이지 않으면 크고 작은 문제가 발생할 수 있다. 다음 번역 예문을 살펴보자. 사람들에게 '전류에 의해 발생하는 위험'에 어떻게 대처해야 하는지 알려주는 글의 일부인데, 'If nobody can remove the current, place on an insulated stool.[6](만약 누구도 전류를 차단할 수 없다면 절연체를 올려놓으세요.)'이라는 문장을 자세히 살펴보면 테마-레마 구조가 파괴됐음을 알 수 있다. 이와는 달리 이 앞의 문장에서는 테마-레마 구조가 잘 지켜지고 있다. "If the tension is over 1000v, remove the current and expect the fall of the victim if he is suspended.[7](전압이 1000v를 넘을 경우, 전류를 차단하고 희생자가 매달

6 [역주] 'If nobody'는 T1이고 'can remove the current'는 R1이다. 그렇다면 일반적으로 기대되는 T2는 R1의 반복 · 변형이 된다. 하지만 T2가 나오지 않은 상황에서 'place on an insulated stool'이라는 R2로 추정되는 항목이 테마의 자리에 나오기 때문에 테마-레마 구조가 파괴된, 어색한 문장이다.

7 [역주] 'If the tension'까지가 T1이고 'is over 1000v'는 R1이다. 'remove the current'는 R1의 '1000v'를 반복 · 변형한 형태로 T2가 되며, 뒤이어 나오는 부분은 R2다. 다시 말해 '구정보(T1)-신정보(R1)-구정보(T2≒R1)-신정보(R2)'의 순서를 충실히 따르고 있다.

려 있을 경우 떨어지기를 기다리세요.)" 이 경우에 문제가 되는 것은 탈출에 필요한 시간 계산이 전부다. 적어도 테마-레마로 인한 혼란은 발생하지 않는다. 테마-레마 구조의 파괴는 번역문에서만 발견되는 것이 아니다. 1994년 5월『The Observer(옵저버)』지 기사에서 인용된 내용 일부를 살펴보자. "[Her] son was killed by a car going through a red traffic light. He was let off with a fine.[8]([그녀의] 아들이 빨간 신호를 무시하고 달리던 차에 치어 죽었다. 그는 벌금만 내고 풀려났다.)"

테마-레마 구조가 훼손될 경우, 부결속성(incoherence)이 야기될 수 있기 때문에 주의를 요한다[물론, 러시아어에서 아주 흔하게 사용되는 구조를 영어로 그대로 옮겨 'Funny, of course, the supposition …(흥미롭게도, 물론, 가정은 …)' 등의 구조를 만드는 번역가는 없을 것이다]. 하지만 능숙한 번역가 중 특별한 이유 없이 테마-레마 구조를 임의로 바꾸는 사람이 많다는 점도 문제다. 가브리엘 가르시아 마르케스의 소설을 번역한 미국 번역가들은 출발어 텍스트에서 사용된 부사구를 '자유롭게' 바꾸었는데, 결과적으로는 마르케스가 정교하게 설계한 테마-레마 정보 흐름이 불필요하게 훼손됐다(Munday－진행 중인 연구). 이러한 테마-레마 구조 변경은 다음 세 가지 중 하나에 기인한다. 첫째, 스페인어와 영어의 테마-레마 구조가 서로 다르다는 것을 의식적으로든 무의식적으로든 번역가가 알고 있는 경우다. 둘째, 테마-레마 구조의 상이성을 번역가가 알지 못하거나 대수롭지 않게 여기는 경우다(능숙한 번역 실력을 가진 전문 번역가

---

8 [역주] 첫 번째 문장의 '[Her] son'은 T1, 'was killed by a car going through a red traffic light'는 R1이다. 그렇다면 두 번째 문장의 T2 자리에는 R1의 반복 · 변형이 나와야 한다(T2≒R1이기 때문). 즉, T2의 자리에는 'The driver of the car' 등의 표현이 사용되어야 한다. 위와 같이 테마-레마 구조가 파괴될 경우, 'He'가 누구를 가리키는지 순간적으로 모호해질 수 있다. 물론 대부분의 경우 맥락의 도움을 받아 지시대상을 찾을 수 있다.

가 이럴 가능성은 거의 없는 것 같다). 셋째, 이해하는데 어려움이 없는 한 테마-레마 구조 자체가 실제 중요하지 않은 경우다. 참고로, 세 번째 경우와 관련해서는 Munday의 연구에 대해 Nida는 가변성(variability)이 있다는 지적을 했다. 즉, 어떤 구(句)의 위치가 오늘은 괜찮은 것처럼 보이다가 내일은 다른 위치로 옮기는 것이 더 낫다고 생각될 수도 있다는 뜻이다. Gallagher(1993, p. 152)는 "출발어 텍스트의 테마-레마 구조를 도착어에서 반드시 유지해야 한다는 주장은 오류다."라는 결론에 도달했다.

사실, 신출내기 번역가는 출발어 텍스트의 테마-레마 구조를 도착어 텍스트에서 재현시켜야 한다는 강박관념 때문에 결과적으로 어색한 번역을 도출하기도 한다. 프랑스어의 분리문인 'c'est … qui/que(그것은 바로 ~이다)'를 영어로 번역한다고 하자. 이 구조를 영어 텍스트에서 유지할 경우에는 부자연스러운 문장이 도출될 수 있다. 프랑스어와 달리 영어에서는 분리문의 사용 빈도가 낮기 때문이다. 영어의 경우 'it is … which'라는 분리구조를 과도하게 사용할 경우 문체적인 측면에서 매우 어색한 텍스트가 만들어진다.

이제 결론을 내리자. 테마-레마 개념은 분명 번역가에게 유용하다. 하지만 더 중요한 것은 특정 단어가 왜 그 자리에 배치되었는지를 파악하는 것이다(초점, 강조, 대비, 전제 지식, 이야기 전개, 문장 리듬 등 다양한 이유가 있을 수 있다). 또한 도착어에서 해당 효과를 구현하는데 사용되는 수단이 무엇인가를 알아야 한다. 아울러, 번역 중인 글이 테마-레마 구조에 관심을 가져야 하는 텍스트인지, 그렇지 않은지를 파악할 수 있는 '예리한' 눈을 가져야 한다.

앞에서 'In France, we do this search for our customers.(프랑스에서 우리는 고객을 위해 이런 과정을 대신합니다.)'가 포함된 번역 텍스트를 살펴보면서 필자가 대안 번역을 제시한 바 있다. 두 문장 모두 해당 문장이 텍스트의 첫 문장이 아님을 보여주는 장치(we, do, this, our, already)를 사용했다. 이들 장치를 독자가 이해할 수 있는 것은 이들이 텍스트의 앞부분에서 이미 제시된 정보를 가리키기 때문이다. 다시 말해, 이들 장치는 앞서 언급한 정보를 가리키는 일종의 '지시등'이며 텍스트의 앞뒤를 유기적으로 연결시킨다. 결국, 이들 장치를 통해 결속구조가 생성된다.

2. 결속구조와 번역

테마-레마 구조가 적절하게 유지되면 텍스트가 하나의 유기적 결합체가 된다는 사실을 앞서 검증했다. 이제 테마-레마 외의 장치 – 결속구조 및 결속성 – 를 살펴보자. 결속구조(cohesion)는 텍스트의 통합성을 보장하는 문법적 · 구조적 장치며, 결속성(coherence)은 텍스트의 각 부분을 전체와 연결시키는 개념적 · 의미적 네트워크다. 결속구조와 결속성의 개념 정의는 학자마다 조금씩 다르다. Eggins(1994, p. 87)는 결속성을 상황 및 장르를 텍스트와 연결시키는 장치라고 정의했다. 다시 말해, 결속성은 텍스트와 텍스트 외적 요소 간의 연결고리인 반면 결속구조는 텍스트의 내적 연결고리다.

Eggins의 설명을 살펴보자. 만약 한낮 태양이 내리쬐는 사막 한가운데서 'Turn on the light please.(불 좀 켜주세요.)'라고 말한다면 이는 상황적 결속성이 결여된 발화다. 범죄 현장에서 범인을 체포하는 경찰이 'I shall now apprise you on your Miranda rights.(이제 당신에게 미란다 권리를 고지하겠습니다.)'라는 말 대신 'Now, listen up you little piece of shit!(자, 잘 들어. 이 쓰레기야!)'이라고 한다면 총체적으로 결속성이 결여됐다고 평가할 수 있다. 반면 프랑스어로 'Il veux qu'elle **est** **heureux**.[9](그는 그녀가 행복하기를 바란다.)'라는 문장에는 결속성이 아니라 결속구조가 결여돼 있다. 왜냐하면 '-x'는 '-t'로 바뀌어야 하고 'est'는 'soit'로, 'heureux'는 'heureuse'가 돼야 하기 때문이다. 비록 프랑스인들이 위 문장을 보고 어떻게든 의미를 이해할 수는 있겠지만, 자연스럽고 즉각적인 이해를 기대하기는 힘들다. 문장 내에서, 그리고 문장을 넘어서서 항목들을 서로 연결시키는 기본적인 문법적 연결고리가 파괴됐기 때문이다.

결속구조는 텍스트성(textuality)[10] 논의에 있어 가장 흥미로운 주제로, 문학 비평에서도 관심을 끌고 있다. 안타깝게도, 번역에서는 큰 주목을 받지 못했다.

결속구조를 달성하는 데는 크게 두 가지 방법이 있다. 칼로 두부모 자르듯 경계를 정할 수는 없지만 다음과 같이 분류할 수 있다. 첫째, 시제 순서나 접속어와 같은 순수 문법적 장치를 사용하는 방법이다. 이들 장치는 텍스트 내에서 시간 · 공간 · 논리를 구조화하는 기능을 수행한다. 둘

---

9 [역주] 인칭에 맞는 형태('veux'→'veut'), 성별에 맞는 형태('heureux'→'heureuse'), 법에 적합한 형태('est'→'soit')를 사용해 'Il veut qu'elle soit heureuse.'로 고쳐야 한다. 그렇지 않을 경우, 엉뚱한 대상을 지시하는 결과로 이어진다. 우리말과는 달리 프랑스어의 경우 어휘 형태를 통해 성별 · 인칭 · 법 등이 드러나기 때문이다. 예를 들어, 프랑스어 모화자는 'Il veux qu'elle est heureux.'를 읽으면서 'veux'(vouloir 동사의 변형: 원하다, 직설 · 현재 · 1[2]인칭 단수)에 해당하는 주어를 찾을 것이며['Il(그 남자)'이 아니라 'Je(나)'를 찾게 된다] 'heureux'(형용사: 행복한, 남성형 단수)를 보는 순간 주체가 남자라고 생각하게 된다. 마찬가지로 'être' 동사의 변형 'est'(동사: ~이다, 직설 · 현재 · 3인칭 단수)는 접속법 기능을 수행할 수 없기 때문에 혼란이 초래되는데, 이는 '접속 · 현재 · 3인칭 단수'일 때 사용되는 'être'의 변형 'soit'를 사용하지 않았기 때문이다.

10 [역주] '텍스트성'은 텍스트로서 갖추어야 할 일정 요건 또는 기준이다. 즉, 이러한 텍스트성 요건을 충족시킬 경우, 그 언어적 조직체를 텍스트라고 부를 수 있다. de Beaugrande와 Dressler는 텍스트성을 결속성(coherence), 결속구조(cohesion), 의도성(intentionality), 용인성(acceptability), 상황성(situationality), 상호텍스트성(intertextuality), 정보성(informativity)의 일곱 가지 요건으로 설명한다.

째, 어휘-문법적(lexico-grammatical) 장치를 동원하는 방법이 있다. 이들 장치는 텍스트 내에서 의미적 정보 항목 간 동일성의 연결고리다.

2.1. 반복을 통한 결속구조

텍스트의 각 부분을 한데 묶는 가장 확실한 장치는 단순 반복(simple repetition) 혹은 재현(recurrence)이다. 'The group has been holding **meetings** […] The **meetings** have been kept under wraps.(그 단체는 회의를 열어 왔다 […] 그 회의는 비밀리에 열렸다.)'를 예로 들 수 있다. 하지만 무분별한 반복은 부자연스럽고 단조롭다. 그래서 나온 것이 부분 재현(partial recurrence)이다. 이는 특정 항목을 상이한 문법적 형태로 반복하는 것이다. 'I was moved by a **feeling** of […] Today I **feel** […](나는 […] 느낌에 감동했다. 오늘 내가 느끼는 것은 […])'(이 예문은 러시아어 텍스트를 옮긴 것으로, 러시아에서 사용된 형태는 'chuvstom'과 'chuvstvuiu'이다).

병렬구조(parallelism)는 서로 다른 내용을 동일한 문법 구조를 통해 반복하는 것이고, 패러프레이즈(paraphrase, 바꿔 쓰기)는 그 반대의 경우다. 병렬구조와 관련한 흥미로운 예를 살펴보자. 독일어 'Tiefsinn, Unsinn, Scharfsinn(심오함, 무의미함, 명민함)'을 살펴보면 단순 단어 층위가 아니라 형태론적 구조에 의해 병렬구조가 유지될 경우 그 효과가 극대화된다는 점을 알 수 있다. 이를 영어로 번역하면 'profundity, nonsense, acuity (심오함, 무의미함, 명민함)'가 되는데, 3원적 구조의 전통적인 수사적 장치에 불과하며 의미를 극대화하는 소리 효과는 증발한다. 같은 맥락에서, 러시아어 텍스트를 영어로 옮긴 'simple, self-evident, monotonous(단순한, 자명한, 단조로운)' 역시 3원적이기는 하지만 음율 요소가 배제된 번역이다. 영어와는 달리 러시아어에서는 세 단어가 동일한 음으로 끝을 맺는다. 이는 시사하는 바가 크다. 출발어 텍스트에서 사용되는 반복이 의도적일 경우, 이러한 장치가 도착어 텍스트에서 재현되지 않는다면 분명 문제의 소지가 있다.

2.2. 생략을 통한 결속구조

다소 역설적이기는 하지만 생략(ellipsis)을 통해 일부를 누락하는 것 역시 글의 각 부분을 묶어 하나의 유기적인 텍스트를 만드는 방법이다. 하지만 생략에 대한 연구는 그리 흔치 않다(de Beaugrande와 Dressler, 1981, p. 68). 현실을 제대로 반영하지 못한 측면도 있지만 대부분의 언어학 연구는 소위 '잘 구성된 문장(well-formed sentence)'에만 초점을 두고 있다. 따라서 생략이 이루어진 문장에 대한 연구는 찾기 힘들며 일부 문법책에서 군데군데 다루어질 뿐이다. 참고로, 번역과 관련해서는 생략이 그리 중요하지 않다는 점을 유념한 상태에서 아래 내용을 살펴보도록 하자.

생략은 특이한 방식으로 이루어질 수 있다. 예를 들어, 영어에서는 문장의 주어가 주절에서는 생략될 수 있지만 종속절에서는 그렇지 않다. 즉, 'He's good at his job. **Knows** what he's doing.(그는 그 일에 아주 능숙하다. 무엇을 해야 하는지 알고 있다.)'은 가능하지만 'He's good at his job because **knows** what he's doing.(그는 그 일에 아주 능숙하다 왜냐하면 그가 무엇을 해야 하는지 알고 있다.)'은 성립되지 않는다. 따라서 번역가는 도착어에서 생략 가능한 언어적 항목이 무엇인지, 또 어떤 상황에서 생략이 가능한지를 숙지해야 한다.

Vinay와 Darbelnet은 생략 현상을 크게 세 가지로 분류했다. 관점이 다르기는 하지만 Vázquez-Ayora 역시 세 가지 유형의 생략 현상을 논했다. Vinay와 Darbelnet의 논의를 우선 살펴보자.

첫째, 세상사 지식(world knowledge) 혹은 상황에 의해 생략이 허용되는 경우다. 예를 들어, 프랑스어 'SVP[11](부탁합니다)'와 'Haut(위)'와 같은 다소 극단적인 생략도 있다. 이들 문구의 의미를 파악하기 위해서는 해당 사회에 대한 지식이 선행되어야 한다. 다시 말해, 해당 사회에서 특정 메시지를 간단명료하게 전달하기 위해 사용하는 고유의 방식을 이해해야 한다. 우선, 'SVP'는 '잔디밭에 들어가지 마시오(부탁합니다)'라는 의미로 캐나다에서 사용되며, 'Haut[12]'는 '이쪽을 위로'의 의미로 사용된다(Vinay와 Darbelnet, 1958, p. 175).[13] 프랑스어 'On ne vous voit plus.(우리는 당신을 모릅니다.)'를 영어 'Hello, stranger.(안녕하세요. 낯선 양반.)'로 옮기기 위해서는(Vinay와 Darbelnet, 1958, p. 173) 도착어에서 일반적으로 통용되는 표현을 알고 있어야 한다. 사전을 통해 이러한 표현을 찾는 데는 한계가 있다.

둘째, 다수의 출발어 화자가 사실상 생략으로 인식하지 못하는 생략 현상이 존재한다. 'We'll price ourselves out of the market.[14](우리는 가격 때문에 시장에서 배제될 것입니다.)'이라는 문장(Vinay와 Darbelnet, 1958, p. 185)은 영어권 화자에게는 생략이 사용된 문장으로 여겨지지 않을 것이다. 하지만 프랑스어 번역과 비교해보면 생략이 사용된 문장임을 알 수 있다. 유사한 경우로 'He laughed his approval.(그는 웃으며 허락했다.)'이라는 문장은 스페인어의 영어 역번역(逆飜譯)인 'He approved it

---

11 [역주] 's'il vous plaît'의 약자로 '부디'나 '아무쪼록'을 뜻하며 영어의 'please'에 상응하는 표현이다.

12 [역주] 주로 파손되기 쉬운 화물에 기입하는 문구로, '이쪽 면을 위로 향하게 하시오.'로 사용된다.

13 [역주] 번역에의 시사점을 살펴보자. 예를 들어, '잔디밭에 들어가지 마시오!'를 캐나다에 사는 프랑스어 화자를 대상으로 옮길 경우에는 생략을 활용해 'SVP'만으로 간략하게 번역할 수 있다.

14 [역주] Vinay와 Darbelnet(1958, p. 173)은 이 영어 문장을 프랑스어로 옮길 경우 'Nous ne pourrons plus vendre si nous sommes trop exigeants.(우리가 너무 많이 요구하면 안 팔릴 겁니다.)'로 표현하는 것이 자연스럽다라고 주장하면서 통사적 절감을 논증했다.

with a smile.(그는 미소로 그것을 승인했다.)'과 비교할 경우에만 생략이 사용된 문장이라는 점이 드러날 것이다(Vázquez-Ayora, 1977, p. 358). 이러한 예를 통해 '동사+부사어구'와 같은 영어 구조의 경제성이 번역에서는 희석된다는 사실을 알 수 있다. 이는 일반적으로 의미 내용과 문법 구조의 도치를 통해 이루어진다. 부사구는 대부분 동사의 행위 결과를 나타낸다['He cried himself to sleep.(그는 울다 지쳐 잠들었다.)' 또는 'He drank himself to death.(그는 죽을 때까지 술을 마셨다.)'를 예로 들 수 있다]. 번역을 거칠 경우 이러한 문장 구조에서 생략된 부분은 복원되는 경향이 있고 표현은 도치된다. 결국 'He killed himself through excessive drinking.(그가 죽게 된 것은 과도한 음주 때문이다.)' 등의 문장으로 번역되는 것이다.

Vinay와 Darbelnet의 논의를 이어가기 전에 Vázquez-Ayora의 논리를 간략히 살펴보도록 하자. Vázquez-Ayora가 분류한 생략 현상은 순전히 문법적인 문제다. 첫째, 'John thought Mary clever.(존은 메리가 똑똑하다고 생각했다.)'와 같은 문장에서 생략된 관계대명사 혹은 연결사는 종종 번역을 거치면서 복원된다. 둘째, '직접목적어+부정사' 구문인 영어 'I asked them not to talk.(나는 그들에게 말하지 말 것을 요청했다.)'는 다수의 도착어에서 'I asked them that they not talk.(내가 그들에게 요청한 것은 그들이 말하지 않는 것이다.)'에 해당하는 표현으로 바뀌게 될 것이다. 셋째, 영어 문장 'Whatever his faults, he is a good friend.(그의 잘못이 무엇이든 그는 좋은 친구다.)'와 같은 제한절 또는 양보절의 경우 종종 'Whatever his faults may be […](그의 잘못이 무엇이든지 […])'에 해당하는 도착어로 바뀌어 출발어에서 생략됐던 항목이 복원될 필요가 있다.

Vázquez-Ayora가 인용한 보다 흥미로운 생략 유형은 두 가지 측면에서 문제의 소지가 있다. Vázquez-Ayora(1977, p. 356)는 'different levels of(다

른 차원의)', 'and attitudes to(그리고 ~에 대한 태도)', 'the communication process(의사소통 과정)'와 같은 표현의 생략을 논했는데, 이들 표현이 과연 생략에 해당하는지에 대해 출발어 관점에서 논란의 여지가 있다. 이러한 종류의 결속구조는 문제의 소지가 다분하다. 우선, 많은 언어에서 이를 문법 구조의 혼동을 초래하는 파격구문(anacoluthon)으로 간주한다는 것이다. 다시 말해, 하나의 명사(communication process)가 두 개의 전치사(of, to)의 지배를 받고 있는데 이는 매우 어색하다. 이 경우 출발어의 짧은 표현은 대부분 도착어에서 긴 문장으로 대체된다. 즉, 절감(economy)은 희석(dilution)으로 바뀐다. 흥미롭게도, 반대 방향으로 번역을 한다고 해도 희석에서 절감으로 바뀌지는 않는다. 대체로 그렇다. 스페인어 'que se ocupan de los diferentes niveles del proceso del comunicación así como de las actitudes que se han tomado frente a él(그것에 대해 취해지는 태도는 물론 의사소통 과정의 여러 차원과도 관련이 있는)'을 영어로 옮길 경우 대다수의 번역가들은 'which are concerned with the different levels of the communication process as well as the attitudes which people have adopted towards it(사람들이 그것에 대해 취하던 태도는 물론 의사소통 과정의 여러 차원과도 관련이 있는)'과 같이 번역할 것이다. 아마도 그 이유는 'así como(~와 같은)' 때문에 그 이하 문구를 종속관계(levels of, and attitudes to […])보다는 대등관계(as well as […])로 처리할 수밖에 없다고 추론하기 때문이다. 이는 Levý의 '신뢰할 수 없고 기만적인' 소위 'C 범주의 등가'에 해당되는데, 출발어 구조의 영향이 너무 강해서 심지어 번역가 자신의 모국어로 번역하는 과정에서도 수용 가능한 구조로 바꿔야 한다는 사실조차 망각하게 만든다는 것이다. 이는 출발어에서 전혀 문제가 없고 도착어에는 유사한 경우가 없기 때문이다(Levý, 1969, p. 59).

Vinay와 Darbelnet이 기술한 세 번째 유형의 생략은 잠시 후 다루게 될

'지시(reference)'와 생략의 경계에 놓여 있다. 한 언어에서 생략되는 내용은 소위 '대용형(pro-forms)'이라 불리는 것으로 지시(refer)되기 때문이다. 무엇인가가 생략되거나 지시되는 현상은 언어에 따라 다르다. 이와 관련해서는 언어에 따라 차이가 극명한데, 동사를 자질구레한 부분까지 모두 보상해서 번역해야 하는 언어가 있는 반면 가위로 싹둑 잘라내듯 생략해도 되는 언어도 있다. 영어에서 'We must tell him.(우리는 그에게 말해야 한다.)'은 사실 'We must tell him about it.(우리는 그에게 그것에 대해 말해야 한다.)'에서 'about it(그것에 대해)'을 생략한 표현이라 할 수 있는데, 어떤 언어는 반드시 이 'about it(그것에 대해)'을 명시적으로 드러내야 한다. 'He didn't say.(그는 말하지 않았다.)'와 비교급 표현 'He is cleverer than you think.(그는 당신이 생각하는 것보다 똑똑하다.)'라는 문장도 같은 맥락에서 논의될 수 있다.

2.3. 지시를 통한 결속구조

대용형(pro-form)은 반복을 피하기 위해 사용되는 대표적인 결속구조 장치다. 세상에 존재하는 거의 모든 언어에서 발견될 정도로 보편적인 장치임에도 불구하고 종류와 사용 범위에 있어서는 언어에 따라 서로 다른 양상을 보인다. 영어의 경우 대명사['There was an old woman who lived in a shoe. **She** had so many children she didn't know what to do.(한 중년 여성이 신발 안에 살고 있었다. 그녀는 자녀가 너무 많아 그녀도 어찌할 바를 몰랐다.)'], 대동사['I know it, and so **do** you.(난 알고 있어. 그리고 너도 그래.)'], 대보어['Is this right? I think **so**.(이게 맞는 거야? 난 그렇다고 생각해.)'], 대수식['He is a lazy, vicious, lying swine. **Such** people are best avoided.(그는 게으르고 심술궂고 거짓말을 밥 먹듯 하는 놈이야. 그런 인간은 상종을 안 하는 게 상책이지.)'] 등이 '대체'를 가능케

하는 대용형이다.

대용형이 텍스트 연결고리의 공지시성을 달성하는 데 사용되는 유일한 방법은 아니다. 반복, 부분 반복, 유의어도 동일한 기능을 수행한다. 과거 변이어(shifter) 혹은 직시어(pointer)라 불리던 지시어(deixis: '지시하다'는 뜻을 지닌 그리스어에서 유래) 역시 같은 역할을 한다. 지시어에는 'this(이것)', 'that(그것)' 등의 지시사, 'here(여기)', 'there(거기)' 등의 장소부사, 'today(오늘)', 'now(지금)' 등의 시간부사(이와 관련해서는 논란의 여지가 있다)가 포함된다.

대부분의 지시어는 번역에서 큰 문제를 일으키지 않는다. 출발어 지시어를 도착어 등가 지시어로 대체하면 간단하게 해결되기 때문이다. 하지만 정보 전달이 주된 목적이 아닌 텍스트를 번역하는 경우 일부 문제가 초래될 수 있다. 맥베스는 'Tomorrow and tomorrow and tomorrow creeps on this petty pace(내일, 또 내일, 또 내일이 종종 걸음으로 소리 없이 다가가고)'라고 중얼거렸다. 이 대사에 나오는 지시어 'tomorrow(내일)'를 도착어의 대응어로 옮길 경우 지시적 의미 전달 차원에서는 전혀 문제가 없다. 하지만 미적 효과를 고려한다면 변화를 줄 필요성이 대두될 수 있다. 희극 작가 폴 제닝스는 햄릿이 고뇌에 차서 'mother, mother(어머니, 어머니)'라고 외치는 대사를 프랑스어로 번역하면 마치 미친 양이 울어대는 것 같다고 했다.[15] 또한 'Hamlet, I am thy father's ghost.(햄릿, 나는 네 아비의 혼령이다.)'를 남아프리카 공용어로 번역하면 'Omlet, ek is de papa spook.(햄릿, 나는 네 아비의 혼령이다.)'이 되는데, 소리 내어 읽을 경우 무서운 분위기가 완전히 사라진다고 한다.

많은 번역가는 'recent(최근)'와 'forthcoming(다가오는)'과 같은 지시어

---

15 [역주] 햄릿의 대사를 프랑스어로 옮기면 'mère, mère[me:r, me:r]'가 된다.

가 초래할 수 있는 문제를 익히 알고 있다['According to a recent report(최근 보고서에 의하면)', 'In a forthcoming publication(곧 발간될 자료에서)' 등]. 번역물이 나올 즈음엔 이미 날짜가 훌쩍 지나 있는 경우가 대부분이다. 따라서 'recent(최근)'를 대신할 정확한 날짜를 파악하려 노력해야 한다. 'forthcoming(다가오는)'과 관련해서는, 자료가 이미 발간됐는지를 확인해야 한다. 참고로, 번역가는 이와 관련된 조사비용을 별도로 청구해야 하며, 저자는 자신의 분야에서 항상 최신이라는 인상을 주기 위해 사용하는 'recent(최근)' 등의 표현을 삼가야 한다. 아마도 'forthcoming(다가오는)'의 사용은 불가피할 것 같다. 유사한 번역 문제가 'we(우리)', 'you(당신)'에 의해 초래될 수 있다. 이와 관련해서는 11장(화용론과 번역)에서 살펴보자.

다른 유형의 지시는 큰 문제가 되지 않는다. 맥락을 통해 지시대상(referent)을 유추할 수 있기 때문이다. 이로 인해 성(性)이나 수(數)의 일치와 같은 사소한 문제는 별 무리 없이 처리할 수 있다.

일부 경우에는 문화적 맥락을 통해서만 지시대상을 찾을 수 있다. 문화적 맥락은 보편적(universal)일 수도, 지방적(parochial)일 수도 있다. 이는 '자체조응적 지시(homophoric reference)[16]'다. 만약 누군가 'Look at the moon.(달을 보세요.)'이라고 한다면 우리 모두는 어디로 눈을 돌려야 할지 알 것이다. 학교 연극에 사용된, 종이로 만들어진 달이라 할지라도 그러하다. 영화 『Now, Voyager(가라, 항해자여)』를 끝맺는 불멸의 대사 'Don't let's ask for the moon; we have the stars.(달을 구하자고 하지 말아요. 우리는 별을 가졌잖아요.)'는 누구나 이해할 수 있다. 하지만 만약 이

16 [역주] 'homophora(자체조응)'는 'exophora(외적조응)[≠endophra(내적조응)]'의 일종으로, 맥락적 지식을 통해 특정 의미를 가지게 되는데, 이를 기반으로 하는 것이 'homophoric reference(자체조응적 지시)'다.

대사가 'Don't let's go to the boondocks; we have the Quantocks.[17](분독스로 가자고 하지 말아요. 우리는 콴톡스를 가졌잖아요.)'라면 문화적 맥락이 지방적이기 때문에 대다수의 사람은 이해할 수 없을 것이다. 정관사 'the'의 사용을 통해 지시되는 공유 지식이 훨씬 더 문화특수적이기 때문이다.

번역의 관점에서는 이러한 문화적 맥락과 관련한 사례보다는 지시를 위해 사용되는 언어적 장치를 살펴보는 것이 더 흥미로울 수도 있다. 참고로, 문화적 맥락 관련 문제는 11장(화용론과 번역)의 '전제와 번역' 부분에서 본격적으로 다룰 것이다.

즉흥적인 의사소통 상황의 경우, 대화 참여자 이외에는 지시대상을 정확히 파악하기 힘들다. 지친 어머니가 말썽꾸러기 아이에게 'Do put that down, Nigel, before you break it.(그거 내려놔 나이젤. 네가 그걸 깨뜨리기 전에 말이야.)'이라고 말했다고 하자. 이 경우, 해당 상황에 참여하지 않고는 깨지기 쉬울 것으로 추정되는 'that'과 'it'이 무엇을 지시하는지 알기 힘들다. 하지만 대부분의 글에서는 상황 맥락이 제공된다. 예를 들어 'The fractious child seized hold of the priceless Ming vase. His mother sighed: "Do put that down […]"(말썽꾸러기 아이가 값비싼 명조 자기를 들고 있다. 아이의 엄마가 "그거 내려놔라 […]"라고 한숨을 쉬며 말했다.)'처럼 상황 맥락을 나타내는 글이 제시되는 것이 일반적이다. 이 경우, 앞서 나온 내용을 지시하는 전방대용(anaphora)이나 뒤에 나오는 내용을 지시하는 후방대용(cataphora)을 활용한 지시가 가능해진다.

텍스트가 길 경우, 이런 유형의 지시는 혼동을 초래할 수 있다. 지시어와 지시대상 간의 거리가 지나치게 멀 수 있기 때문이다. 후방대용 지시가 사용

17 [역주] 'boondocks'는 오지(미 · 구어)이고, 'Quantocks'는 영국 잉글랜드 지방 소머셋 웸블던에 위치한 언덕이다.

된 독일어 텍스트가 있는데, 앞부분에서 'ADAV'라는 두문자어가 등장한다. 그런데 여러 페이지를 넘긴 후에야 비로소 'Allegemeine Deutsche Arbeiter Verein(전독일노동자동맹)'이 등장한다. 참고로, 독자가 처음 'ADAV'를 접할 때는 맥락을 통해서도 그 의미를 짐작할 수 없다.

지시 유형 중 텍스트 자체에 대한 지시는 번역가에게 골칫거리다. 'The examples discussed above […](위에서 다루었던 예 […])', 'As we said earlier […](앞서 밝혔듯 […])' 등을 예로 들 수 있는데, 일부 번역 의뢰인은 이들 표현이 지시하는 페이지를 번역에서 명시할 것을 요구한다. 해당 페이지를 찾는데 얼마나 많은 시간과 노력을 투자해야 하는지에 대해서는 굳이 말이 필요 없을 듯하다.

지시와 관련한 가장 흥미로운 문제는 출발어와 도착어에서 사용되는 언어적 장치가 서로 다를 수 있다는 점이다. 아쉽게도, 이와 관련한 비교연구는 양적으로나 질적으로나 부족하다. 영어에서는 이미 알고 있는 대상을 지시할 때 정관사 'the'를 사용할 수 있다. 반면 러시아어 및 일부 언어에서는 이러한 장치가 아예 존재하지 않는다. 따라서 번역을 할 경우 단어 순서를 바꾸는 등의 다른 방법을 사용해야 한다.

지시 연결고리를 구성하는 데 있어 스페인어와 프랑스어는 영어와는 다른 방식으로 지시어를 사용한다(이러한 차이점 때문에 영어를 거의 모국어 수준으로 구사하는 프랑스인들도 종종 'this'와 'that'을 혼동해서 사용한다). 이와 관련해 Vázquez-Ayora(1977, p. 342)는 다소 모호한 주장을 펼쳤다. "스페인어 텍스트에서 전방대용 지시를 사용할 경우, 힘이 없고 무엇인가 공백이 생긴 것처럼 보인다. 변환이 보다 점진적이어야 한다 […]" Vázquez-Ayora는 영어 'I wonder about that.(나는 그것이 궁금하다.)'이 'I wonder if that is true.(나는 그것이 사실인지 궁금하다.)'에 해당하는 스페인어 문장으로 번역되는 예를 들었다. 또한 'A problem like that(그와 같은 문제)'은 'A problem of that kind(그런 종류의 문제)'에 해당하는 스페인어로, 'This section(이 부분)'은 'The present section(현재 부분)'에 해당하는 스페인어로 옮기는 것이 자연스럽다고 주장했다(Vázquez-Ayora, 1977, p. 280). 같은 맥락에서 Vinay와 Darbelnet(1958, p. 112)은 영어를 프랑스어로 번역할 경우 지시어가 증폭됨을 논증한 바 있다.

2.4. 병렬과 종속

텍스트의 각 부분을 연결시키기 위해 사용할 수 있는 두 번째 방법은 접속사, 혹은 접속사와 유사한 장치를 사용하는 것이다. 'I've got a cold. I'm going to bed.(난 감기에 걸렸어. 난 자러 가야겠어.)'라는 문장에는 '병렬(parataxis)'이 사용됐다. 이와 같은 병렬구문에는 인과관계 등을 나타내는 '확실한' 결속구조 장치가 존재하지 않는다. 따라서 텍스트 수용자는 상황적 결속성을 통해 인과관계를 추론해야 한다. 반면 'I'm going back to bed because I've got a cold.(감기에 걸렸기 때문에 다시 자러 가야겠어.)'라는 문장에는 '종속(hypotaxis)'이 사용됐다. 이와 같은 종속구문에는 '확실한' 결속구조 장치가 사용되고 있는데, 한 절은 다른 절에 종속되고 논리적 연결고리는 명확히 드러난다.

일부 언어는 다른 언어보다 상대적으로 종속적이다. Vázquez-Ayora는 영어에 비해 프랑스어는 종속적이며, 스페인어는 프랑스어보다도 더 종속적이라고 주장했다(1977, p. 111). Vázquez-Ayora는 'Then he came out and Smith gave him […](그러자 그가 나왔고 스미스는 그에게 […]을 주었고)'이라는 영어 문장이 'When he came out, Smith gave him […](그가 나왔을 때, 스미스는 그에게 […]을 주었고)'에 해당하는 스페인어로 번역된 예를 근거로 들었다. 필자가 무작위로 선정한 프랑스어 텍스트에도 종속구조가 연속적으로 등장한다. "Est-il permis […] sans se faire accuser

[…] Est-il possible de […] pour tenter de […] avant qu'elles […], le marché permettant de […]([…] 비난 없이 […] 허가가 날 것인가? […] 그녀들보다 먼저 […] 시도하기 위한 […] 가능한 것인가? […] 허가하는 시장)" 영자 신문에 등장하는 비슷한 유형의 기사를 살펴보면 다음과 같다. "Charges typically eat up […] They account for more than […] But charges could be cut […] Labour is promising […] A spokesman said […](비용은 보통 […] 달한다. 비용은 […] 이상을 차지한다. 하지만 비용은 […] 절감될 수 있다. 노동당은 […] 약속했다. 대변인이 […] 말했다.)" 프랑스어와 달리 병렬구조가 연속적으로 사용됐음을 한눈에 알 수 있다.

선호하는 구조(병렬구조 또는 종속구조)가 출발어와 도착어에서 서로 다를 경우 번역에서 문제가 초래될 수 있다. 헤밍웨이 소설에서 두드러지는 문체론적 특징으로는 병렬구조의 사용을 꼽을 수 있는데, 이를 번역할 경우 어느 순간 번역가의 '정신적 습관'이 개입될 것이고, 결국 문체가 통째로 바뀔 수도 있다(Vinay와 Darbelnet, 1958, p. 229). 『Kes(케스)』를 프랑스어로 옮기는 과정에서는 번역가가 무의식중에 단순 병치(simple juxtaposition)를 분사 종속관계(participial subordination)로 대체시킨 일이 발생했다.

텍스트 성분들이 대등관계를 이루느냐, 종속관계를 이루느냐 하는 문제는 기본적으로는 문법에 의해 결정된다. 이와 관련해서는 문법책이나 텍스트 언어학 서적에서 주로 다루어진다. 예를 들어, de Beaugrande와 Dressler(1981)는 순접, 이접, 역접, 종속에 대한 연구를 진행한 바 있다(pp. 71-74). 반면 번역 이론서에서는 그리 비중 있게 다루어지지 않고 있다. 하지만 번역가가 텍스트의 구조 및 기능을 이해하기 위해서는 원인, 이유, 시간 등의 특정 기능은 물론 상술(다시 설명하거나 요점을 명료하게 설명), 부연(덧붙이거나 알맞게 수정), 향상(열거나 명세를 통한 확대)

의 보다 일반적인 기능 역시 숙지하고 있어야 한다(Eggins, 1944, pp. 105-106). 아울러 번역가들은 ① 해당 텍스트에서 이러한 연결고리를 나타내는 데 있어서 도착어가 얼마나 종속적인지, 또는 병렬적인지를 알아야 하며, ② 특히, 복잡한 종속구조가 도착어에서 수용될 수 있는지 여부도 파악해야 한다.

놀랍게도 ①과 관련한 연구는 매우 드물다. 앞서 다룬 테마-레마 이론과 마찬가지로 결속구조 및 결속성에 대한 연구도 꽤 오랜 전통을 가지고 있다. 하지만 아직도 '정식 주제'로는 다루어지지 않고 있는 실정이다. 프랑스어 교재든 영어 교재든 언어 학습 교재라면 음성학, 형태론, 통사론 등을 기본적으로 다룬다. 모든 어학 교재가 그렇다. 하지만 해당 언어와 관련한 결속구조나 결속성에 대해서는 별 언급이 없다. 몇몇 언어의 경우 이에 대한 연구가 별도로 진행되고 있기는 하다.

②와 관련해서는 여러 요소가 작용하지만 텍스트 유형과 정보 부하 간의 균형이 가장 중요하다. 프랑스어를 역번역한 영어 문장을 살펴보자.

> The American president threatening to impose a steep tax on imports of white wine and the British press holding Jacque Delors upto public ridicule, are they using similar ritual […]?
> (수입 백포도주에 엄청난 세금을 부과할 것이라고 협박하고 있는 미국 대통령과 자크 들로르를 공개적 웃음거리로 만들고 있는 영국 언론, 이들은 유사한 의식을 사용하고 있는 것인가 […]?)

물론, 이 직역된 문장은 파격구문이다. 가장 확실한 해결책은 아래와 같이 올바른 영어 의문문을 사용해 글을 바로 잡는 것이다[중의성을 해소하기 위해 반점(,) 사용도 고려해야 한다].

> Are the American president, threatening to impose a steep tax on imports of

white wine, and the British press, holding Jacques Delors up to public ridicule, using a similar ritual […]?
(수입 백포도주에 대한 엄청난 세금을 부과할 것이라고 협박하고 있는 미국 대통령, 그리고 자크 들로르를 공개적 웃음거리로 만들고 있는 영국의 언론은 유사한 의식을 사용하고 있는 것인가 […]?)

여기서 문제는 독자들이 위의 글을 읽을 때 엄청난 양의 문법적 · 의미론적 정보를 동사가 등장할 때까지 머릿속에 담아두어야 한다는 것이다. 이 정도의 정보 부하가 일부 독자에게는 과중할 수 있다. 따라서 번역가는 ① 그럼에도 불구하고 과도한 정보의 양을 유지할 것인지, ② 확실한 종속구문 사용을 통해 정보 부하를 낮출 것인지['When the American president […], and the British press […], are they resorting to a similar ritual […]?(미국 대통령이 발표 했을 때 […], 그리고 영국 언론이 […], 이들은 유사한 의식을 사용하는 […]?)'], ③ 병렬구문을 사용할 것인지 ['The American president […], and the British press […] Perhaps they are trying to […](미국 대통령은 […] 그리고 영국 언론은 […] 아마도 이들이 하려는 것은 […])']를 결정해야 한다.

결속구조를 유지하기 힘든 분야로 영상 번역을 꼽을 수 있다. 독일 학자 Herbst(1944, pp. 178-184)는 번역을 거치면서 독일어 텍스트에서 대용형, 생략, 반복이 파괴된 사례를 연구한 바 있다. 영상 번역이 지닌 본질적 제약을 고려할 때 과연 상황이 개선될 수 있을지는 의문이다. 영상 번역 이외의 분야(일반적인 글의 번역)에서도 결속구조가 훼손되는 경우가 많다. 특히 아마추어 번역가는 말도 안 되는 문장 구조를 만들기도 하는데, 이는 종종 잘못된 결속구조에 기인한다.

3. 결속성과 번역

'결속구조(cohesion)'와 떼려야 뗄 수 없는 '결속성(coherence)'은 개념 정의가 상대적으로 어렵다. 결속성을 이해하기 위해서는 텍스트 구조 방식에 대한 개념적 논리(이는 결속구조 장치를 통해 종종 드러난다)는 물론 해당 주제와 세상의 작동 원리에 대한 지식이 반드시 필요하다. 성공적인 의사소통을 위해서는 텍스트 내적으로, 그리고 텍스트와 실제 세상 간에 의미 관계가 형성돼야 한다.[18] 그래야만 아리아드네[19]의 실을 독자에게 쥐어줄 수 있다.

결속성은 앞서 언급한 '장면-틀(scene-frame)'을 통해서도 연구된다. 이러한 접근법은 통제된 행동 패턴으로서의 상황주의(situationalism) 및 맥락주의(contextualism)와 관련이 있다. '장면'과 '틀'에 대한 정의는 학자마다 다르다. 다음은 de Beaugrande와 Dressler(1981, p. 90)의 설명이다. '틀'은 행위나 대상 등에 대한 내재화된 포괄적 지식 패턴이다. 이를 통해 결혼식이나 졸업식의 구성 요소를 우리가 줄줄이 열거할 수 있는 것이다. '장면[≒scheme(짜임새)]'은 지식이 적절한 구조 형식에 맞게 정렬되는 포괄적 패턴을 칭한다. 예를 들어, 개심술(開心術)을 행할 때 수술용 매스로 환자의 가슴을 절개하기 전 반드시 마취를 해야 한다는 사실을 우리가 아는 것도 바로 이 '장면' 덕분이다.

Snell-Hornby(1988, pp. 82-86)는 '장면'을 활성화(activate)시키는 언어

---

18 [역주] 예를 들어, '철수는 슬프다. 영희가 떠났다.'의 경우 두 문장 간에 어떠한 문법적 · 어휘적 연결고리(결속구조 장치)가 사용되지 않았다. 그럼에도 불구하고 철수의 마음이 아리다는 것을 충분히 이해하고 공감할 수 있다. 결속성 – 내용 및 인지적 일관성 – 이 존재하기 때문이다[물론, 누군가를 사랑한 경험(간접 경험 포함)이 없는 사람은 예외일 수 있다].

19 [역주] 아리아드네(Ariadne): 그리스 신화에 등장하는 미노스(Minos) 왕의 딸이며 테시우스(Theseus)에게 실패를 주어 미궁 탈출을 돕는다.

적 형태가 바로 '틀'이라고 정의했으며, 출발어 텍스트 분석 및 도착어 텍스트 도출 과정에 이들 개념을 적용했다. 지진으로 무너진 병원 건물 잔해에서 아이들을 구조한 사건을 다룬 신문 기사를 예로 들었는데, Snell-Hornby는 우선 이 기사의 제목에 세 개의 '틀'('구조된 아이들', '멕시코', '병원 건물 잔해')이 있으며, 이들을 통해 두 개의 '장면'('멕시코에 지진이 났다.', '무너진 건물 잔해에서 아기들이 구출됐고 목숨을 건졌다.')이 활성화된다는 분석을 내놓았다. 아울러 Snell-Hornby는 텍스트를 무수히 많은 '장면'으로 나누었다. 하지만 이 단계에 와서는 '장면'이라는 단어가 더 이상 앞서 정의한 의미가 아닌, 보다 단순한, 연극의 한 장면처럼 사용되는 것처럼 보인다. 예를 들어, 텍스트의 각 부분에 'police car with dogs(경찰견을 대동한 경찰)', 'airport with rescue team(구조팀이 있는 공항)' 등의 꼬리표를 달았다. 하지만 Snell-Hornby의 초기 정의에 따르면 '공항'은 하나의 '장면'으로, 특정 '틀'을 활성화시켜야 하고 '구조팀' 역시 다른 어떤 '틀'을 활성화시켜야 한다. 도착어 도출 과정에서는 이들 '장면'은 영어의 '틀'에 맞게 재구성돼야 한다. 이를 위해 Snell-Hornby는 '장면'들을 나열하고 각각의 '장면'이 어떤 정보와 함께 묶여야 하는지를 기록하고 표시한다. 이 모든 과정을 거친 후에야 비로소 번역이 완성된다.

하지만 이러한 방식의 번역은 다소 기이하게 보인다. 통역이라면 노트 테이킹이 필요하겠지만 번역가 중 몇이나 출발어 텍스트를 노트에 옮기고 꼬리표를 붙인 다음 번역을 시작하겠는가? Snell-Hornby가 단어 대 단어 방식의 번역보다는 전체론적인 번역의 필요성을 강조하려 했음을 모르는 바가 아니다. 문제는 Snell-Hornby가 제시한 번역 결과물을 살펴보면 출발어 텍스트에는 없는 추가 정보(지진이 발생한 날짜와 병원 이름 등)를 제공하고 문화적 지시 '독일연방공화국으로 돌아갔다'를 상위 개념인 '모국으로 돌아갔다'로 대체한 것 외에는 일반적인 번역 결과물과 큰 차이가 없다. 이 정도 번역은 맥락과 독자만 고려해도 충분히 할 수 있다. 굳이 '장면'이나 '틀'을 분석할 필요가 없다. Kussmaul(1995, pp. 94-97)의 연구 역시 이와 유사한 내재적 한계를 지니고 있다. Kussmaul은 영어 문장 'How many bedrooms?(침실이 몇 개인가요?)'를 독일어 문장 'Wieviele Schlafzimmer?(침실이 몇 개인가요?)'로 옮기면 오류라고 설명했다. 출발어 텍스트의 '틀'은 '주택 규모'라는 '장면'을 활성화시키지만 도착어 텍스트의 '틀'은 '잠자리 · 성관계'라는 '장면'을 활성화시킨다는 점을 근거로 제시했다. 하지만 이러한 방식의 접근법이 과연 필요한지 의문이다.

번역가는 이미 존재하는 출발어 텍스트를 바탕으로 도착어 텍스트를 도출한다. 따라서 풍부한 주제 지식을 보유한 상태에서 어휘만 제대로 선택해도 결속성은 보통 유지된다. 번역을 거치면서 결속구조가 훼손되는 경우는 종종 있지만, 이 경우에도 결속성은 주로 보존된다. 번역가가 다음과 같은 문장을 만들었다고 하자. "If, on the other hand, as big a partisan as Schimidt came to say last in Strasbourg, the blossoming of the European idea is only tenable as a US protégé.(만약, 다른 한편으로, 슈미트와 같은 거물 당파론자가 스트라스부르에서 지난번 얘기했듯, 유럽식 아이디어가 이렇게 꽃필 수 있는 것은 미국이라는 지지자가 있기 때문이다.)" 이 문장은 결속구조 측면에서는 엉망진창이다. 하지만 결속성은 분명 존재하고 있다. 다음 예문은 절단기 광고에서 발췌한 글인데, 위 예와 마찬가지로 심각하게 훼손된 결속구조를 보이고 있지만 결속성 차원에서는 무리가 없다. "It is important for the user to dispose of a machine quere of the production capacity lies higher man his real needs. This provides a more supple action and an ever satisfaction giving production.(사용자에게 중요한 것은 원하는 기계가 실제로 자신에게 필요한 성능보다도 훨씬 높은 성능을 갖춘 제품을 원한다는 것입니다. 이것은 더욱 유연하게 작동되어 최고의 만족감을 드릴 것입니다.)”

4. 텍스트로서의 번역

지금까지 우리는 언어학에 전적으로 기초해 텍스트 차원의 번역을 살펴보았다. 하지만 ‘텍스트적 번역 이론(textual theory of translation)’ 역시 정립될 수 있다. 마지막에 제시한 두 예문에서 그 가능성을 찾을 수 있다. 교육 받은 사람이 자신의 모국어로 글을 바로 쓸 때는 앞서 본 두 예문과 같은 뒤죽박죽한 글이 나오지 않는다. 불가사의하게도, 모국어 화자일지라도 번역을 하면(외국어에서 모국어로의 번역임에도 불구하고) 종종 손상된 텍스트를 만들어 낸다. 그 이유를 밝힐 필요가 있다. 그저 번역가의 무지와 태만의 결과인가? 아니면 번역 텍스트가 본질적으로 다른 성격을 지니고 있어서인가?

이러한 현상을 최초로 연구한 학자는 체코의 Levý다(1963년에 연구 결과가 나왔지만 지금은 1969년 독일어 번역서에서만 확인이 가능한 것으로 보인다). Levý에 따르면 번역된 텍스트에는 크게 두 가지 특징이 있다. 첫째, 어휘의 빈곤화가 발생하는데, 이는 번역가가 보다 ‘일반적인’ 표현을 사용하기 때문에 특색 없는 어휘가 사용되고 출발어 텍스트의 다양한 하위어를 몇 개의 도착어 상위어로 축약해 번역하기 때문이다(Levý, 1969, pp. 110-111). 둘째, 번역가들은 너무 이치적으로만 설명하려는 경향이 있는데, 출발어 텍스트에 비해 논리를 강화하고 함축적인 내용을 명시적으로 만들고 통사적 관계를 명료하게 정리하는 등의 방법을 사용한다는 것이다(Levý, 1969, p. 117).

이러한 현상은 오랫동안 ‘번역 실수’로 간주되어 왔으며, 다소 경멸적인 어감을 지닌 '번역투(translationese)'라는 용어로 지칭되곤 했다. Alan Duff(1981)는 번역투를 '제3의 언어(the third language)'라고 칭하기도 했으며 번역투의 원인을 상세히 분석했다. 하지만 이후 다른 학자들은 이러한 현상이 '텍스트로서의 번역(translation as text)'이 지니는 특수성이라는 점을 밝히는 데 연구의 초점을 두었으며 번역의 보편성을 찾기 위한 시도 역시 이어졌다. 그 중에서도 특히 Blum-Kulka(1986), 그리고 Baker(1993)는 Levý의 연구 결과가 설득력이 있다는 점을 학술적으로 뒷받침했다. 이러한 연구 덕분에 번역문이 원문에 비해 일반적으로 훨씬 명시적이라는 '명시화 가설(explicitation hypothesis)'이 정립될 수 있었다.

나아가 Baker(1993, pp. 243-245)는 번역된 텍스트는 원문을 단순화시키고 중의성을 해소하며, 자연스럽게 바꾸고 정상화시키는 경향이 있다고 논증했다. Toury(1995, pp. 286-287)는 이러한 연구 결과를 취합해 자신의 '번역 법칙(translation laws)' 부분에서 다뤘는데, 일부 언어는 번역투 또는 모국어 간섭에 대해 상대적으로 더 관용적인 태도를 보인다는 점도 기술했다. 이와 관련한 연구는 컴퓨터 기술의 사용으로 한층 용이해졌다. 덕분에 번역이 과연 어떤 종류의 텍스트인지를 규명할 수 있을 것이다.

09
텍스트 기능과 번역

1. 언어의 기능과 번역

앞서 8장에서 살펴본 테마-레마, 결속구조 및 결속성을 위해 사용되는 일련의 장치는 무작위로 선택되는 것이 아니다. 텍스트 발신자는 다수의 가용 장치 중 의사소통 목적에 가장 적합하다고 판단하는 것을 의도적으로 선택한다. 텍스트 수신자 역시 해당 텍스트에서 사용된 언어적 장치와 텍스트 발신자의 의도 사이에는 관련성이 있다고 전제할 것이다.

과거에는 모든 형태의 행동이 특정 기능을 수행한다고 믿었다. 우스갯소리로 들릴 수도 있지만, 18세기 철학자 중 일부는 수박 껍질에 줄무늬가 있는 것은 칼로 썰어야 할 방향을 알려주기 위해서라고 해석했다. 현대 인류학자는 훨씬 더 설득력 있는 논리를 편다. 예를 들어, 개가 주인의 얼굴을 핥는 것이 애정을 드러내기 위한 것이 아니라 음식을 토하게 만들어 자신의 배를 채우기 위함이라는 것이다.

로마 철학자 키케로는 언어 역시 기능 지향적 행위이며, 세 가지 주요 기능－지시(ad docendum)[1], 기쁨(ad delectandum), 움직임(ad movendum)[2]－을 수행한다고 주장했다.

하지만 길거리에서 아는 사람을 만나서 볼멘소리로 "날씨가 정말 엉망이네요. 그렇지 않아요?"라고 말한다면, 이 발화는 키케로가 분류한 기능 중 그 어떤 것도 수행하지 못할 것이다(듣는 사람을 불쾌하게 만들 수는 있다). 이러한 '사각지대'를 해소하기 위해 키케로 이후의 학자들은 언어 기능에 대한 보다 포괄적인(위 예문이 수행하는 기능까지 설명할 수 있는) 분류 체계를 만들었다. 그 중 언어학의 대부 Roman Jakobson의 분류법은 사실상 학계의 '표준'이 됐다. Jakobson은 발화 기능을 관심의 중심에 있는 특정 언어적 요소와 연결시켰다. 학자마다 사용하는 용어가 다르지만, 우리는 Jakobson의 분류법에 기초해 연구를 진행한 Holmes(1992, p. 286)의 용어를 통해 살펴보도록 하자.

우선, 발화의 매개변수가 아래와 같다고 가정하자.

> 발신자(Sender), 말하는 방식(Code), 메시지(Message),
> 주제(Subject Matter), 통로(Channel), 수신자(Receiver)

위 변수 중 어디에 초점이 맞춰지는가에 따라 아래와 같은 다양한 언어 기능이 수행된다.

> 1. 발신자: 표현적(Expressive): 자신에 대한 얘기(자기 표출)를 하기 위해 언어를 사용
>   예 I feel pretty, oh so pretty.

---

1 [역주] 여기에서의 '지시(ad docendum)'는 '가르침'이다. 철학자이자 수사학자인 키케로에 따르면 이상적인 연설가는 말을 통해 사람들이 나아갈 방향을 안내해야(가르쳐야) 한다.

2 [역주] 여기에서의 '움직임(ad movendum)'은 '변화'다. 키케로는 말에는 사람을 바꾸는 힘이 있다고 믿었다.

(난 예쁜 거 같아. 너무 예뻐.)

2. 말하는 방식: 메타언어적(Metalinguistic): 언어에 대해 말하기 위해 언어를 사용

예 You say tomahto, I say tomaydo.
(너는 도마도라고 하고 나는 토마토라고 하지.)

3. 메시지: 시적(Poetic): 미적 효과를 높일 수 있는 언어 형태를 사용

예 Bebop a lula a sham bam bam, tutti frutti
(비밥바 룰라 아 샴 밤밤, 투띠 프루띠)

예 the murmur of doves in immemorial elms and buzzing of innumerable bees
(태곳적 느릅나무에서 우는 비둘기의 울음소리와 무수한 벌들의 윙윙거림)

4. 주제: 지시적(Referential): 정보 전달을 위해 언어를 사용

예 I just met a girl named Maria.
(나는 방금 마리아라는 소녀를 만났어.)

예 We're all going on a summer holiday.
(우리는 모두 여름휴가를 갈 거야.)

5. 통로: 친교적(Phatic): 의사소통 통로 작동 여부 확인을 위해 언어를 사용

예 Testing, testing, Mary had a little lamb, 1, 2, 3, testing
(마이크 테스트 중, 메리는 아기 양이 있다. 하나, 둘, 셋, 테스트 중.)

예 Is there anybody there?, said the traveler, as he knocked at the moonlit door.
(아무도 안 계세요? 달빛에 비치는 문을 두드리며 여행자가 말했다.)

6. 수신자: 지령적(Directive): 사람들이 특정 행동을 하도록 언어를 사용

예 When you walk through a storm, hold your head up high and don't be afraid of the dark.

(태풍 속으로 걸을 때는 고개를 높이 들고, 어둠을 두려워해서는 안 됩니다.)

모든 언어는 위의 여섯 가지 기능을 수행할 수 있다. 물론, 방식과 정도의 차이는 있다. 일부 문화권에서는 자기 자신에 대해 얘기하는 것이 무례한 일로 여겨진다. 반면, 이와는 정반대의 문화권도 존재한다. 마지막으로 살펴본 지령적 기능과 관련해서는 어떤 문화권에서는 직설적으로 표현할 수 있는 반면 어떤 문화권에서는 공손한 표현으로 완곡하게 나타내는 것이 일반적이다. 지령적 기능 수행을 위해 선택할 수 있는 최적의 언어적 형태는 언어공동체에 따라 상당히 다양하다. 앞서 살펴본 사용역에 따라 직설적으로 단호하게 표현할 수도 있는가 하면, 간접적으로 넌지시 돌려서 부탁하는 형태를 취할 수도 있다. 번역가는 사용 가능한 형식은 물론 해당 표현이 사용될 수 있는 구체적인 상황을 숙지해야 한다.

친교적 기능은 의사소통에 필요한 물리적 통로(channel)의 유지 여부를 확인하는 것은 물론 화자가 대화 상대방과의 접촉(contact)을 유지하기 위해 사용하는 모든 수단을 포함한다. 사소한 얘기를 나누는 것과 소위 접촉 삽입구(contact parentheses), 즉, 'so as you see(너도 알다시피)', 'if you get my meaning(내 말 뜻을 이해한다면)' 등의 사용이 모두 해당된다. 치과 의사가 치료를 마친 후 환자에게 사소한 질문을 던지는 것 역시 친교적 교감을 유지하기 위해서다. 이 기능은 대부분 구어(口語)에서 수행되기 때문에 문어(文語) 번역에 있어서는 소설 등에서 대화체가 사용되는 경우에만 중요하다. 글에서 친교 소통을 잘 드러내는 표현 장치로는 수사의문문을 꼽을 수 있다. 수사의문문 사용의 목적은 무엇보다 독자가 텍스트에 계속 집중하게 만드는 것이다. 하지만 앞에서도 지적했듯, 이를 위한 장치는 언어 · 문화권에 따라 서로 다르다. 영어에서는 'What was the reason for this?(이에 대한 이유가 무엇인가?)'와 같은 의문문 하나만으로는 문단이 되기 힘들다. 한 문단은 주로 여러 문장으로 구성되기 때문이다. 하지만 러시아어에서는 이와 같은 방식으로 글을 작성하는 것이 충분히 가능하다. 아울러, 영어 등의 언어와는 달리 러시아에서는 한 행(行)에 'Hurrah!(만세!)'와 같은 감탄사 단 하나만 있어도 자연스럽다(반어법 장치로 사용될 경우).

나머지 기능 중 번역이 가장 힘든 것은 단연 미적 기능이다. 이와 관련해서는 설명조차 필요 없을 것으로 보인다. 그 다음은 메타언어적 기능이다. 출발어의 고유한 언어적 자질에 기초하고 있다는 측면에서는 미적 기능과 긴밀한 관계를 가지고 있지만 번역에서는 메타언어적 기능이 미적 기능보다는 조금 덜 어렵다. 이 분야의 연구는 Zimmer(1981, p. 127)에 의해 이뤄졌다. 그의 주장에 따르면, 두운체의 'horrible Harry'를 프랑스어로 '직역'해 'horrible Henri'로 옮긴 후 음독(音讀) 하면 기능 차원의 등가가 제대로 달성되지 않는다. 프랑스어에서 'h'는 묵음이기 때문에 두운을 완벽히 살리려면 'affreux Alfred'와 같이 바꾸어야 한다. 물론, 이러한 대체(horrible Harry→affreux Alfred)가 가능한 유일한 이유는 이 예문을 언어학 책에서 발췌했으며, 두운의 시적 기능에 대한 정보 제공이 유일한 목표였기 때문이다. 하지만 'Harry'가 소설에 등장하는 인물의 이름이라면 문화적 변안이라는 위험을 감수하지 않고는 이러한 방식의 대체는 불가능하다.

이러한 현실적 제약이 바로 Zimmer(1981, pp. 124-125)가 인용한 다른 메타언어적 번역의 예들이 일정 범위 내에서만 효과를 발휘할 수 있는 이유다. Zimmer는 19세기 프랑스 소설 『Le Rouge et le Noir(적과 흑)』에 나오는 한 사건을 예로 들었다. 이 작품에서 젊은 주인공은 철자를 잘못 쓰는 실수를 하는데, 이로 인해 자신의 미천한 신분이 드러난다. 철자 오류로 인해 단어의 발음까지도 바뀐 것이다. 이 주인공을 고용한 귀족은 이를 지적할 뿐만 아니라, 이후 두 페이지에 걸쳐 나오는 대화에서도 이 실수를 계속해서 조소한다. 이 부분이 번역에서 어떤 방식으로 처리됐는지를 아래에서 일부 살펴보게 되는데, 번역가가 직면하게 되는 의사결정 과정의 어려움, 해결책의 한계, 도착어 독자에게 지워지는 부담 등이 고스란히 드러난다.

핀란드어 번역서에서는 철자가 잘못된 프랑스어 단어를 그대로 옮겼다. 이 경우, 프랑스어를 읽을 수 없는 대다수의 핀란드 독자는 작품에서 사용된 메타언어적 말장난을 전혀 이해할 수 없다. 독일어와 헝가리어 번역본에서는 철자가 잘못된 프랑스어 단어를 각각 도착어의 철자 오류로 바꿔 표현했다. 하지만 헝가리어 번역의 경우, 미시맥락으로까지는 연결되지 못했다. 독일어 번역에서는 미시맥락까지는 연결이 되는데, 이는 우연히도 프랑스어 원작과 마찬가지로 직역해서 사용한 독일어 단어도 철자가 틀려지자 발음까지 달라졌기 때문이다. 하지만 이 경우에도 문제가 있다. 제한된 지역적 기능(local function)이 번역에서 유지되고 있으며 독일어 독자가 해당 메타언어적 기능에 반응할 수 있다는 점은 분명 장점이다. 하지만 소설에 등장하는 사람은 프랑스인이다. 프랑스인이 독일어로 글을 쓰는 장면은 매우 어색하며, 보다 큰 미적 기능의 손상으로 이어진다.

Nord(1995)는 언어 기능과 번역에 대한 소규모 연구를 진행한 바 있다. 이 흥미로운 연구에서 Nord는 여러 유럽 언어로 쓰인 책 제목 및 신문 머리기사를 언어 기능과 결부시켜 설명했다(참고로, Nord가 사용하는 언어 기능 관련 용어는 우리가 앞에서 살펴본 것과 다소 차이가 있다). Nord는 세 가지 기능은 필수적이며, 다른 세 가지 기능은 선택적이라는 사실을 발견했다. 책 제목은 반드시 특색 있고, 메타텍스트적이며, 친교적이어야 하지만, 반드시 지시적이거나, 표현적이거나, 호소적일 필요는 없다는 것이다(Nord, 1995, p. 266). 다시 말해, 제목은 반드시 두드러져야 하고, 제목처럼 보여야 하며, 독자와 통해야(contact) 한다. 반면, 책 내용이 무엇에 관한 것인지를 말해주거나, 저자의 태도가 무엇인지를 알려주거나, 독자에게 구매 충동을 유발할 필요는 없다.

Nord의 제목에 관한 코퍼스 연구 결과, 지시적, 표현적, 호소적 기능이 각각 100 : 30 : 6의 비율로 나타났다. 예외적으로, 아동 문학 장르의 경우에는 표현적 기능이 상대적으로 높았다. 또한, 독일어 제목에는 부제가 따르는 경향이 있다는 사실도 드러났다. 친교적 기능의 경우, 언어에 관계없이, 기억하기 쉬운 짧은 제목을 사용해 수행된다. 지시적 기능의 경우, 번역이 잘못될 경우 완전히 파괴될 수 있다. 헨리 제임스의 소설 『The Turn of the Screw(나사못회전)』는 독일어로 『Die sündigen Engel(천사의 죄)』로 옮겨졌는데, 제목만 보면 외설물이라는 오해를 살 수 있다. 스페인어로 직역된 제목의 경우, 무의미한 단어 조합으로 보인다. 사실, 무슨 소리인지 도저히 모르겠다. 결국, 번역된 독일어 및 스페인어 번역 모두 지시적 기능의 손실로 이어진 것이다. 이는 시사하는 바가 있다. 번역가는 미시텍스트 차원에서 언어 기능이 어떤 방식으로 작동하는지 숙지해야 한다. 물론, 거시 차원에서의 텍스트 기능도 절대 간과해서는 안 된다.

2. 텍스트 기능 및 유형, 그리고 번역

2.1. Reiss의 단일기능적 접근법

텍스트 기능에 대한 개념은 번역을 '과학적'으로 정당화하기 위한 초석이 됐다. 이 분야의 선구자로는 독일의 Katharina Reiss를 꼽을 수 있다. Reiss(1971, p. 31)는 번역가의 주관적 판단 또는 '기분'에 따라 번역 결과가 달라지는 현실을 바꾸고자 했다. Reiss의 연구는 번역 품질 평가에 있어 보다 향상된 기준을 마련하려는 시도에서 출발했다. Reiss는 출발어 텍스트의 모든 요소를 번역에서 온전히 보존하는 것은 불가능하며, 이를 고려할 때, 기존의 번역 품질 평가 방식－몇 개의 항목을 선정해 비평하는 방식－은 문제가 있으며, 번역 품질 평가의 출발점은 텍스트 유형(text type) 파악이라고 주장했다. Reiss(1971, p. 53)는 텍스트 유형에 의해 적합한 번역 방법이 정해진다는 점을 고려할 때, 번역물의 텍스트 유형 파악이 최우선 과제이며, 그 후에야 비로소 번역 시 보존돼야 할 요소들이 중요성에 따라 제대로 보존됐는지를 평가할 수 있다고 논증했다.

번역 방법이 텍스트 유형에 의해 결정된다면, 텍스트 유형을 규명할 체계 정립이 필수적이다. 고대 로마 시대의 키케로가 만든 분류 체계는 독일의 Bühler를 거쳐 Reiss에 의해 재정립됐다. Reiss는 '정보적(informative)', '표현적(expressive)', '조작적(operative)'이라는 용어를 사용했다. Bühler는 이 세 가지 기능은 모든 발화에서 동시에 나타난다고 주장했다. Reiss 역시 여러 "교차점과 혼합된 형태"가 있다는 점을 인정했지만 지배적인 기능은 하나라고 판단했다(1971, p. 32).

각각의 언어 기능은 그에 상응하는 언어적 성격을 지닌다. 정보적 기능은 논리적 성격을, 표현적 기능은 미적 성격을, 조작적(호소적) 기능은 대화체적 성격을 지닌다. 그리고 각각의 텍스트 기능은 포괄적인 텍스트 유형으로 이어진다. 즉, 정보적 기능은 내용 중심적 텍스트 유형(=정보적 텍스트)으로, 표현적 기능은 발신자에 초점을 맞춘 형식 중심적 텍스트 유형(=표현적 텍스트)으로, 조작적 기능은 수신자에 초점을 맞춘 행동 중심적 텍스트 유형(=조작적 텍스트)으로 이어진다. 텍스트 유형을 규정함에 있어 일부 고정관념은 무시해야 한다. 즉, 광고의 경우, 정보적 텍스트라기보다는 조작적 텍스트로 규정하는 것이 옳다. 반면, 선정적인 저급 소설이나 공항에서 시간 때울 때 읽는 '싸구려 책자'는 표현적 텍스트가 아니라 정보적 텍스트로 봐야 한다(Reiss, 1971, pp. 32-33). 이런 관점에서 보자면, 'Probably the best lager in the world(아마 세상에서 가장 좋은 맥주)'와 같은 텍스트는 맥주에 대한 정보를 제공하는 정보적 텍스트가 아니라 맥주 구매를 유도하는 조작적 텍스트다. 또한 'The steely blade flashed in the moonlight; a cry rang out across the lake; and Vlad the Vicious was no more.(강철 검이 달빛에 번쩍였다. 비명이 호수 너머로 울려 퍼졌다. 사악한 블래드는 사라졌다.)'라는 문구는 'When to the sessions of sweet silent thought I summon up remembrance of things past.[3] (달콤한 묵고의 시간이 오면 나는 과거의 추억들을 불러 모은다.)'가 아니라 'The Japanese economy is due for a strong export and investment revival.(일본 경제는 수출 강세와 투자 회복으로 향하고 있다.)'과 동일한 종류의 텍스트 유형으로 취급해야 한다.

여기까지만 보면 Reiss의 분류 체계는 아주 명료하다. 흠잡을 데가 없을 정도다. 하지만 그 다음이 문제다. Reiss는 기능이 외적 요소[예 매체(medium)]에 의해 결정되는 텍스트 유형을 추가하기 시작했는데, 여기서부터 분류 체계 자체가 흔들리기 시작한다. 추가된 텍스트 유형으로는 라디오 연극, 영화, 오페라와 같은 청각-매체적(audio-medial) 텍스트 유형이 있는데, 이 청각-매체적 텍스트 유형은 기존의 세 가지 텍스트 유형(정보적 텍스트, 표현적 텍스트, 조작적 텍스트)과 서로 교차할 수 있다.

각각의 주요 '텍스트 유형(text type)' 밑에는 여러 '텍스트 부류(text sort)'가 있다. 예를 들어, 표현적 텍스트 유형 밑에는 서정시/연극대본/소설 등이, 정보적 텍스트 유형 밑에는 교과서/보고서/수필 등이, 조작적(설

---

3 [역주] 셰익스피어의 소네트 30에 나오는 구절

득적) 텍스트 유형 밑에는 설교문/선전/광고 등이 있다. 텍스트 유형과 번역에 관한 Reiss의 두 번째 저서에서는 텍스트 부류들을 동심원으로 배열했으며, 자서전 등의 경우 상당히 혼합된 형태라는 점이 드러났다(1976, p. 19). 자서전의 경우, 정보적 텍스트와 표현적 텍스트 사이에 위치한다.

하지만 중요한 것은 추구해야 하는 등가 유형 및 번역 방법이 하위 부류가 아니라 상위 텍스트 유형에 의해 결정된다는 점이다.

만약 출발어 텍스트의 지배적 기능이 정보 제공(정보적 기능)이라면 어떤 상황에서도 내용은 보존되어야 하며, 이를 위해서는 '화려한 문체'의 희생 정도는 무방하기에 번역 방법은 '단조로운 산문체(plain-prose)[4]'가 돼야 한다. 이러한 Reiss의 주장에는 반론이 있을 수 있다. 예외가 존재하기 때문이다. 이에 대해서는 11장(화용론과 번역)의 '전제와 번역' 부분에서 유명한 경제학 개론서에서 발췌한 예문을 통해 자세히 살펴보자.

만약 출발어 텍스트의 지배적 기능이 미적 효과 창출(표현적 기능)이라면, 도착어 텍스트에서도 반드시 미적 효과를 구현해야 한다. 이런 유형의 등가는 정보 내용을 재생산하거나, 심지어 출발어에서 그 효과를 창출한 수단을 재생산하더라도 달성할 수 없다. 두 가지 방식 모두 실패로 이어질 가능성이 매우 크기 때문이다. 이 경우, 유추 방법을 사용하는 것이 보다 바람직하다. Reiss는 이를 '저자-적응(author-adapted)[5]' 번역 방법이라고 칭하는데, 이를 통해 유사하거나 대등한 효과를 낼 수 있다고 한다. 'Clang, clang, clang went the trolley.(철커덩, 철커덩, 철커덩, 전차가 지나갔습니다.)'를 번역할 경우, 사전을 뒤져 'clang(쨍그랑, 땡그랑, 철커덩

---

4 [역주] 'plain prose(단조로운 산문체)'는 내용 중심 번역 방법으로 명시화(explicitation)를 특징으로 한다.

5 [역주] 'author-adapted(저자-적응)'는 출발어 저자의 관점을 철저히 수용하고 그의 관점과 문체로 번역하는 번역 방법이다.

등의 소리)'의 의미를 찾아보는 것은 큰 의미가 없다. 스페인어와 프랑스어 사전에는 이를 '금속성 소리를 방출함'이라고 설명되어 있는데, 이와 같은 사전의 '설명'을 인용해 번역할 경우에는 미적 효과가 사라진다. 러시아어 사전에는 'lyazg'이라는 단어가 제시되어 있는데, 'clang'과 유사한 효과를 내기는 하지만 'lyazg'은 감탄사가 아니라 명사다.

이는 여기서 장황하게 설명할 성격의 주제는 아니다. 문학 번역은 언어외적 측면과도 관련이 있기 때문이다. 하지만 Reiss의 논리가 이 부분에 와서 완전히 무너진다는 점에 우리는 주목해야 한다. 정보적 텍스트 번역에 있어서는 '주제-적응(subject-adapted)'이나 '단조로운 산문체(plain-prose)'가 적합한 번역 방법이라 할 수 있다. 하지만 Reiss가 내놓은 '저자지향적(author-oriented)' 혹은 '동일시(identical)' 번역 방법은 그 의미가 명료하지 않다. 이에 대해서는 잠시 후에 다시 살펴보자.

마지막으로, 출발어 텍스트의 지배적 기능이 설득(조작적 기능)이라면, 출발어 및 도착어 텍스트가 동일한 설득 효과를 가질 경우 등가가 이루어진다고 평가할 수 있으며, 번역 방법은 '모방적/적응적(parodistic/adaptive)[6]'이 된다. 이 논리에 따르면 해외에 물건을 판매할 때는 제품 이름을 현지에 맞게 바꿔야 한다. 'Drinka Pinta Milka Day[7]'라는 문구는 영국 이외의 국가에서는 사용할 수 없다. 반면, 바스타드[8]의 스키 리조트를 영어로 분양해야 한다면 유머 감각이 필요할 것이다. 하지만 여기서 우리는 조작적 텍스트 유형이 별개로 취급되어야 하는가에 대한 근본적인 의문에 봉착

6 [역주] '모방적/적응적(parodistic/adaptive)'은 출발어 텍스트와 도착어 텍스트 간의 효과 차원의 등가 구현을 목표로 하는 번역 방법이다.

7 [역주] 영국에서 하루 1파인트의 우유를 마시자고 벌인 캠페인으로, 영국 특유의 악센트를 살린 슬로건이다(Drink a Pint of Milk a Day).

8 [역주] 바스타드(Bastad)는 스웨덴의 지역명인데, 영어의 'bastard(개자식)'를 영국식으로 읽을 경우 발음이 거의 같다.

하게 된다. 이에 대해서는 잠시 후에 살펴보자.

텍스트 유형은 위에서 살펴본 일반적인 번역 방법은 물론 구체적인 번역 기법 선택에도 영향을 미친다. Reiss는 자신의 첫 번째 책에서 언어적 요소(의미, 문법, 문체) 및 발화 상황(장소, 시간 등)과 같은 비언어적 요소와 관련, 각각의 텍스트 유형에 어떤 기법이 적합한지 논증했다. 반면, 두 번째 책에서는 조작적 텍스트 유형에 대해서만 다루고 있다. 출발어권 문화와 관련된 대상이나 관습 등을 번역해야 할 경우, Reiss는 도착어에서 이들 의미가 재생산될 수 있도록 돕는 차용, 모사, 각주, 설명 등의 번역 기법 사용을 제안했으며, 텍스트 유형과도 결부시켰다. 결과를 간략히 살펴보자. 각주, 논평, 삽입구 등은 정보적 텍스트 유형에는 적합하지만 조작적 텍스트 유형에는 부적합하다. 조작적 텍스트 유형에는 차용과 모사가 보다 적합하다. 설명은 표현적 텍스트 유형에 가장 잘 어울린다. 표현적 형식을 과도하게 훼손하지 않으면서 간략한 추가 자료 삽입을 통해 텍스트 이해에 필요한 정보를 제공할 수 있기 때문이다(Reiss, 1971, p. 79).

Reiss는 출발어 텍스트의 기능이 번역을 거치면서 도착어 텍스트에서 달라질 수 있다는 점(기능 변환 번역) 역시 받아들였다. 이러한 텍스트 기능의 변환 때문에 번안, 패러프레이즈, 요약, 초벌 번역, 주해 번역, 학술적 번역, 행간 번역 등이 정당화될 수 있다. Reiss는 독자층이 구체적으로 정해져 있을 경우 번역에 영향을 미칠 수 있다는 점[검열, 번안, 다시 쓰기(rewriting)의 측면]을 인정한 바 있다. 이렇듯 Reiss는 다양한 종류의 번역이 존재할 수 있다는 점을 애써 인정했지만, 사실 이들을 '번역'보다는 '전이'로 분류하는 것이 옳다고 생각했다. 어쨌든 이들 '전이'는 Reiss의 연구 관심사가 아니었다. Reiss의 연구 목적은 '번역'에 대한 평가 기준을 정립하는 것이었다.

Koller(1979, pp. 199-205)는 Reiss의 연구를 총체적으로 비판했다. 첫째, Koller는 언어 기능을 Reiss처럼 단 세 가지로 분류하는 것이 과연 타당한지에 대해 의구심을 보였다. 이에 Koller는 추가적인 언어 기능－'설득', '오락', '지시'－을 제시하기에 이른다(하지만 이들 기능은 사실 Reiss가 앞서 제시한 세 가지 기능에 포함된다고 볼 수 있다). 둘째, Koller는 Reiss가 제시한 텍스트 부류와 텍스트 유형의 관계에 의문을 제기했다. 이는 타당한 비판으로 보인다. 진부한 대중 소설이 표현적 텍스트 유형이 아니라 정보적 텍스트 유형에 속한다는 Reiss의 논리는 문학 형식에 대한 일반적인 관점과는 배치된다. 셋째, Koller는 Reiss의 '번역 방법'은 일반적인 번역 지침에 불과하며 해당 지침을 실제 번역에 적용할 구체적인 방법이 거의 제시되지 않았으며, 구체적인 번역 방법이 제시된 일부 경우(예를 들어, Reiss는 정보적 텍스트 유형을 번역할 경우, 언어 형식은 도착어 규범을 따라야 한다고 했다)에도 어떤 근거나 상관관계를 찾아보기 힘들며 Reiss가 제시한 방법과 상반되는 방법을 사용하는 것이 오히려 바람직할 때도 있다고 주장했다.

Koller(1979, p. 24)는 자신의 세 번째 비판을 뒷받침하기 위해 실제 번역 사례를 인용한 바 있다. 정보적 텍스트를 번역한 경우인데, 번역가는 가능한 한 출발어 텍스트에 가깝게 번역함으로써 스웨덴 행정 용어의 특색을 살리고자 했다는 것이다. Reiss의 논리대로라면 이러한 정보적 텍스트를 번역할 때는 도착어 규범을 따라야 하지만 그와 반대의 방법을 사용하는 것도 타당할 수 있음을 보여주는 사례다. 유감스럽게도 Koller는 이것이 실제 언어 사용에 시사하는 바가 무엇인가에 대해서는 예증하지 않았다.

이렇듯, Reiss의 이론에서 발견되는 가장 큰 결함은 텍스트 기능과 번역 방법 사이에 분명한 상관관계가 존재하지 않는다는 점이다. 텍스트 기능을 파악했다고 해서, 그리고 해당 기능이 지배적 기능이라고 해서, 특정 번역 방법이 최적이라는 주장은 논리의 비약이다.

또한, '번역가는 텍스트 기능을 최우선 사항으로 삼고 해당 기능을 도착어에서 유지시켜야 한다'는 Reiss의 주장은 이치에도 맞고 바람직한 것처럼 들리지만, 반드시 옳다고 할 수는 없다. 잠시 흥미로운 일화를 소개하겠다. 언어에 조예가 있고 말장난을 좋아하는 어떤 훌리건이 런던 지하철 차량 문 윗부분에 적혀 있는 'Obstructing the doors causes delays and can be dangerous.(입구를 막는 것은 연착의 원인이 되고 위험합니다.)'라는 문구를 주머니칼과 펜을 사용해 조심스럽게 변형시켜 'Obstruct the doors, cause delays, and be dangerous.(입구를 막으시오. 연착하게 하시오. 위험하시오.)'로 만든 일이 있다. 이 경우, 의미는 물론 기능도 바뀐 것을 알 수 있다. 즉, 정보적 기능이 조작적 기능으로 바뀐 것이다. 번역가 역시 이 훌리건과 마찬가지로 '바꾸고자 하는 욕구'를 느낄 수 있다.

기능 변환 번역을 반대한다면 다음을 생각해 보자. '신성한 텍스트'는 한때 번역 자체가 힘들었다. 기능이 조금이라도 바뀌면 목숨이 위태로웠다. 하지만 이런 상황에서도 누군가는 번역(기능 변환 번역 포함)을 했고, 실제 목숨을 잃은 번역가도 있다. 이들의 용기 덕분에 우리는 이제 '신성한 텍스트'도 자유롭게 번역할 수 있고 충분한 대가도 받고 있다.

Reiss의 분류 체계에는 또 다른 주요 결함이 있다. 조작적 기능이 정보적 기능이나 표현적 기능으로부터 독립적으로 존재할 수 있는가에 대한 의문이 제기된다. 정보($e=mc^2$)만을 전달하는 텍스트는 존재할 수 있다. 표현['eenie, mee · nie, mi · nie, moe[9]', 또는 구체시(具體詩)에서 임의로 만든 'ping', 'pong'과 같은 허어(虛語)의 조합]만을 전달하는 텍스트 역

9 [역주] 술래잡기에서 술래를 정할 때 '이니 미니 마이니 모, 누구로 할까?(eenie, mee · nie, mi · nie, moe)'라고 한다.

시 존재할 수 있다. 반면, 설득적(조작적) 텍스트에는 정보 및 표현 요소가 두루 담겨 있을 수밖에 없다.

사실, 'e=mc^2'이 정보만을 전달한다고 말하는 것도 조심스럽기는 하다. Kade가 지적했듯이 과학 텍스트조차도 특정 '효과'를 목표로 하기 때문이다(1980, p. 81). 과학의 이름으로 눈속임을 하거나, 과학 문서 작성 관습에 '아첨'하기 위해서, 혹은 과학이라는 허울 아래 인종차별주의를 조장하기 위한 '효과'를 예로 들 수 있다. 같은 맥락에서, 'ping ping pong ping pong pong(핑핑퐁 핑퐁퐁)'과 같은 구체시(具體詩)가 순수하게 표현만을 전달한다고 말하는 것 역시 위험하다. 해체주의자들은 서구 사회의 뿌리 깊은 이분법을 지적할 것이고, 페미니스트들은 파열 자음 및 딱딱한 모음 'o'의 거친 남성미에 분개할 것이다.

단일기능적 접근법을 주장하는 학자들이 비판받는 가장 큰 이유는 이들이 텍스트를 하나의 단일체로 취급하기 때문이다. 하지만 텍스트는 실제로는 다기능적이다. 비록 텍스트의 지배적인 기능이 중요하기는 하지만, 그렇다고 해서 여타 기능을 간과해서는 안 된다. 텍스트는 하나이지만 하나가 아닌 '모자이크'다.

2.2. 다기능적 접근법

텍스트를 다기능적인 것으로 판단한 학자들의 선봉에는 Halliday가 있다. Eggins와 Bell은 순수 언어학적 시각에서, Hatim과 Mason은 번역의 관점에서 Halliday의 이론을 요약했다. 다기능적 접근법은 텍스트 기능, 체계문법[10] 범주, 사용역 분석 범주 사이에 연관성이 있음을 증명하고자

10 [역주] 체계문법(systemic grammar=systemic linguistics)은 Halliday에 의해 발전된 문법체계로서 '체계'의 개념이 중요시되면서 이 명칭이 붙었다. 체계는 유(類) 안에서 기능하는 계열적으로 관계된 항목들의 유한집합이다.

했다. 제시되는 개념들이 상당히 추상적이기 때문에 언뜻 보기에는 우리가 실제로 텍스트를 경험하는 것과는 동떨어지게 느껴질 수도 있다.

대다수의 텍스트는 관념(idea)을 전달하며 인간 경험에 대한 내용을 담고 있다. 따라서 텍스트는 '관념적 기능(ideational function)'을 갖게 된다. 이는 사용역 매개변수 중 담화영역과 관련이 있다. 대다수의 번역가는 일종의 '행동 계획'을 가지고 있으며, 텍스트 기능을 다루는 모든 텍스트 생산자는 주제 지식을 보유해야 하며, 지식 격차를 줄이기 위해 필요하다면 고된 조사도 마다하지 않아야 한다(Kade, 1980, p. 40). 이를 위해 Holz-Mänttäri의 의견 일부를 받아들여, 그가 제안한 다양한 강조 및 연결 장치(예 화살표, 밑줄, 원)를 이용한다면 텍스트의 구조론 또는 테마 구조를 용이하게 파악할 수 있을 것이다(1984, pp. 131-136). 하지만 번역 이론가들이 제시하는 예시와 번역가가 실제로 다루는 텍스트 사이에는 격차가 존재한다. 따라서 Holz-Mänttäri의 방법은 초급 번역 수업에서나 사용하는 짧은 텍스트를 번역할 경우에만 효용이 있다.

Halliday의 이론은 관념적 기능을 의미론적 범주인 타동성(transitivity)으로 분석한다. 타동성은 언어를 명제적 의미(propositional meaning)로 구조화하는 역할을 한다. 이러한 범주는 행위자(Actor), 과정(Process), 목표(Goal), 상황(Circumstance)으로 구성되며, 각각의 요소는 다양한 방식으로 분화될 수 있다. 따라서 과정이 물질적(행위 또는 사건)이라면 행위자 및 목표를 갖게 된다. 예를 들어, 'The Treaty of Rome gave Europe a long-term goal.(로마 조약은 유럽에 장기적인 목표를 안겨 주었다.)'과 같은 문장이 여기에 해당된다. 반면, 과정이 정신적이라면 행위자와 목표는 각각 감지(Sensor)와 현상(Phenomenon)이 된다. 예를 들어, 'The nations of Europe hoped for peace.(유럽 국가들은 평화를 희망했다.)'와 같은 문장이 여기에 해당된다. 이와 유사하게, 명제적 의미의 상황은 범위

(Scope), 시간(Time), 방법(Manner), 장소(Place) 등의 하부 범주로 재분류된다(Bell, 1991, pp. 124-129). 이런 차원에서의 분석이 가능하려면, 번역가는 텍스트 단계별로 각각의 과정에 어떤 행위자와 목표가 포함되며 어떤 상황에서 그러한지를 구체적으로 파악해야 한다. 이러한 분석이 과연 번역과 관련이 있는가에 대한 의구심을 품을 수도 있지만, Hatim과 Mason(1997, p. 10)은 소설 속의 인물을 인지하는 방식이 이 영역에서의 조정 또는 변화를 통해 실제로 어떻게 바뀌는지를 증명했다.

또한, 대부분의 텍스트는 어떤 식으로든 저자와 독자를 '연결'시킨다. 심지어 감정이 전혀 담기지 않은, 모든 관계를 거부하는 듯한 딱딱한 과학 텍스트도 예외가 아니다. 이러한 '대인관계적 기능(interpersonal function)'은 사용역 변수 중 담화관계와 관련이 있으며, 종종 번역가가 분석을 통해 인칭대명사, 수사의문문, 함축적으로 유표적인 단어, 공유지식 등과의 관계를 그려낼 수 있도록 한다. 언어학에서는 이를 서법의 문법적 범주와 결부시켜 설명한다. 서법은 타동성과 마찬가지로 매우 추상적이다. 언어는 문장으로 조직화되는데, 문장에는 주어, 술어, 보어, 부가어의 기능이 포함되어 있으며 명사구, 동사구, 형용사구로 채워지고, 평서문과 의문문 등의 다양한 문장 유형으로 구조화되어 가능성이나 빈도, 또는 의무나 경향을 위해 법조동사화 될 수 있다.

비록 주어와 술어 등의 다양한 구성을 가진 추상적인 개념과 텍스트의 대인관계적 기능 간의 연결고리를 파악하는 것이 쉽지는 않지만, 앞서 언급했던 내용을 되새겨 보면, 평서문의 사용이 많은 경우에는 지식과 영향력을 가진 전문가의 글이라는 점이 드러나며, 의문문(문어일 경우에는 수사의문문)의 빈번한 사용은 공감과 지지를 얻고자 하는 사람의 글이라는 점을 드러낸다. 'The authors of the report wonder whether […](그 보고서의 저자들이 궁금해 하는 것은 […] 여부다.)'와 같은 변형된 평서문을 통해서도 '지지를 얻고자 한다'는 점을 드러낼 수 있다. 반면, 'usually(보통)', 'perhaps(아마도)'와 같은 법조동사를 사용할 경우 독단적인 전문가처럼 보이기보다는 유연성을 갖춘 사람으로 받아들여지고 싶은 바람이 드러난다. 또 다른 주장(Eggins, 1994, pp. 193-195)에 의하면 남성과 여성의 서법 구조 선택에는 분명한 차이가 있다. 참고로, 서법은 대인관계적 기능과 텍스트의 담화관계를 결정한다. Eggins(1994, p. 194)에 의하면 남성은 정보를 제공하지만 재화와 용역은 요구하는 반면, 여성은 정보를 요구하지만 재화와 용역은 제공한다. 또한 여성은 대화를 하면서 주로 상대방의 의견을 지지하지만 남성은 당시에는 가만히 있다가 나중에 행동하는 경향이 있다.

관념을 표현하고 저자와 독자를 연결하는 것 외에도 텍스트는 텍스트로서 조직화(organize)된다. 이는 '텍스트적 기능(textual function)'이라 명명되고, 테마 역동성(theme dynamics)을 통해 기술되며, 사용역 중 담화매체와 관련이 있다. 이에 대해서는 앞서 자세히 다루었기에 여기서 재차 언급하지 않기로 한다.

이러한 기능들이 왜곡된 프랑스어-영어 번역 사례 일부를 살펴보자. 상당히 권위적이고 거리감 있는 문체로 쓰인 경제학 텍스트를 어떤 학생이 번역한 일이 있다. 이 학생은 텍스트를 영어로 옮기면서 사용역 및 텍스트 기능을 의도적으로 바꿨다. 영어에서는 위압적인 문체가 수용될 수 없다고 판단했기 때문이다.

이 학생이 번역한 부분은 텍스트의 첫 문단이 아니다. 이를 드러내기 위해 테마인 'economic models(경제 모델)'에 'such as these[이러한 것들과 같은, 예 'the disadvantages of economic models such as these(이러한 경제 모델의 단점은)']'라는 말을 덧붙였다. 아쉽게도, 사용역의 한 축인 언어사용자 중 사회계층 측면에서는 미성숙한 문체를 사용해 번역했다.

다시 말해, 이 학생은 영어의 원숙한 문체(소위 '교양 있는 중산층 문체')를 완전히 익히지 못했기 때문에 자신이 번역한 두 번째 줄에서도 'such as these(이러한 것들과 같은)'라는 표현을 두 번이나 사용했고, 여섯 번째 줄에서도 같은 문구를 반복했다. 이와 같은 반복은 영어에서는 무척 어색하고, 거슬리기까지 하다. 또한 텍스트의 공식적인 담화관계를 망각하고 'the industrial side of international trade(산업 쪽의 국제교역)'라는 표현을 도착어에서 사용함으로써 지극히 문어적인 출발어 텍스트 표현을 상당히 일반적인 구어체 표현으로 바꾸는 불필요한 실수를 범했다. 또한 'owing to(~때문에)' 대신 'due to(~에 기인해)'라는 표현을 사용함으로써 주제 연결고리(thematic linkage) 차원의 문제를 초래했다. 아울러, '[…], the three powers being Germany, Japan and the US.([…], 3대 강국은 독일, 일본, 미국이다.)'에 해당하는 프랑스어 동격절을 영어로는 문장으로 바꾼 후 괄호로 묶고 주동사 없이 온점(.)을 찍어 문장을 마무리하는 오류를 범했다. 관념적 기능 측면에서, 표면상으로는 주제를 정확하게 표현하고 있는 텍스트지만, 출발어 텍스트에 없는 명시적 또는 묵시적 행위자를 사용하기도 했다['a criticism levelled at(~를 겨냥한 비판)', 'may lead one(혹자를 ~하게 이끌 수도)', 'it is agreed that([그것]은 ~에 대해 의견 일치를 보았다)', 'one might add that(혹자는 ~를 덧붙일 수 있다)']. 하지만 가장 큰 변화는 서법체계(敍法體系, mood system)에서 발생했다. 담화관계 차원에서는 출발어 텍스트보다 훨씬 더 자문적이며, 대인적 기능 차원에서는 설명을 제공한다기보다는 독자를 이끄는 것에 대한 두려움이 느껴진다. 이는 'generally(일반적으로)'와 같은 부가사 및 'might(~해도 좋다)'와 같은 작용사는 물론 'tend(~하는 경향이 있다, 일반성)'나 'suggest(제안하다, 가능성)' 등 '법성(modality)[11]'을 내재하는 동사를 사용했기 때문이다.

Reiss의 이론을 살펴보면서 얘기했듯, 원칙적으로는 이러한 변환은 충분히 가능하며 굳이 반대할 이유가 없다. Baker(1992, p. 211)는 영어-그리스어 번역 사례를 예로 들면서, 도착어 텍스트에서 반복이 훨씬 더 많아졌다는 점에 주목했다. Baker에 따르면, 그리스어 독자는 이 번역에 문제가 있다고 생각하지 않았으며, 번역은 그리스어의 담화유형 조건을 충족시키고 있다. 유사한 예로, 프랑스어로 번역된 프랭크 슬로터의 『Puritans in Paradise(낙원의 청교도들)』를 살펴보도록 하자[프랑스어로는 훨씬 더 선정적인 제목인 『L'amour à Bahamas(바하마에서 사랑을)』로 번역됐다]. 번역을 거치면서 앞의 몇 문단에서 담화관계가 바뀌는 일이 발생했는데, 이는 출발어 텍스트에서는 찾아볼 수 없는 수사의문문이 도착어 텍스트에서 자그마치 세 개나 삽입됐기 때문이다. 평서문인 'He felt none of the usual urge.(그는 평소와 같은 조급함을 느끼지 못했다.)'에 상응하는 프랑스어 표현이 영어 번역에서는 'Where was his usual impatience?(평소의 조바심은 어디로 갔는가?)'로 바뀌고, 'It was impossible to believe.(믿을 수가 없었다.)'에 상응하는 프랑스어 표현은 영어 번역에서는 'How to believe?(어떻게 믿으란 말인가?)'로 바뀌었다. 또한, 'Footloose as he was(그가 늘 그랬듯이 자유롭게)'에 상응하는 프랑스어 표현은 'Was he not free as the air?(그는 공기처럼 자유롭던 사람이 아닌가?)'라는 영어 문장으로 번역됐다.

이러한 변환이 합당하다고 판단될 경우, 기능 변환 번역은 타당하다. 여기서 중요한 것은 무엇이 가능하고, 무엇이 불가능한지를 알려주는 도착어의 규범이다. Baker가 인용한 영어-그리스어 번역의 경우, 어쩌면 어휘적 반복을 굳이 안 했어도 그리스인들은 이를 수용했을 것이다. 같은

---

11 [역주] 법조동사(modal)로 표현되는 의미

맥락에서, 위에서 살펴본 프랑스어-영어 번역 역시 수사의문문을 사용하지 않더라도 아무 문제가 없다. 결국, 최종 선택은 번역가의 직관적인 판단력에 달려 있다. 안타깝게도 모든 번역가가 훌륭한 직관을 가진 것은 아니다. 그렇다면 텍스트에 대한 체계적인 교육과 훈련이 번역가를 대상으로 이루어져야 한다는 결론에 도달할 수 있는데, 이에 대해서는 아무도 관심이 없는 것 같다.

Hatim과 Mason은 Reiss와는 달리 '해설적(expository)', '논쟁적(argumentative)', '지침적(instructional)'이라는 용어를 통해 텍스트 기능 및 유형을 다루었으며, 이들 개념이 구조화되는 일반적인 방식을 기술했다. Hatim과 Mason은 "언어에 따라 텍스트 구조 전개 방식이 다르지만, 이에 대해서는 알려진 바가 상대적으로 없다(1990, p. 173)."라는 식상한 결론을 내렸다. Baker 역시 짧게 언급한 것이 전부며, Reiss와 Vermeer는 관련 연구를 인용하면서 현대 유럽 문학에 비해 현대 히브리어 문학이나 중세 유럽 문학에서는 묘사적인 구절이 흔치 않다는 점을 기술했으며(1984, p. 28), 문화권에 따라 소설 전개 방식이 다르다는 점을 논증했다(1984, p. 39). 필자는 영어보다 프랑스어 신문 기사에서 열거 방식을 훨씬 많이 사용한다는 점을 덧붙이고 싶다. 이와 관련한 예시는 잠시 후에 살펴보자.

3. 기능 변환 번역

도착어 텍스트의 기능이 출발어 텍스트의 기능과 반드시 동일해야 하는가? Kade(1977, p. 33)는 두 종류의 번역이 있다고 주장했다. 하나는 출발어 텍스트의 의사소통적 기능이 유지되는 '등가(等價) 번역

(equivalent translation)'이고, 다른 하나는 도착어 텍스트의 기능이 달라지는 '이가(異價) 번역(heterovalent translation)'이다. 후자는 '내용물 재작업(content-reworking)'으로 불리기도 한다.

출발어 텍스트의 기능이 번역을 거치면서 달라질 수 있다는 점은 Nida와 Taber의 이론에 이미 내포돼 있다. Nida와 Taber(1969, p. 1)는 '이것이 올바른 번역인가?'라는 진부한 질문은 '누구를 위한 번역인가?'로 바뀌어야 한다고 했다. Hönig와 Kussmaul(1982, p. 40) 또한 '기능 유지 번역(function-retaining translation)'과 '기능 변환 번역(function-altering translation)'이라는 두 가지 기본적인 번역 유형이 있으며, 이 둘 모두 타당하다고 주장했다. 이러한 주장은 Reiss와 Vermeer(1984)의 스코포스 이론과 Holz-Mänttäri(1984)의 행위 이론에 의해 뒷받침된다. Nord(1991, p. 9)는 "도착어 텍스트의 기능은 출발어 텍스트의 분석을 통해 기계적으로 결정되는 것이 아니라, 서로 다른 문화 사이의 의사소통 목적에 의해 정해진다."라고 말했다. 심지어 "출발어 텍스트와 도착어 텍스트 간의 기능적 등가는 번역의 '일반적인' 목적이 아니며, 오히려 '기능 변환'이 전혀 필요하지 않을 경우 허용되는 극히 '예외적인' 경우다."라고 주장했다(Nord, 1991, p. 23).

이에 대한 근거로 Nord는 청소년을 대상으로 마약의 위험을 경고하는 청소년 잡지 기사 번역을 예로 제시했다. 참고로, 기자는 청소년에게 친숙한 속어 및 마약 은어를 다수 사용함으로써 호소력을 높이려 했다. Nord는 이 기사가 도착어권의 청소년을 대상으로 번역된다면 대응되는 속어 및 마약 은어를 사용할 수 있겠지만, 만약 대상 독자가 성인이고 성인 잡지 기사로 번역된다면(그리고 청소년들에게만 익숙한 속어 및 마약 은어가 사용된다면) 성인들은 은어와 속어를 제대로 이해하지 못할 것이고, 결국 호소력이 떨어지는 텍스트가 될 것이라고 주장했다(1991, p. 53). 하지만 Nord는 이러한 유형의 텍스트가 번역을 가르치는 사람에게는 흔히 접할 수 있는 내용일지 몰라도 실제로는 거의 번역되지 않는다는 사실을 인정했다. 이와 같은 사건 · 사고 기사는 '뉴스'로서의 가치가 금세 사라지기 때문이다(Nord, 1991, p. 64). 이와 같은 텍스트가 꼭 번역되어야 한다면 특별한 번역 접근법이 필요하다. 이를 알아보기 위해서는 '직역(literal translation)' 대 '의역(free translation)'이라는 골치 아픈 문제를 다룰 수밖에 없다.

고대 로마 시대까지 거슬러 올라가는 직역과 의역의 구분을 언어학자들은 탐탁하게 여기지 않는다(반면, Antoine Berman과 같은 학자는 직역과 의역에 매료되어 이론적으로 발전시키기도 했다). Albrecht(1973, p. 24)는 이러한 분류법을 "문제가 있지만 매우 대중적인" 이론이라고 했으며 직역을 'Bedeutungsinvarianz'로, 의역을 'Bezeichnungsinvarianz'로 칭하며 언어학적 근거를 제시하려 했다. 전자는 '기호 중심적 번역'이고 후자는 '내용 중심적 번역'이며, 결국 함축을 옮기느냐, 아니면 외연을 옮기느냐의 문제다. Catford(1965, p. 25)는 '단어 대 단어 번역(word-for-word translation)'이라는 제3의 범주를 추가했는데, 각각의 범주는 번역 단위로 선택한 언어적 위계와 "부분적으로 연관"되어 있다고 주장했다. 다시 말해, 의역의 경우, 언어 위계에 구애받지 않으며, 아래로든 위로든 위계 변이를 일으킬 수 있는 번역 유형이다. 단, 위로 향하는 경우가 상대적으로 더 많으며, 때로는 문장보다도 더 큰 단위로 위계 변이를 일으킨다. 반면 단어 대 단어 번역은 그 이름에서도 알 수 있듯, 단어 혹은 형태소를 번역 단위로 삼으며 그 범위 내에서 위계 변이가 가능하다. 직역의 경우, 기본적으로는 단어가 번역 단위지만 도착어 문법에 맞추기 위해 어군 혹은 절로 변이되는 것까지는 허용된다. Catford의 분류법은 논리적으로는 결함이 없지만 용어상의 혼동을 초래한다. '비가 억수같이 쏟아진다'를 뜻하는 'Il pleut comme vache qui pisse.(소가 오줌 누듯 비가 온다.)'를 같은 상황에서 사용할 수 있는 'It's raining cats and dogs. (고양이와 강아지처럼 비가 온다.)'로 옮기는 것을 Catford는 의역이라고 부르지만(1965, p. 26), 대다수의 사람은 이를 기능적 등가라고 부를 것이다.

4. 외현적 번역/내재적 번역

번역을 직역과 의역으로 나누면 여러 문제점이 발생한다. 이는 바로 앞에서 살펴본 Catford의 용어 정의에서도 드러난 바 있다. 이러한 이유로 학자들은 새로운 용어를 사용하고자 했다. 1977년 House는 번역을 크게 '외현적 번역(overt translation)'과 '내재적 번역(covert translation)'으로 구분했다. 외현적 번역의 경우, 출발어 텍스트를 최대한 존중하는 번역으로, 도착어의 문화적 전제 등이 고려되지 않는다. 따라서 도착어 텍스트는 얼핏 보기에도 '번역'이다. 출발어 텍스트가 출발어 문화권의 시대, 문화, 언어와 긴밀히 관련되어 있고 출발어 독자를 대상으로 작성됐을 경우 외현적 번역이 필요할 수 있다. 이 경우, 출발어 텍스트의 기능과 도착어 텍스트의 기능이 일치하기는 사실상 힘들며 '2차적 기능' 차원에서의 일치만이 가능하다(House, 1977, p. 191). 이는 결코 쉽지 않다. 외현적 번역은 가능한 한 출발어 텍스트를 그대로 유지해야 하는 번역이지만, 출발어 텍스트가 대대적인 변환이 불가피한 요소(말장난, 방언 등)를 종종 담고 있기 때문이다(House, 1977, p. 192). House는 이러한 문제는 "주로 해결이 불가능하다."라고 했다(1977, p. 193).

내재적 번역은 마치 번역이 아닌 것처럼 느껴진다. 출발어 텍스트가 출발어 문화권의 고유한 문화, 언어적 자질, 시대와 관련이 없을 경우 내재적 번역이 가능하다. 이 경우, 출발어 텍스트와 도착어 텍스트를 기능적으로 일치시키는 것은 가능할 뿐만 아니라 바람직하기까지 하다(House, 1977, pp. 194-195). 내재적 번역은 외현적 번역 못지않게 어렵다. 아니, 더 어렵다. 상이한 문화적 전제를 번역가가 도착어 맥락에서 고려해야 하기 때문이다(House, 1977, p. 196).

House의 분류법은 Nord가 제시한 '도구적 번역(instrumental translation)'과 '기록식 번역(documentary translation)'의 구분과 유사하다(Nord, 1991, pp. 72-73). Nord의 분류 기준 역시 출발어 텍스트가 출발어 문화권 독자를 대상으로 작성됐는가 여부에 기초하고 있다.

출발어 텍스트가 출발어 문화권의 고유한 언어 · 문화적 자질과 긴밀한 관련이 없다면 도구적 번역이 타당한 방법이다. 도구적 번역은 도착어 문화에서 독립적으로 작동할 수 있으며, 다음 세 가지 방식 중 하나를 따르게 된다. ① 출발어 텍스트의 기능을 복제하는 방식: 모든 언어적 · 문화적 변환이 수반된다. ② 텍스트에 적합한 대체 기능을 모색하는 방식: 예를 들어, 성인용 책을 아동용으로 번역하는 경우가 이에 해당한다. ③ 출발어 텍스트의 '효과'를 복제하는 방식: 예를 들어, 시 번역이 이에 해당한다.

반면, 기록식 번역(단어 대 단어 번역, 직역, 문헌적 번역, 타국화 번역 등 포함)의 경우, 번역을 읽는 도착어 독자에게는 출발어 텍스트 저자와 출발어 텍스트 독자 사이의 의사소통 과정을 '관찰'하는 역할만이 부여된다. 다시 말해, 도착어 독자는 의사소통 과정의 핵심적인 일부가 아니다.

널리 알려진 Newmark의 분류법도 대동소이하다. Newmark는 번역의 종류를 '의사소통적 번역(communicative translation)'과 '의미적 번역(semantic translation)'으로 구분했는데, 전자는 효과의 등가를 목표로 하는 번역이며, 후자는 출발어 텍스트의 의미 및 통사 구조를 도착어에서 최대한 유사하게 재생산하는 것을 목표로 하는 번역이다(1981, p. 31). 의사소통적 번역에서는 도착어 독자가 의사소통에 적극적으로 개입할 수 있지만, 의미적 번역에서는 '관찰'만이 허용된다. Newmark의 설명(1981, p. 54)에 따르면 'Frisch angestrichen'을 의사소통적 번역을 하면 'Wet Paint(칠 주의)'가 되고, 의미적 번역을 하면 'Freshly painted(새로 칠했음)'가 된다. 'Frisch angestrichen'의 경우, 대체로 의사소통적 번역이 적합하다. '경고'하는 기능을 수행하기 때문에 독자가 즉각적으로 이해할 수 있도록 번역해야 하기 때문이다. 반면, 언어학 서적에서 서로 다른 언어가 얼마나 다양한 방식으로 통지문을 표현하는가를 설명하는 경우에는 의미적 번역이 필요하다. 참고로, 의미적 번역과 직역은 동일하지 않다. 의미적 번역은 언어적 형태는 물론 맥락 및 화용론적인 측면을 고려한 번역이다.

마지막으로 Neubert(1978, pp. 197-200)가 제시한 네 가지 번역 유형을 살펴보자. Neubert의 기준은 House와 같다. 즉, 출발어 텍스트가 출발어권의 고유한 언어적 · 문화적 특성과 관련이 있는가 여부에 의해 번역 유형이 결정된다.

유형 I의 경우, 출발어 텍스트와 도착어 텍스트 모두 일반적 필요에 기초한 유사 목표를 갖는다. 과학 텍스트, 기술 텍스트, 광고 텍스트 등이 이에 포함된다. 이러한 텍스트는 번역이 매우 용이하다.

유형 II의 경우, 텍스트는 출발어 독자층이 필요로 하는 특정 정보를 담고 있다. 공식 선언문, 지침, 지역 언론, 출발어 문화권의 사회적 · 경제적 · 정치적 주제를 다룬 자료 등이 포함된다. 이런 유형의 텍스트는 번역이 사실상 불가능하다. 번역이 아예 될 수 없다는 것이 아니라 출발어와 도착어 사이에 공유될 수 있는 관심 영역을 파악하기 어렵다는 뜻이다. 이 경우, 번역가는 애초에 도착어 독자를 위해 작성되지 않은 텍스트가 번역되는 이유 및 목적을 반드시 이해해야 한다.

유형 III의 경우, 문학 텍스트인데, 유형 II와 마찬가지로 애초에는 출발어 독자층을 위해 작성됐지만 전 인류의 관심사일 수 있는 텍스트다. 번역이 가능하지만, 형식적 특성이 중요하기 때문에 상당한 제약이 따른다.

유형 IV의 경우, 출발어 텍스트가 애초에 번역용으로 작성된 경우다. 외국인 독자에게 출발어 국가에서 벌어지는 일에 대한 정보를 제공하는 것을 목표로 작성된 텍스트인데, 유형 II와 마찬가지로 유형 IV의 텍스트 역시 출발어권의 고유한 문화와 깊은 관련이 있지만 번역가능성은 매우 높다. 하지만 이를 위해서는 번역가와 번역 의뢰인 간의 원활한 피드백이 필수적이다.

어찌 보면, 이들 분류법은 Nida의 역동적 등가/형식적 대응 분류법과 크게 다르지 않다. 차이가 있다면, Nida가 역동적 등가를 더 강조한 경향이 있는 반면, 후기 학자들은 두 가지 형태 모두 타당하다는 균형 잡힌(?) 주장을 한 것이다. 하지만 출발어 텍스트에 대한 '경외심' 때문에 이 균형은 사실상 무너진 것으로 보인다. Gentzler(1993, p. 72)는 번역 이론에 대한 '과학적' 접근법 뒤에는 이러한 출발어 텍스트에 대한 경외심이 자리 잡고 있다고 주장했다. 출발어 텍스트에 대한 경외심은 특히 고전 문학 번역에서 여실히 드러난다. 이들 '위대한 문학 작품'을 번역할 때는 출발어 텍스트를 최대한 존중하고, 심지어 '숭배'하는 번역이 당연시된다. 하지만 이러한 맹목적인 경외심은 윤리적(?)으로는 몰라도 언어학적으로는 정당화될 수 없다. Nik Zaitun은 'God(하느님)'을 'Allah(알라신)'로 바꾸고, 'sword(검)'를 'kris(크리스 단검)[12]'로 대체하는 등 출발어 텍스트보다는 도착어 텍스트에 초점을 맞춘 『Macbeth(맥베스)』의 말레이어 번역을

12 [역주] 'chrees'라고도 하며 물결무늬의 칼날을 가진 말레이시아의 단검이다.

시종일관 옹호하는 입장을 취하다가 이내 '오역'이라고 결론 냈다(1994, p. 94). 별 이유도 없이 말이다.

텍스트의 '독자층'을 논의하는 과정에서 우리는 이미 사회언어학의 영역에 발을 들여놓았다. 아울러, 텍스트의 기능－언어가 어떤 방식으로 작동하며 의사소통 참여자들과 어떤 관련이 있는가 등－을 살펴본 것은 화용론과도 깊은 관련이 있다. 10장과 11장에서는 이들 주제를 본격적으로 다루자.

10
사회언어학과 번역

1. 사회언어학, 그리고 방언의 번역

앞서 7장에서 사용역 분석을 살펴보면서 우리는 이미 사회언어학적인 문제－사람들의 사회적 역할과 언어의 관계, 사회적 지위와 권력이 언어 사용에 미치는 영향 등－를 일부 다룬 바 있다. 사회 계층, 인종, 성(性), 나이, 출신 지역, 직업 등에 따라 우리가 사용하는 언어도 달라진다. 언어의 사회적 지위가 종종 사회적인 갈등이나 유혈 사태로 이어졌다는 점을 고려한다면 이들 변수는 상당히 중요하다. 아울러, 언어에는 정체성이 담겨 있다. 이는 번역가에게 매우 까다로운 문제를 안겨줄 수 있지만, 번역을 통해 소멸될 위험이 있는 언어를 지켜내고 발전시킬 수 있다는 점도 잊지 말아야 한다.

사회언어학을 통해 우리는 총체적인 '사회언어학적 번역 이론'을 정립할 수도 있고, 사회언어학에서 도출된 연구 결과 일부를 번역에 접목할 수도 있다.

공산주의에 심취한 구동독의 사회언어학자 Otto Kade는 "언어 중재(번역)에서 출발어 텍스트에 대한 과학성과 충실성을 가장 잘 보장하기 위해서는 마르크스-레닌주의에 기초해 노동자 계급의 관점을 수용해야 한다." 라고 주장하며 사회주의 언어 중재자(번역가)는 마르크스-레닌주의의 계급적 관점에 대한 확신이 있어야 하며, 마르크스-레닌주의 교육을 받아야 한다고 '선언'했다(1980, pp. 38-39). Kade의 주장을 지지하는 학자가 과거에 비해서는 줄었지만 아직도 더러 있다. Kade(1980, pp. 43-44)는 서양의 부르주아 번역가 및 번역학자는 사회적 문제를 간과하는 우를 범했다고 지적하면서 "부르주아 번역학자는 언어 중재와 관련한 사회적인 현상을 순수한 언어적 현상으로만 설명하려 한다."라고 비판했다.

Lawrence Venuti를 비롯해 많은 학자들은 번역을 거치면서 타국의 사회 · 문화적 요소가 다양한 방식으로 억압되거나 '귀화(naturalize)[1]'되어 영어권 독자들에게는 결국 '투명한 번역(transparent translation)[2]'이 제시되는 문제점을 지적했다. 이러한 문제의식을 토대로 Venuti는 '타국화(foreignization)[3]'의 필요성을 본격적으로 연구했다. Venuti에 앞서 19세기의 독일 철학자 슐라이어마허 역시 타국화 번역의 가치를 강조한 바 있다. 슐라이어마허에 따르면 도착어 독자는 "타국에 있는 듯한 느낌"을 받아야 하며(Störig, 1963, p. 54에서 재인용), 언어에는 번역을 위한 특정

1 [역주] 'alienating(외화)'과 반대되는 'naturalizing(귀화)'은 'domestication(자국화)'과 일맥상통하는 개념으로, 도착어 문화권의 가치에 맞추어 타국성(foreignness)을 최소화하기 위한 번역 전략이다.

2 [역주] 'transparent translation(투명한 번역)'은 출발어 텍스트의 빛을 가리지 않으면서도 완벽한 도착어를 사용해 도착어 독자로 하여금 마치 원문을 읽는 듯한 느낌을 주는 번역이다. 하지만 번역처럼 보이지 않는다는 것은 출발어 텍스트의 타국성이 사라졌거나 억압되었음을 의미한다.

3 [역주] 도착어 텍스트 문화권의 가치에 맞추어 타국 텍스트를 축소하는 'domestication (자국화)'과 달리 'foreignization(타국화)'은 출발어 텍스트 문화권의 고유한 언어 · 사회 · 문화적 특성 및 차이점을 도착어 독자가 관찰할 수 있도록 하는 번역 방식이다.

언어적 영역이 있어야 하는데 번역과 관련해서 "다른 곳에서는 볼 수 없는 많은 것이 반드시 허용돼야 한다."라고 주장했다(Störig, 1963, p. 70에서 재인용).

이보다 훨씬 전인 15세기로 거슬러 올라가면, 독일의 번역가 니클라스 본 바일은 출발어 텍스트에 나오는 어떤 문장을 'You find some old men who love women but you find no old men who are loved by women.(여자를 사랑하는 노인은 일부 있지만 여자에게 사랑받는 노인은 없다.)'이라는 이해하기 쉬운 문장 대신 'You find some loving old men but none loved.(사랑하는 노인은 있어도 사랑받는 노인은 없다.)'라는 상대적으로 난해한 직역식 문장으로 번역했는데, 그 이유는 사회적 지위가 높고 학식 있는 독자층을 위한 번역은 그렇지 않은 독자층을 위한 번역보다 수준이 높고 상대적으로 어려워야 하기 때문이라고 설명했다(Keller, 1861, p. 8에서 재인용). Louis Kelly(1979, p. 70)는 신약성경 번역을 둘러싼 중세 시대의 논쟁을 소개하면서, 적합한 사회적 표현 양식은 도착어 독자층의 교양 수준에 의해 결정된다는 점을 논증했다. 17, 18세기 프랑스에서 성행한 '부실한 미녀(belle infidèle)[4]' 역시 사회언어학에 기반을 두고 있다. 다시 말해, '부실한 미녀'가 활보하고 정당화될 수 있었던 것은 대상 독자층이 바로 귀족 계층이었기 때문이다. 귀족들은 (적어도 원칙적으로는)

---

4 [역주] 벨 앵피델은 부실(부정)하지만 아름다운 여자라는 뜻인데, 원문에 충실하지는 않지만 아름다운 번역을 지칭할 때 사용된다. 쓰지 유미(이희재 역, 2001)의 『번역사 산책』에 나오는 설명을 살펴보자(p. 119).

> 페로(1606-1664)라는 유명한 번역가가 있었다. 문장이 뛰어나고 학식도 깊어서 로마의 타키투스, 그리스의 풍자시인 루키아노스, 그리스의 역사가 크세노폰 등 아주 넓은 범위에 걸쳐 대작을 번역했다. 아름다운 페로의 번역문은 당시 프랑스에서 가장 사랑받는 문학작품으로 손꼽힐 정도였다. 하지만 대학자 메나쥐(1613~1692)는 1654년경 페로의 번역을 이렇게 비판했다. "그의 번역은 '내가 투르에서 깊이 사랑한 여자를 연상시킨다. 아름답지만 부정한 여인이었다."

'품위'와 '예절'을 삶의 금과옥조로 여겼기 때문에, 이들을 대상으로 한 번역은 '품위'와 '예절'이라는 가치에 부합해야 하며 이를 위해서는 번역이 원문에 충실하지 않고 윤색에 가깝더라도 우아하고 아름다워야 한다고 여겨졌다.

이러한 사회언어학적 영향은 아래 번역 사례에서도 고스란히 드러난다. 프랑스의 작가 프레보스트는 18세기 영국의 소설가 리처드슨의 작품을 프랑스어로 옮겼는데, 여기서 우리는 매우 흥미로운 점을 발견할 수 있다. 번역가는 출발어 텍스트에 나타나는 하류층의 직접 화법을 도착어 텍스트에서 간접 화법으로 바꿈으로써 하류층의 입에 재갈을 물렸는가 하면, 하류층의 투박한 지방 억양['she has **tacken** the **login**s but for a **fue nites**.(그니가 통내무집서 머물기는 했지만 맻 밤 아니였슈.)']을 나무랄 데 없는 표준 프랑스어로 바꾸기도 했다(Stackelberg, 1971, p. 588). 유사한 예로, 오셀로의 직설적이고 용맹한 어투의 'Her father loved me.(그녀의 아버지는 나를 사랑했소.)'라는 대사는 라플라스의 번역에서는 상당히 침착하고 예의 바른 표현이 사용된 완곡법 문장 'J'avais eu l'honneur de me faire estimer de son père.(나는 그녀의 아버지로부터 인정받는 영광을 누릴 수 있었소.)'로 바뀌었다(Stackelberg, 1971, pp. 590-591).

위와 같은 번역에 있어 중요한 것은 바로 사회적 기풍(氣風, ethos)이다. 옳고 그름은 물론, 총체적인 번역 접근법 역시 이 기풍에 의해 결정된다. 문화의 획일화가 목적이 아니라면, 번역가는 언어의 다양성을 표현할 방법을 모색해야 한다. 예를 들어, 출발어 텍스트에 '지역방언(dialect)'과 '사회방언(sociolect)'이 나올 경우, 이를 표준어로 옮기는 방법 외의 묘안을 찾기 위해 고심해야 한다. 지역방언과 사회방언은 서로 중첩되는 부분이 있기는 하지만 전자는 특정 지역 사람들이 대표적으로 사용하는 발화방식을, 후자는 특정 사회 계층, 지위, 직업 등에 속한 사람들이 사용하는 발화 방식을 가리킨다. 참고로, 지방에 살더라도 주로 하류층만이 지역방언을 사용하며 중산층 이상은 표준어를 사용한다는 점에 주목할 필요가 있다(이는 대다수의 국가에서 나타나는 일반적인 현상이다). 이를 통해 지역방언과 사회방언이 일정 부분 중첩된다는 말의 의미를 알 수 있다.

대부분의 문화권에서 속어(slang)는 특정 집단에 속한 사람들이 사용하는 사회방언이다. 특정 직업군에 속한 사람만이 사용하거나 이해할 수 있는 속어도 있다. 도둑이 주로 사용하는 속어의 경우, 보통 사람은 한 번도 들어보지 못했거나, 들어본 적이 있다고 해도 정확한 뜻을 알지 못하는 경우가 대부분이다. 예를 들어, 'to do a creep'은 '몰래 숨어 들어가다'를 의미한다. 또한, 'twoccer'는 '**t**aken **w**ithout [the] **o**wner's **c**onsent(주인의 허가 없이 끌고 나와)'에서 유래했으며 차량 도둑을 일컫는 말이다. 이런 용어는 보통 범죄자 또는 경찰만 알고 있다. 몇몇 속어(예 twoccer)는 관련 사건이 속발할 경우 신문 기사에서 사용되고 나중에는 사전에 등재되는 경우도 있다. 하지만 대부분의 속어는 사전에 등재되지 않으며, 두문자어에 못지않게 번역가에게 큰 골칫거리다. 뿐만 아니라 속어는 'train spotting(클럽 디제이가 음반을 스크래치하는 행위)'이나 팝 음악처럼 취미나 오락과 관련이 있을 수도 있다. 특정 속어는 젊은이들 사이에서 자신이 속한 집단에 대한 소속감을 나타내거나 최신 유행임을 드러내기 위해 상대적으로 더 많은 사람에 의해 사용되기도 한다. 어떤 경우든 속어는 번역가에게 무척 성가신 존재다.

우선, 속어 자체를 이해하는 것이 쉽지 않다. 영국인 중 클럽 입구에 적혀 있는 'UB40[5]'를 어리둥절한 표정으로 쳐다본 사람들이 있을 것이고 ['UB 40'는 '**U**nemployment **B**enefit 40(실업수당 신청서 40번)'로 널리

---

5 [역주] 'UB40'는 영국의 레게음악 그룹이기도 하다.

알려져 있다], 영국 판사들은 널리 사용되는 통속어조차 모르기로 유명하다. 해당 세대가 아니고서는 'Don't be an **anorak**.[6](샌님처럼 굴지 마.)'이라는 말을 이해하기 힘들 것이다. 참고로, 상당수의 속어는 유행처럼 쉽게 왔다 쉽게 사라진다. 따라서 속어를 배워서 사용하려 하면 십중팔구 그 속어는 이미 자취를 감췄을 것이다.

속어를 이해했다고 모든 문제가 자동적으로 해결되는 것은 아니다. 출발어 속어에 상응하는 도착어 속어가 있는가를 파악해야 한다. 얼핏 보기에는 쉬워 보인다. 대부분의 언어에는 속어가 있기 때문에 간단히 대체하면 된다고 생각할 수 있다. 하지만 속어의 유형, 사용 빈도, 사용 목적이 문화에 따라 다르다는 점을 고려해야 한다.

1990년대 후반, 프랑스 젊은이들은 '벨랑(verlan, 단어를 거꾸로 읽는 방식의 속어)'을 다시 사용하기 시작했다. 예를 들어, 'femme(여자)'라는 단어는 'meuf'가, 'laisse tomber.(신경 꺼.)'는 'laisse béton.'이 된다. 참고로, 벨랑은 젊은이들 사이에서는 광범위하게 사용됐지만 다른 연령층에서는 거의 사용되지 않는다. 영어에도 동일한 속어 유형이 있다[영어에서는 'back slang(백 슬랭)'이라 칭함]. 필자가 가진 속어 사전을 찾아보니, 'head(머리)'에 대한 벨랑은 'deache', 'face(얼굴)'에 대한 벨랑은 'essaff'로 나와 있다. 하지만 필자는 평생을 영국에 살면서 단 한 번도 이런 속어들을 들어본 일이 없다. 따라서 프랑스어의 벨랑을 영어의 백 슬랭으로 대체하기는 사실상 힘들다. 동일한 속어 유형이 존재함에도 불구하고 사용 빈도가 훨씬 더 낮고 잘 발달되지 않았기 때문이다. 벨랑이 빈번히 사용되는 프랑스 갱 영화 『La Haine(증오)』의 자막 번역에서 프랑스어 벨랑을 영어의 백 슬랭으로 대체하는 시도가 거의 없는 것도 이 때문이다.

6 [역주] 'anorak'은 원래 방한복을 가리키지만, 젊은이들 가운데서는 'nerd(샌님)'의 의미로 사용되기도 한다.

이런 상황에서는 다른 방법을 찾아야 한다. Shveitser(1977, p. 63)는 '마리화나'를 뜻하는 영어 속어 'pot'에 상응하는 러시아어 속어가, 적어도 1977년에는, 부족한 나머지 번역가가 다음 두 가지를 할 수밖에 없었다고 분석했다. ① 도착어에 적합한 관련 속어가 존재하지 않기 때문에 언어적 효과를 문장 사슬(sentence chain) 아래로 전이시킴으로써 보상(compensate)한다. ② 마약 관련 속어를 범죄 관련 은어로 바꾼다. 이를테면, 문체상 중립적인 동사 'caught(잡혔다)'라는 표현을 (만약 마리화나 때문에 잡혔다면) 'KGB(구소련 국가안보위원회)에 고발하다'라는 의미를 가진 'zastukat'으로 대체하는 것이다. 러시아 신문 기사에는 도둑을 칭하는 속어 'cant'를 사용할 경우 따옴표를 사용해 '풍자'를 드러내기도 한다. 물론, 다른 언어에서는 구현하기 힘든 효과다.

동일한 속어 유형이 도착어에 존재하지 않거나, 속어의 사용 범위가 서로 다른 경우에는 번역이 용이하지 않다. 이와 더불어, 해당 속어를 사용하는 목적이나 효과가 언어에 따라 다를 수 있다는 점에도 주목해야 한다. 1976년 개봉한 끌로드 를로슈 감독의 『Si c'était à refaire(다시 한다면)』는 『Second Chance(두 번째 기회)』로 번역됐다. 더빙 번역을 맡은 미국 번역가는 영화에 등장하는 소년의 대사를 'I'm top man on a totem pole and King Kong all in one, The other chick's kinda old but a sweetheart all the same. She gamme a pair o'wheels.(나는 킹왕짱이야, 기집애가 좀 늙긴 했지만 다정한 사람이긴 해. 그녀가 자전거도 줬어.)'와 'Hey, how high can a man get!(야, 사람이 얼마나 높을 수 있는가!)' 등으로 옮겼다. 이는 젊은이들만 이해할 수 있는 말이다. 이와 달리 프랑스 원작에서는 거의 모든 세대가 이해할 수 있는 속어가 사용됐다. 원작의 경우, 격식이 떨어지는 발화라는 점을 나타내려 했을 뿐이다. 이 영화의 독일어 번역작인 『Ein Hauch von Zärtlichkeit(부드러운 숨결)』에서는 '최고야. 그녀가 나이가 있긴 해도 좋은 사람이지. 자전거도 줬어. 모두 부러워하지.'에 해당하는 독일어로 번역됐는데, 영어 번역과는 정반대로 지나치게 순화되고 표준화됐다.

영화 번역에서 속어는 대부분 삭제되거나 그 수위가 약화된다. Hesse-Quack(1969, p. 114)이 인용한 사례를 살펴보면 'moins emmerdeuses(덜 귀찮은 놈들)'는 독일어로 번역되면서 그 수위가 상당히 낮아졌다. 필자가 조사해보니 1993년 흥행작 『Les Visiteurs(방문자)』에 나오는 'Oh putain!(제기랄!)'이라는 대사는 'No kidding!(농담 아니야!)'으로 번역되어 수위가 낮아졌다. 1990년 상영된 『La Fracture du myocarde(49일간의 비밀)』의 경우, 프랑스 아이들이 일반적으로 사용하는 상스러운 속어가 대사의 주를 이루고 있다. 하지만 영어로 번역되면서 원작의 속어는 자취를 감췄거나 그 수위가 상당히 낮아졌다. 예를 들어 'Ça sert à rien de se faire chier.(아무짝에도 쓸모없네. 젠장!)'가 'Why worry?(왜 걱정해?)'로 번역됐고, 'T'es chiante comme une nana.(기집애처럼 귀찮게 굴지 마.)'는 'You're such a pain.(너는 골칫덩어리야.)'으로 옮겨졌다. 이러한 현상은 비단 검열 때문만은 아니다. Hesse-Quack(1969, p. 127)은 도착어에 해당 범주가 없거나 유사한 강도의 속어가 존재하지 않을 수도 있다고 설명했다. 이는 Levý와 Toury의 번역의 평준화(levelling) 및 일반화(generalizing) 경향 가설을 뒷받침하는 예다.

하지만 수위가 오히려 높아지는 경우도 있다. 1993년 상영된 『Stalingrad(스탈린그라드)』에 나오는 표현 중 'Tatsächlich!(설마!)'는 'No shit!(제기랄!)'으로, 'Drecksack(쓰레기)'은 'Asshole(꼴통)'로 대체됐다. 독일어의 중립적 표현이 영어의 속어로 대체된 것이다.

다른 형태의 사회방언도 이와 유사한 이유로 문제를 야기할 수 있다. 호주 출신 작가 애퍼백 로더는 1968년 출판된 『Fraffly Well Spoken(프래

플리 웰 스포큰)』을 통해 유쾌한 즐거움을 선사했다. 이 책에는 영국 상위 중산층의 발음 즉, 소위 '공립학교(public school)' 발음을 비슷하게 옮긴 단어 형태로 구성된 짧은 대화들이 나온다. 예를 들어, 'The situation is fraught with danger.(상황은 위험으로 가득 차 있다.)'의 경우, 'The sitweshns frott with dencher.'로 '공립학교' 발음을 모방해 적혀 있다. 이러한 사회언어학적 요소를 반영한 표현을 사회적 계급이 존재하지 않는(?) 미국이나 독일 등의 독자를 대상으로 옮기기는 쉽지 않다. 속어의 경우와 마찬가지로 '일대일 대응 표현'을 찾기 힘들 것이다. Shveitser(1977, p. 61)는 문학 작품에서 종종 지역방언이나 사회방언이 등장인물의 성격을 설정하기 위한 장치로 사용되지만 번역에서는 종종, 그리고 불가피하게 이러한 장치가 평준화된다고 분석했다.

영화 더빙을 보면서 종종 미국식 사회방언만이 사용된다는 점을 눈치챈 사람이 있을 것이다. 이는 '경제적인 이유' 때문에 생겨나는 평준화의 한 형태다. 1973년 개봉된 트루포 감독의 『La nuit américaine(아메리카의 밤)』와 끌로드 를로슈 감독의 『Si c'était à refaire(다시 한다면)』도 미국식 영어로 더빙됐다. 미국식 영어에 친숙한 관객이 다수이기 때문에 영화 판매에 유리할 것이다. 그런데 때로는 특이한 경우도 있다. 『Runaway Express(런어웨이 익스프레스)』(1992년 상영)로 번역된 독일의 어린이 영화는 미국식 영어로 더빙됐는데, 미국식 영어라고 하기에는 무언가 어색하다. 엔딩 크레딧을 보니 더빙 번역 업체가 영국 웨일즈에 소재하고 있음을 알 수 있었다. 영국 성우들에게 미국식 억양을 사용하도록 주문한 것이 분명하다.

『Second Chance(두 번째 기회)』의 번역 사례에서 볼 수 있듯, 언어적 지배는 부적절한 문화적 전이로 이어질 수 있다. 이 영화에서 프랑스 교사가 학생들에게 하는 말 중 일부를 번역가가 'Hey, wow, man! You're all meatheads in this class!(어이! 머저리 같은 놈들아!)'라고 더빙 번역했는데, 이로 인해 이 장면이 상당히 어색해졌다. 프랑스 교사들은 이런 식으로 학생들에게 말하지 않는다. 아울러, 이 번역은 영화 속 선생님의 냉소적인 얼굴 표정과도 어울리지 않는다[반면 독일어 번역에서는 출발어에 비해 완화된 표현인 'Eine brillante Klasse habe ich da.(내가 참 똑똑한 녀석들을 데리고 있구나.)'로 옮겨졌다].

위의 예를 통해 Shveitser의 주장－사회방언 및 지역방언은 번역을 거치면서 불가피하게 사라질 수밖에 없다는 주장－이 항상 옳지는 않음을 확인할 수 있다. 그리고 정도의 차이는 있겠지만 성공적인 방언 번역 전략도 분명 존재한다.

실패에 가까운 방언 번역 사례를 하나 살펴보자. 1992년 상영된 캐나다 영화 『Being at Home with Claude(끌로드와 함께 집에)』에서는 주알(joual)[7]이라는 사회방언의 사용이 눈에 띈다. 그런데 자막 번역에서 사용된 표현들을 보면 마치 미국 불량배들이 사용하는 언어가 연상된다. 예를 들어, 번역가는 'What are you doing(너 뭐 하니)?'을 불량배들의 발음을 모방해 'Whaddaya doin?(니 지금 뭐하노?)'으로 자막에 올렸다. 하지만 이는 바람직하다고 보기 힘들다. '영화 자막은 투명해야 하고 즉각적으로 이해할 수 있어야 한다'는 업계 관행에 어긋나기 때문이다. 자막 읽는 것 자체도 힘든데, 거기다가 억양까지 재구성해서 읽어야 한다면 언어 처리 능력에 과부하가 걸리게 된다.

Shveitser(1977, p. 62)는 사회방언이 부적절하게 번역된 또 다른 사례를 소개하기 위해 『Vanity Fair(베니티 페어)』의 러시아어 번역에 나타나는 문제점을 지적하면서 "영국의 일반인들이 모스크바 옥수수 상인들의

7 [역주] 주알(joual)은 교양이 낮은 프랑스계 캐나다인들이 사용하는 프랑스 방언이다.

언어를 사용하게 됐다."라고 개탄한 어느 번역 비평가의 말을 인용했다. 반면, Zimmer(1981, p. 146)는 희극 『Pygmalion(피그말리온)』[후에 『My fair lady(마이 페어 레이디)』로 영화화된 작품]에 나오는 런던 방언에 대한 독일어 번역이 성공적이라고 평가했다. 하지만 그 효과가 동일한 언어 차원에서 이루어진 것은 아니다. 영어 텍스트에 나오는 런던 방언은 주로 특이한 발음이나 잘못된 문법으로 표현되지만 독일어 번역가는 비표준 발음 및 문법과 더불어 '상스러운' 어휘와 구문을 사용했다.

『Kes(케스)』의 프랑스어 번역에서도 비슷한 점이 발견된다. 대화에서는 영국 북부 지역(요크셔) 방언이 사용되는 반면 내러티브에서는 표준어가 사용된다. 그렇다면 대화는 비표준어로 번역되어야 한다. 하지만 앞서 살펴본 사용역 때문에 문제가 야기된다. 아울러, 영국 요크셔 지방에서 사용하는 지역방언에 상응하는 프랑스의 지역방언이 없기 때문에 번역가는 결국 사회방언을 사용했다. 출발어 텍스트에 나오는 'What's up wi' thee, shit t'bed?(뭐고? 니, 이불에 똥칠이라도 했나?)'는 발음과 어휘를 통해 지역방언임이 드러난다. 대명사 'thee(너, 2인칭 단수 대명사의 고어 또는 방언)'는 'you(너)'를 뜻하는 방언이다. 또한, 'with'에서 '-th' 발음을 생략한다거나, 정관사 'the'를 주로 성문 폐쇄음으로 발음되는 't'로 축소하는 등 특정 발음을 독특한 방식으로 생략함으로써 효과의 극대화를 노린다. 하지만 이에 대한 프랑스어 번역 'Quoi donc qu'il t'arrive? T'as chié au lit?(먼 일야? 쌌니, 큰거, 이불에?)'에서는 지역방언이 아닌 사회방언이 사용됐다. 번역된 이 프랑스어 문장들은 교육을 제대로 받지 못한 계층이 전형적으로 사용하는 비표준 문법을 통해 만든 '틀린' 구어다. 참고로, 이러한 방식의 번역은 정치적 올바름(political correctness)을 결여한 것으로 편견을 만들거나 심화시킬 수 있지만, 유감스럽게도 일반 대중의 '인식'과는 맞아떨어진다. 1996년 12월 15일자 『The Observer(옵저버)』

지는 잉글랜드 남부 지역의 취업 컨설턴트가 한 말을 인용했다. “솔직히 말해 리버풀 사람들의 말투는 투덜대는 것 같고 버밍엄 사람들의 말투는 멍청하게 들립니다.” 또 다른 취업 컨설턴트는 다음과 같이 말했다고 한다. “당신이 ‘표준 영어(BBC 영어)’를 사용한다면 보다 지적으로 보일 것입니다.”

보다 과격한 방법을 사용해 방언 번역을 시도하는 경우도 종종 있다. Shveitser(1977, p. 62)는 고전 희극에 나오는 그리스 중부 지역의 도리스 방언이 ‘Wusa ah go find una chiefs or wetin una de call dem leaders? Ah bring important news for dem.(당신들의 족장들을 찾을 수 있어야 하네. 아니면 그대들이 그 지도자들을 부를 수 있는가? 그들에게 전할 중요한 소식이 있네.)’과 같은 나이지리아 혼성어(pidgin, 둘 이상의 언어가 혼합・발전된 형태의 언어)로 번역된 사례를 인용한 바 있다. 성경 문구를 래퍼가 사용하는 말이나 여타 방언으로 번역하는 경우도 있다. 이런 방식의 번역은 종종 부작용을 낳기도 한다(종교적 텍스트는 물론 문학 텍스트 역시 많은 사람에게 신성시된다). 이와 관련한 흥미로운 일화가 있다. 미국 시트콤 『The Byrds of Paradise(천국의 가족)』의 한 에피소드에서는 셰익스피어의 작품을 하와이 혼성어로 바꿔 공연하겠다는 학생들의 요구 사항을 수용할지 여부를 두고 토론이 벌어지는 장면이 나온다.

사회방언과 지역방언을 잘못 번역하면 우스꽝스러운 상황이 연출되기도 한다. 번역가 Gregory Rabassa(1984, p. 39)는 “번역에서 가장 치명적인 실수는 단어를 잘못 해석해서 발생하는 것이 아니라 가축 상인의 입에서 ‘gosh darn[8]’과 같은 말이 나오게 하는 것이다.”라고 주장했다. Rabassa(1984, p. 24)는 “특정 지방에서 사용하는 관용 표현을 다른 언어

[8] [역주] ‘gosh darn(이런)’은 중상층 이상의 계층이 ‘god damn(빌어먹을)’ 대신 사용하는 표현이다.

로 전이하는 것은 […] 번역불가능성의 영역에 속한다."라고 주장하기까지 했다. 부적절한 방언 처리는 웃어넘길 성격의 문제가 아니다. 불쾌한 고정 관념을 만들기도 하고, 특정 집단의 사람들을 집단적으로 매도할 수 있기 때문이다. Hesse-Quack(1969, p. 230)은 등장인물들을 사회적으로 열등한 계층으로 그려내기 위해 베를린 지역방언을 지속적으로 사용한 경우를 예로 들면서, 이는 결코 유쾌하지 않은 방법이라고 말했다.

방언 및 화자를 귀화(naturalize)시키는 번역 역시 문제의 소지가 있다. Annick Chapdelaine(1994, pp. 12-13)는 특이한 방법으로 귀화 방식을 피하려 했다. 포크너의 소설에 나오는 미국 남부 지역의 방언을 퀘벡에서 사용하는 프랑스어로 번역한 것이다. Chapdelaine는 "포크너를 귀화시키려 한 것이 아니라 퀘벡을 '경유해' 프랑스어 사용자가 포크너에게 다가갈 수 있도록 한 것이다."라고 주장했다. 과연 Chapdelaine의 바람대로 될 수 있을지에 대해서는 의구심이 든다. 'J'cré ben que je vas commencer demain.(내는 낼 개시할 거랑께.)'(Chapdelaine, 1994, p. 23)과 같은 문장은 분명 언어적 다름(Other)을 도착어 독자에게 선사한다. 하지만 Chapdelaine의 번역은 퀘벡 지역은 몰라도 미국 최남부 지역을 연상시키지는 않는다. 퀘벡 지역과 미국 남부 지역은 달라도 너무 다르다.

위의 번역 사례나 『Kes(케스)』 번역의 경우 출발어 텍스트의 고유한 언어적 · 문화적 특성을 도착어 독자가 찾아낼 방법이 사실상 없다는 점이 문제다. 비록 이런 유형의 번역 방법이 나름 고귀한 목표를 가지고 있기는 하지만 이를 통해 실제 무엇을 이룰 수 있는가에 대해서는 생각해 볼 여지가 있다.

11
화용론과 번역

번역 연구에 지대한 공헌을 한 현대 언어학 분야라면 대체로 화용론(pragmatics)을 꼽을 것이다. 화용론은 번역학이 나아가야 할 길을 밝히는 등대로 여겨지기도 한다. 화용론에 대한 정의는 다양하다. Neubert(1978, pp. 185-189)의 정의를 빌리자면 문법적 의미는 언어적 형태 간의 관계고, 의미론적 의미는 언어적 형태와 현실 간의 관계며, 화용론적 의미는 언어적 형태와 의사소통 참여자 간의 관계다. 그러나 이런 정의는 사회언어학까지 포함할 정도로 포괄적이고 막연하다. 범위를 좁혀서 구체적으로 정의하면, 화용론은 화자 · 청자 · 시간 · 장소 등으로 구성되는 맥락 속에서의 언어 사용을 분석하며 문법과 의미가 어떤 방식으로 조합되어 실제 언어 사용에 영향을 미치는지 등을 연구하는 분야다. 화용론의 세부 연구 주제는 다양한데, 앞서 살펴본 지시어도 포함된다. 11장에서는 가장 관심을 끄는 전제(presupposition), 화행(speech act), Grice의 내포(implicature), 이렇게 세 가지를 살펴보자.

1. 전제와 번역

전제는 고도로 기술적인 주제로서 미세한 논리적 식별을 수반한다. 이 분야의 전문가는 'The King of France is bald.(프랑스의 왕은 대머리다.)'라는 말을 들으면 진술 자체보다는 사용된 어휘나 문법 등을 통해 발화자의 의도 등을 규명하는 데 각별한 관심을 보이는 사람이다. 참고로, Hickey(1993, p. 89)는 "사실상 전제에 관해 쓰인 모든 것은 해당 주제의 권위자에 의해 반박된다."라고 했다. 그만큼 주관적인 판단이 크게 작용한다는 얘기다.

누군가가 'Have you got any children?(당신은 자녀가 있습니까?)'이라는 질문을 한다면, 발화자는 이 질문에 대답할 누군가가 존재하며, 영어를 할 수 있다는 점을 전제한 것이다. 더 나아가 대화 상대방이 이 질문에 대답할 수 있는 '능력'이 있다는 점(수영장에서 잠수 중인 사람에게는 이런 질문을 하지 않을 것이다), 대답할 '의향'이 있다는 점(딴 곳에 정신이 팔린 사람에게는 이런 질문을 하지 않을 것이다) 등도 전제한 것이다. 또한, 상대방이 사적인 질문에도 대답할 의향이 있음을 전제한 것이다.

사용된 언어(language used)를 통해 첫 번째와 두 번째 전제를 추론할 수 있다. 우선, 'you(당신)'라는 단어는 듣는 사람이 존재한다는 것(자기 자신일 수도 있음)을 드러낸다. 또한, 질문이 영어라는 사실을 통해 상대방이 영어를 이해한다는 점을 알 수 있다. 아울러, 사용된 언어를 통해 적어도 몇몇 전제 요소를 추가적으로 추론할 수 있다. 예를 들어, 발화가 질문 형식을 취하고 있기 때문에 답변을 전제한다는 점도 알 수 있다. 우리는 이러한 전제들을 '언어적 전제(linguistic presuppositions)'라고 부르자.

하지만 전제 중 일부는 언어적 항목이 아닌 맥락, 지식, 문화 등과 관련

이 있다. 어리석게 보이거나 달갑지 않게 받아들여질 것을 알고 있다면 질문을 애초에 하지 않을 것이다. 예를 들어서 'In loving memory of X, the only child of […](사랑스런 기억 속의 ○○, […]의 외아들)'라고 적힌 묘비 앞에 꽃을 놓는 사람에게는 당연히 '당신은 자녀가 있습니까?'와 같은 질문을 하지 않을 것이다. 또한 대화 상대방이 사적인 대화를 꺼려하는 문화권 출신임을 알고 있다면 대개의 경우 사생활과 관련된 질문은 하지 않을 것이다. 그러한 문화권으로는 일본을 꼽을 수 있다. 일본의 경우, '엔료(えんりょ, 遠慮)'라고 하는, 사회적 관계에 자신을 드러내지 않으려는 관습이 자리 잡고 있다(Simeoni, 1993, p. 176). 물론, 이 모든 것을 무시하고 기어이 질문을 하는 사람도 있다. 둔감하고 무례하거나 혹은 잔인한 사람이거나, 자신의 직업(예 풍자가[1]) 때문에 부득이하게 그러는 경우도 있다. 이와 같은 맥락이나 문화적 지식에 대한 전제를 '비언어적 전제(nonlinguistic presuppositions)'라고 부르자.

질문을 한 단계 더 발전시켜서 필자가 'How often do you take your children to the zoo?(당신은 얼마나 자주 아이들을 동물원에 데려갑니까?)'라고 묻는다면 필자는 몇 가지 전제를 하고 있다. 질문을 받는 사람에게 '자녀가 있다'는 전제('your'가 힌트)와 '아이를 여기저기 데리고 다니기를 좋아한다'는 전제('how often'이 힌트)를 하고 있는 것이다. 이와 더불어 개인적이며 문화적인 성격의 전제도 하고 있다. 우선, 사람들이 아이들을 데리고 공공장소에 갈 수 있다는 전제, 그리고 동물원이 아이들에게 적합한 장소라는 전제가 포함된다.

문장 내에는 여러 언어적, 그리고 비언어적(맥락적 · 문화적) 전제가 내재돼 있다. 사실 우리가 어떤 말을 하거나 글을 쓸 때는 엄청나게 많은

---

[1] [역주] 역자 생각에는 풍자가보다는 기자가 더 잔인하다.

것을 전제한다.

앞서 필자는 언어적 전제 대 비언어적 전제라는 다소 원시적인 분류법을 사용했는데, 이는 번역가가 특히 후자에 주목해야 한다는 점을 강조하기 위해서다. 'The boy's done it again.(그 소년이 또 해냈다.)'이라는 말을 번역해야 한다면, 그 소년이 '전에도 해냈다'는 전제가 출발어 텍스트에서처럼 도착어 텍스트에서도 명확히 드러나야 한다. 전제를 드러내는 언어적 장치도 마찬가지다. 필자는 'We need Mohács[2].(우리는 모하치가 필요하다.)'라는 문장을 도통 이해할 수 없다. 원저자가 전제한 문화적 지식이 필자에게 공유되지 않기 때문이다. 이 때문에 영어 번역가는 'We need defeat.(우리는 패배가 필요하다.)'(Radó, 1979, p. 191)라는 상위어적 번역을 할 수밖에 없었다. 번역에서 엄청난 손실이 발생한다는 사실을 알면서도 말이다.

유사한 경우로 'A force de voir des Budapest sur nos écrans de television[…](텔레비전 화면에서 부다페스트를 봤기에[…])'을 직역할 경우 '텔레비전 소유' 및 '시청 습관'이라는 전제는 충분히 전달될 수 있지만, 이는 'Budapest(부다페스트)[3]'가 나타내는 바를 아는 도착어 독자가 몇 없을 수 있다는 점을 간과한 것이다. 유사한 경우로, 번역을 공부하는 어떤 학생은 'He 'dies without a sound' like Alfred de Vigny's wolf.(그는 알프레드 드비니의 늑대처럼 '소리 없이 죽었다'.)'라는 번역문을 만들었

2 [역주] 모하치 전투는 1526년 8월 도나우강가의 모하치에서 벌어진 오스만 튀르크와 헝가리 간의 전투이며, 헝가리군은 패배하고 헝가리 왕 루트비히 2세는 전사했다.

3 [역주] 여기에서의 '부다페스트'는 '부다페스트 축제 관현악단'을 나타낸다. 비상설이 아닌 상설 관현악단이며, 음반 및 텔레비전을 통해 대중화를 추구하며 유럽에서는 널리 알려져 있다. 이러한 전제 정보가 없다고 해도 불어에서는 복수형 관사(des=de+les)가 들어간다는 점(도시 앞에는 원칙적으로 관사가 들어갈 수 없음)을 통해서도 추론이 가능하다.

는데, 이는 도착어 독자의 문화적 지식을 잘못 전제한 것이다. 여기서 전제 정보라고 하면, 드비니[4]가 누구며 늑대와의 관계는 무엇인가(늑대가 왜, 어떻게 죽었는지도 궁금하며, 문장 중간에 작은따옴표가 들어간 이유도 알고 싶다) 등이 모두 포함된다. 이러한 화용론적 문제는 독자와의 관계를 나타내는 'we(우리)', 'us(우리)', 'you(당신)' 등의 지시어(deixis)를 번역해야 할 경우 더욱 복잡해진다. 출발어 독자와는 달리 도착어 독자가 지시 관계를 알 수 없게 되는 경우가 있기 때문이다. 이 경우 번역가는 문제의 대명사를 도착어의 대명사로 대체할지, 아니면 다른 표현으로 바꿀지를 결정해야 한다. 후자의 경우, 텍스트의 담화관계가 바뀔 수 있음에 유의해야 한다.

전제로부터 자유로운 텍스트는 거의 없다. 아마도 이 문제를 가장 잘 해결할 수 있는 것은 독일의 Reiss와 Vermeer가 제안한 후 Nord가 심화시킨 '정보 제공(Informationsangebot)'으로서의 텍스트다.[5] 하지만 Newmark (1996, p. 91)와 같은 학자들은 번역을 거래(trade)의 개념으로 보는 것을 그리 달갑게 여기지 않았다. 전제가 중요한 것은 불필요한 정보를 제공하느라 시간 낭비할 필요가 없기 때문이다. 전제는 이미 공유된 정보이기 때문이다. 물론, 특정 의도가 있을 경우에는 전제된 정보를 드러내는 경우가 있다. 예를 들어, 'As a priest, you ought to know better than to use bad language.(성직자로서 그런 상소리를 사용해서는 안 된다는 정도는

4 [역주] 드비니(Alfred de Vigny, 1979-1863)는 프랑스 낭만파 시인이자 소설가로, 『늑대의 죽음』에서 늑대를 통해 숙명에 신음하는 인간을 그렸다. 이 작품에서 늑대는 결국 '평화로운 절망'을 선택하며 조용히 자기의 운명을 극기 · 지배하면서, 긍지를 갖고 죽음을 맞이한다.

5 [역주] 이들 기능주의 번역학자들은 텍스트는 발신자로부터 수신자에게 주어지는 '정보 제공'이며, 번역은 출발어 문화권 내에서 출발어를 통해 애초에 제공된 정보를 도착어 문화권 내에 있는 구성원들에게 제공하는 것이라고 규정했다. 따라서 번역은 2차적 정보 제공이며, 번역가는 출발어 텍스트 내적 상황의 특정 측면[도착어 텍스트의 스코포스(skopos: 목적)에 따라 결정]에 대한 정보만을 제공하게 된다.

아셔야죠.)'라는 말을 한 사람은 그 말을 듣는 사람이 성직자라는 사실을 알고 있지만 성직자답다는 것이 무엇인지를 상대방에게 상기시킬 의도로 전제 정보를 명시적으로 드러낸 것이다. 대부분의 헝가리인들에게는 모하치가 패배의 장소라는 것은 설명할 필요가 없다. 프랑스인들에게 알레시아에서 무슨 일이 있었는지(로마 시절 있었던 알레시아를 둘러싼 분쟁)를 설명할 필요가 없는 것과 마찬가지다. 모국어로 글을 쓰는 사람은 매우 경제적인 방식으로 지식과 감정을 배합해 정보를 전달할 수 있다. 하지만 이 글을 다른 문화권으로 전이시킬 경우, 전제되는 정보가 도착어 문화권에는 존재하지 않을 수도 있다.

첫째, 원저자가 전제한 지식을 번역가가 이해하지 못하는 경우도 있다. Durieux(1990, p. 671)는 "번역가는 반드시 원저자가 독자에게 기대한 전제에 대한 지식을 보유해야 한다."라고 주장했다. 그렇다면 번역가는 관련 지식을 습득하기 위해 철저한 조사를 해야 한다. 안타깝게도, 현실에서는 방대한 조사 없이 번역이 진행되는 경우가 부지기수다.

둘째, 번역가는 도착어 독자가 관련 전제를 어느 정도 이해하고 있는가를 추정해야 한다. 이는 매우 판단하기 힘든 일이며, 균형을 잡기 위해서는 세심한 주의를 기울여야 한다. 도착어 독자가 지식이 전혀 없다거나, 혹은 알아낼 방도가 없다고 생각한 나머지 과도한 정보를 제공하는 경우도 있고, 텍스트 이해에 필요한 최소한의 정보도 제공하지 않음으로써 미궁에 빠진 독자를 방치하는 경우도 발생한다.

만약 전제된 정보를 도착어 독자가 이해할 수 없다고 판단되면, 번역가는 글의 흐름을 가급적 파괴하지 않으면서도 정보를 전달할 수 있는 최적의 방법을 찾아야 한다.

'사소한' 예를 하나 살펴보자. 자체조응적 지시로서의 'April(4월)'이 번역 문제를 야기할 수 있는 경우다. 유명한 팝송 가사인 'Though April showers may come your way, they bring the flowers that bloom in May(4월의 소나기를 만나더라도, 그 덕에 5월에 꽃이 필 거에요)'를 번역한다고 하자. 어떤 나라에서는 4월이 비를 전제하지 않을 수도 있다. 이러한 경우, 번역가는 도착어 문화권에서의 번역 기능을 고려해 최종 결정을 내려야 한다.

조금 '덜 사소한' 예로 『Inuit Legend(이뉴잇족의 전설, 1989)』를 살펴보자. 번역가는 이뉴잇족과 관련된 문화적 정보를 일부 누락하기로 결정하고 '생후 1년 미만의 물개 가죽'을 'seal skin(물개 가죽)'으로 번역했다. 물개는 아니지만 천진난만한 아기 돌고래가 주인공으로 나오는 『Flipper(플리퍼)』(1996년 상영)나 『Free Willy(프리 윌리)』(1993년 상영) 등의 영화에 매료된 서양 사람들의 눈에는 새끼 물개를 죽여 가죽을 벗긴다는 사실이 경악할 일로 비춰진다는 판단 때문이다. 여기서 우리는 한 가지 교훈을 얻을 수 있다. 번역가는 도착어 문화권에 존재하지 않거나 부족한 전제 정보는 물론 도착어 문화권에 존재하면서 번역에 지대한 영향을 끼칠 수 있는 전제 정보 역시 파악하고 있어야 한다는 점이다.

화용론적인 문제의 소지가 있는 부분을 파악했다고 해서 모든 문제가 자동적으로 해결되지는 않는다. 여전히 잘못된 번역을 할 가능성이 남아 있으며, 직역을 해도 화용론적으로 별 문제가 없다고 판단했음에도 불구하고 번역가가 '새로운 시도'를 하는 경우도 있다. 예를 들어, Samuelson(1970, pp. 246-247)의 저명한 경제학 개론서에는 테니스공과 껌을 사용해 경제 원리를 다음과 같이 설명하는 부분이 나온다. "Like a tennis ball (and unlike a wad of gum), [economic growth] is likely to bounce back from the full-employment ceiling into a recession.(테니스공처럼(그리고 껌과는 달리), [경제 성장]은 완전고용의 정점에서 경기침체로 튕겨져 나간다.)" 껌 애호가가 몇 없는 나라에서는 껌이 의미하는 바가 온전히 전달되기 힘들다. 이에 따라 프랑스어 번역가와 독일어 번역가는 대안을 모색

했는데, 안타깝게도 두 사람 모두 잘못된 선택을 했다. 프랑스어 번역가가 선택한 대안['ball of wool(털실 뭉치)'](1972, p. 373)이나, 독일어 번역가가 선택한 대안['medicine ball(물리치료용 가죽 공)'](1973, p. 328) 모두 껌과는 달리 천정에 달라붙지 않는다.

같은 텍스트에서 두 번역가는 문화적 지시 표현인 'policy makers in Washington(워싱턴의 정책입안자들)'을 번역하게 된다. 독일어 번역에서는 이를 'die Wirtschatfspolitiker in Washington(워싱턴의 정책입안자들)'으로 직역했다. 전제와 관련해서는 전혀 문제가 없어 보인다. 단, 미국의 도시 명을 언급하는 것을 독일 독자들이 어떻게 받아들일지는 잘 모르겠다. 프랑스어 번역가 역시 직역을 해도 별 문제가 없다는 점을 당연히 알고 있었을 것이다. 하지만 이 번역가는 결국 문화 제국주의에 맞서기로 결심하고 'policy makers(정책입안자들)'를 르네 클레르 감독의 『C'est arrivé demain(내일 일어난 사건)』에 등장하는 프랑스인 주인공으로 대체했다(1972, p. 374). 이 영화에 나오는 주인공은 정책입안자들이 필요로 하는 능력－미래를 예측할 수 있는 능력－을 가진 사람이다.

2. 화행과 번역

화행 역시 번역과 깊은 관련이 있다. 전제와 마찬가지로 언어학에서 논란이 일고 있는 주제이기도 하다.

화행 이론은 영국의 Austin의 사상에서 출발했다. Austin은 문장이 정보 전달은 물론 일련의 행위를 수행한다고 생각했다. 구체적으로, 문장은 세 가지 행위를 수행한다. 첫째는 발화행위(locutionary act)이며, 이는 의미 있는 문장을 만드는 행위 그 자체다. 예를 들어, 'Can you stop singing,

Bruce?(노래 좀 그만 할 수 없겠니, 브루스?)'라는 문장의 발화행위 의미는 Bruce라는 이름을 가진 사람이 노래를 멈출 수 있는지 여부에 대한 문제로 구성된다. 둘째는 발화수반행위(illocutionary act)이며, 이는 문장이 의도한 것이 무엇이며, 용도가 무엇인가와 관련이 있다. 이와 관련해서는 잠시 후에 다시 언급하겠다. 셋째는 발화효과행위(perlocutionary act)이며, 문장에 관계된 상례적인 힘으로 수반되는 청자에 대한 효과 행위다.[6]

발화수반행위를 자세히 살펴보자. 'Can you stop singing, Bruce?(노래 좀 그만 할 수 없겠니, 브루스?)'라는 문장은 두 가지 중 적어도 하나의 화행을 수행한다. 이를 설명하기 위해서는 우선 이 문장이 발화되는 상황에 대한 상상력이 조금 필요하다. 우선, 브루스가 'meloditis(멜로디티스)'라는 알 수 없는 희귀병에 걸려서 의사에게 진찰을 받으러 갔으며, 성대 기능을 조절할 수 있는지 여부를 확인하기 위해 의사가 브루스에게 질문을 던지는 상황을 상정할 수 있다. 또는 (훨씬 가능성이 높은 상황인데) 누군가가 브루스의 노래 소리에 너무 짜증이 나서 브루스의 입을 다물게 하려는 상황도 상상할 수 있다. 첫 번째 상황이라면, 발화수반행위는 '질문'이다. 두 번째 상황이라면, 문법적으로는 의문문의 형식을 취하고 있지만, 발화수반행위는 '명령'이다. 다시 말해, 특정 문장에 의해 수행되는

6 [역주] 발화행위는 언표적 행위(言表的 行爲)라고도 불리는데, 의미를 지닌 문장을 실제로 발화하는 행위다. 반면, 언표효과 행위(言表效果 行爲)로 번역되기도 하는 발화효과행위는 문장을 발화함으로써 성취되는 효과[예 설득(했다), 제지(했다), 위협(했다)]를 달성하는 행위다. 예를 들어, 특정 의미를 가진 '우리 산책할까요?'라는 문장의 실제 발화는 발화행위인 반면, 이로 인해 상대방이 설득되어 산책을 함께 하는 결과는 발화효과행위다. 아울러, 언표내적 행위(言表內的 行爲)라고도 불리는 발화수반행위는 문장을 발화할 때 화자가 가지는 의도로서 발화행위 자체가 그대로 다른 어떤 행위로 이어지는 것이다[예 약속(한다), 명령(한다), 축하(한다)]. 예를 들어, '월요일까지 과제를 마무리할 것을 약속합니다.'라는 발화행위는 바로 발화수반행위(여기서는 '약속 행위')가 된다.

행위는 반드시 문장 형식으로만 결정되는 것이 아니라 맥락 내에서 결정된다. 결국, 동일한 화행도 다양한 문장 형식으로 수행될 수 있음을 알 수 있다. Sadock과 Zwicky(1985, p. 191)는 "어떤 문장 형식을 통해서든 거의 모든 효과를 만들어 내는 것이 가능하다."라고 했다.

발화효과행위 측면에서 살펴보자. 첫 번째 상황이라면, 발화효과행위는 반응 '유도'라 할 수 있다. 두 번째 상황이라면, 발화효과행위는 순전히 브루스의 성격과 힘에 달려 있다. 브루스는 노래를 멈출 수도 있고, 오히려 더 크게 부를 수도 있다.

이들 세 가지 행위 모두 Austin의 화행을 구성하지만, 언어학에서는 발화수반행위에 큰 비중을 둔다. 발화행위는 순전히 의미론의 문제로 여겨지며 발화효과행위는 언어학의 범주를 벗어난다고 간주되기 때문이다.

화행 이론은 일부 문장이 실제로 특정 행위를 수행한다는 생각에서 발달하기 시작했다. 이러한 문장은 행위를 수행하는 유일한 수단이기 때문에 '수행문(performative)[7]'이라 불린다. 명시적 수행문으로는 'I name this ship the Flying Dutchman.([나는] 이 배를 유령선이라 명명한다.)', 'I now pronounce you man and wife.([나는] 이제 두 사람을 남편과 아내로 선언합니다.)', 'I sentence you to be hanged by the neck until dead.([나는] 죄인을 교수형에 처할 것을 선고한다.)', 'You're fired.(당신은 해고요.)'를 들 수 있다[이론상으로는 마지막 예문은 수행문이 될 수 없는데, 'I(나는)'로 시작하지 않기 때문이다]. 이들 예문 모두 수행문이 아닌 형태로

7 [역주] 초기에 Austin은 언어 사용을 수행적(performative)인 것과 진술적(constative)인 것으로 이분해, 전자는 적정조건(felicity condition)에 따라, 후자는 진위(truth-falsity)에 따라 판단된다고 설명했다. 그러나 진술적인 것도 적정조건으로 설명될 수 있고, 참-거짓의 구분이 명확하지 않은 경우도 있어 이분법을 후에 포기하게 된다. 대신, 모든 발화는 특정 행위를 수행한다고 판단, 행위를 본문에 나오는 세 가지로 분류했다.

사용되기도 한다. 전형적인 예로 다음과 같은 보고형 화법(reported speech)을 꼽을 수 있다. "So what did you say next, Judge Jeffries?－I told the little swine I sentence [⋯](그래서 그 다음에는 뭐라고 하셨나요, 제프리 판사님?－나는 그 죄인에게 선고하기를 [⋯].)" 이론상 이러한 화행은 '적정조건(felicity conditions)'을 충족할 경우에만 수행문이 될 수 있고 의도한 기능을 수행할 수 있으며, 마찬가지로, 발화행위가 되기 위해서는 진술이 참이어야 한다.[8] 프랑스의 왕이 대머리라는 말은 왕의 머리숱이 많다면(혹은 왕이 존재하지 않는다면) 참이 아니며, 'I now pronounce you man and wife.([나는] 이제 두 사람을 남편과 아내로 선언합니다.)'라는 말 또한 합당한 권한이 없는 사람이 행한 발화라면 적정조건을 충족하지 못했기에 수행문이 될 수 없다. 물론, 현실에서 이 두 가지 조건이 반드시 충족되는 것은 아니다. 거짓말쟁이와 사기꾼이 득세하는 세상이기 때문이다.

앞서 살펴본 명시적 수행문은 논쟁의 여지가 없을 것이다. 하지만 수많은 발화 유형에 따른 다양한 화행은 도대체 어떻게 처리할 것인가? 이것이 바로 문제의 시작이다. Leech(1981, p. 322)는 '진술', '질문', '약속', '경고', '사과' 등을 열거하면서, 발화 유형이 무한대이기 때문에 관리가 안 되고 이론화 작업이 불가능하다고 주장했다. 또 다른 문제는 명백한 수행동사[9]가 없는 경우, 수행동사가 과연 심층구조에 존재한다고 봐야 하

---

8 [역주] 적정조건(felicity condition)이란 어떤 문장에 대한 발화수반행위가 성공적이기 위한 조건으로 ① 예비 조건(preparatory condition): 행위 수행자가 행위 관련 권리 및 권한을 보유하고 있는가의 여부, ② 진지성 조건(sincerity condition): 화자가 그 행위에 대해 갖는 심리적 태도가 진지한가의 여부, ③ 본질적 조건(essential condition): 그 행위가 객관적으로 어떤 효과를 노리는 것으로 받아들여지는가에 대한 문제로 특정 발화 수행에 필요한 본질적인 조건을 갖추었는가의 여부로 구성된다.

9 [역주] 'I hereby [⋯]' 구문에 나타날 수 있는가 여부가 수행동사인지, 아닌지를

는가에 대한 논란이다. 만약 이 가정이 옳다면 일련의 진술은 선언문의 연속이며 'I declare(나는 선언한다)'라는 단어가 표층구조에서 누락된 것에 불과하다.

이러한 이론적 문제점을 여기서 다룰 필요는 없을 것 같다. 그보다는 화행이 번역가에게 얼마나 유용한지를 알아보도록 하자. 예를 들어, Hatim과 Mason은 실제 사용된 언어 이면에 깔려 있는 화행이 번역에 영향을 줄 것이라는 가정 하에 영어 텍스트를 분석하면서 "번역가는 각 화행의 발화수반행위를 차례로 연결시킬 것이다(1990, p. 61)."라고 했다. 즉, Hatim과 Mason이 제시한 예 'I have compiled a bibliography […], which I should be happy to send […](나는 참고문헌을 취합했습니다 […] 이를 보낼 수 있다면 기쁠 것입니다 […])'를 번역하기 위해서 번역가는 앞 문장은 '제시적(提示的, representative: 현상이나 행위를 기술하거나 나타냄)'이며, 뒤 문장은 '언약적(言約的, commissive: 화자가 특정 행동에 대한 의사나 약속을 밝힘)'이라는 사실을 인지해야 한다. 하지만 현실적으로 대부분의 경우 직역만으로도 바라는 효과를 충분히 낼 수 있기에, 'compiled(취합했다)'와 'would be happy to(~할 수 있다면 기쁠 것입니다)'를 도착어로 어떻게 옮겨야 하는가 외에는 번역가가 크게 신경 써야 할 부분이 없다.

번역가가 보다 명시적인 의식적(儀式的, ritual) 수행문[예 'I now pronounce you man and wife.([나는] 이제 두 사람을 남편과 아내로 선언합니다)']을 번역해야 한다면 직역만으로는 부족하다. 이 경우에는 당연히 도착어 수행문에서 관습적으로 통용되는 문법 및 어휘를 사용해야 한다. 필자는 이러한 표현 양식을 2개 국어 사전에서 찾기 어렵다는 사실이 큰 문제라고 생각한다. 약속, 내기 등의 비의식적 수행문의 화행은 번역에

판단하는 기준이다. 예를 들어, 'I hereby declare you Prince of Sun Dynasty.'가 성립되기 때문에 'declare'는 수행동사가 될 수 있다.

서 문제가 되지 않는다. Palmer(1981, p. 166)는 “아마도 화행은 실제 언어와는 독립적일 것이다.”라고 주장했다(비록 즉각적으로 “적어도 어느 정도까지는”이라는 한정사를 덧붙이기는 했지만 말이다). Searle 역시 번역을 거치더라도 대체적으로 발화수반행위는 유지된다고 했으며(1975, p. 68), Hönig와 Kussmaul 또한 어떤 방식으로 번역이 이루어지더라도 발화수반행위는 변치 않는다고 주장했다(1982, p. 80).

하지만 문제는 문화권에 따라 동일한 화행을 서로 다른 정도로 사용하는 경우가 있다는 점이다. 이에 대한 연구는, 전제와 마찬가지로, 학계의 쟁점 연구 분야가 됐다. 특히 논의가 집중되는 주제는 ‘완곡 표현(indirection)’이다. 많은 문화권에서는 직접적인 명령을 피하기 위해 ‘Can you […] pretty please?(~을 좀 해 주실 수 있나요?)’, ‘Would you mind dreadfully […]?(귀찮으시겠지만 ~을 부탁드려도 될까요?)’, ‘Could I possibly ask you to […]?(제가 […]에 대한 부탁을 좀 드려도 괜찮을까요?)’ 등의 완곡 표현을 사용한다. 저주의 화행도 마찬가지지만, 이를 번역할 기회(?)는 거의 없다. 문제는 이러한 간접 화행의 힘이 번역을 거치면서 변할 수 있다는 점이다(Searle, 1975, p. 76). 따라서 번역가는 도착어에서 기능할 수 있는 언어적 형식을 알고 있어야 한다. Searle(1975, p. 76)은 ‘Can you hand me that book?(그 책을 저한테 건네주실 수 있나요?/책 좀 건네주세요.)’을 체코어로 직역해서 요청으로 발화한다면 매우 어색하다는 점을 지적했다. 마찬가지로 영어 문장 ‘Why don’t you shut the window?(창문을 왜 안 닫으세요?/창문 좀 닫아주세요.)’를 독일어로 직역할 경우, 요청의 발화수반행위가 수행되기 힘들다(Hönig와 Kussmaul, 1982, p. 77). Snell-Hornby(1988, pp. 86-93)는 독일어 및 영어 공지(公知)에 나타나는 화행에 대한 소규모 연구를 했다. 연구 결과를 살펴보면, 독일어와 영어 모두 동일한 화행을 갖고 있기는 했지만 수신인의 명시 여부 및 사용된 문법적 · 어휘적 수단의 측면에서 뚜렷한 차이점이 드러났다. 즉, 영어는 명령법과 서법 동사 사용을 선호하는 반면, 독일어는 명사와 과거분사를 선호한다.

대부분의 경우, 번역가는 화행 분석을 할 필요가 없다. 어떤 방식으로 번역을 하던, 화행이 대체로 유지되기 때문이다. 그렇다고 해서 화행이 번역가에게 전혀 문제가 되지 않는다고 말할 수는 없다. 식인(食人) 풍습에 관한 철학 텍스트의 번역이 'Not so very long ago(오래되지 않은 옛날에)'라는 영어 표현으로 시작한다면(출발어 텍스트는 '최근에'에 상응하는 표현으로 시작함), 잘못된 화행이 야기돼 출발어 텍스트의 기술적이고 제시적인 '진술'이 어린이를 상대로 동심을 자극하는 '동화'로 왜곡되는 결과를 낳는다. 같은 맥락에서, 'These models concentrate on […](이들 모형은 […]에 초점을 두고 있다.)'을 'These models tend to concentrate on […](이들 모형은 […]에 초점을 두는 경향이 있다.)'으로 번역한다면, '진술'이 '평가'로 바뀌게 된다. Leuven-Zwart는 질문 화행이 진술 화행으로 바뀔 경우 어떤 일이 생기는지를 다음과 같이 설명한다. '"Isn't life…?", she stammered.("삶이란 것은 […]가 아닌가?"라고 그녀가 머뭇거리며 말했다.)'를 'Pero eso no es la vida.(하지만 그것은 삶이 아니다.)'로 번역한 경우가 있는데, 이로 인해 '복잡하고 혼란스러운' 주인공의 심경이 '차분하고 관조적인' 태도로 바뀌었다(Leuven-Zwart, 1990, p. 83).

하지만 여기서도 판단을 내리기가 그리 간단치만은 않다. 앞서 살펴본 프랑스어 번역에서 진술이 수사의문문으로 바뀌는 것에 대해 논하면서, 수사의문문이 프랑스어에서는 흔히 사용되며 이야기의 긴밀성을 높이는 방법이라는 점을 논한 바 있다. 비록 위 예문과 관련한 Leuven-Zwart의 지적이 타당하기는 하지만, 용도에 따라서 화행의 변환이 가능한 경우도 있고, 매우 정당한 경우도 있다. 화행 변환이 정당성을 가지려면 번역가가 도착어 독자의 지식과 기대치에 맞춰 텍스트에 변화를 가해야 한다. 이런 번역가는 '친절한' 번역가다. 물론, '불친절한' 번역가가 될 수도 있는데, 이 경우에는 독자에게 '내포'하는 바가 있다.

3. 내포와 번역

내포는 Grice가 처음 주창한 개념으로, 대화가 협동 원칙(cooperative principle)의 지배를 받는다는 가정에 기초하고 있다. 이 협동 원칙은 다양한 격률(格率, maxim)에 기초하고 있는데, 이는 부모님이나 선생님이 아이들에게 가르치는 '대화 규칙'과 크게 다르지 않다. 예를 들어, '예의 바르게 말해라', '말을 질질 끌지 마라', '질문을 받으면 대답을 해라' 등이 있다. 이러한 기본적인 규칙을 체계화한 것이 바로 Grice의 격률이다. 물론, 우리는 이러한 격률을 종종 무시한다. 전형적인 예로, 'Can you tell me the time?－Yes.(지금이 몇 시인지 가르쳐 주실 수 있나요?－네.)'를 꼽을 수 있다. 이러한 대화 상황을 두고 반드시 대화가 단절됐다고 단정할 필요는 없다. 어쩌면 무엇인가가 내포되어 있을 수도 있다. 이 경우, 청자는 내포된 의미를 알아내기 위해 노력해야 한다. 만약 로미오가 전화 통화를 하면서 줄리엣에게 사랑을 속삭이다가 갑자기 목소리 톤을 바꿔서 'Yes, OK, Bob, we'll work on the car tonight－after we've done our homework, of course.(응, 그래. 밥, 오늘 밤 차를 고치도록 하자. 물론 과제를 끝내고 말이야.)'라고 한다면, 이를 듣는 줄리엣은 '방에 누가 들어왔나?'라고 생각하지, 로미오가 정신이 이상해져 갑자기 태도를 바꾼 것으로 판단하지는 않을 것이다.

Grice(1975)는 총 네 개의 격률을 제시했다. 양의 격률(maxim of quantity), 질의 격률(maxim of quality), 관계의 격률(maxim of relation),

태도의 격률(maxim of manner)이 바로 그것이다. 양의 격률은 필요한 만큼의 정보를 제공하라는 것이다(필요 이상의 정보를 제공하지 말 것, 앞뒤 다 생략하고 말하지 말 것, 침묵하지 말 것). 질의 격률은 자신이 진실이라고 믿는 것만 말하라는 것이다(적절한 증거가 없는 것은 말하지 말 것, 거짓말을 하지 말 것). 관계의 격률은 연관성이 있는 말을 하라는 것이다(요점을 말할 것, 삼천포로 빠지지 말 것). 태도의 격률은 명료하게 말하라는 것이다(모호하거나 중의적인 표현을 쓰지 말 것, 순서에 맞게 말할 것). 다른 학자들은 이 네 가지 격률 외에 공손성 원칙(politeness principle)을 추가하기도 한다. 이는 말 그대로 공손하게 대화하라는 것이다.

비록 Grice의 격률이 애초에 구어(口語) 분석을 목적으로 정립됐지만 문어(文語)를 분석할 때도 매우 유용하다. 당연히 번역과도 관계가 있다. Grice의 격률은 우선 번역 행위를 설명하는 일반 이론으로 사용될 수 있다[Holz-Mänttäri(1984)는 번역을 '이(異) 문화 간의 협동 작업'이라고 정의했다]. 또한, Grice 덕분에 번역가는 출발어와 도착어에서 이들 격률이 어떻게 적용되는지 파악한 후 그에 맞게 번역할 수 있다.

독자를 불쾌하게 하는 글이 도착어 문화권의 관습상 허용되지 않을 경우, 공손성 원칙을 방패삼아 해당 부분을 번역에서 누락시키는 방법도 고려할 수 있다. 물론, 이 경우에는 질의 격률을 위배하는 결과로 이어진다. 번역가가 출발어 텍스트에 대한 정확하고 진실한 기술을 하지 않기 때문이다. 도착어 독자에게 생소한 내용을 번역하는 것은 양의 격률과 밀접한 관련이 있다(지식 격차 해소를 위해 보상 전략을 사용할 경우 양은 필연적으로 늘어난다). 이는 앞서 전제 부분에서 살펴본 여러 예를 통해 잘 알 수 있기에 여기서는 다루지 않겠다. 중세 시대에는 지루한 부분을 번역에서 삭제하는 관습이 있었다(Amos, 1920, p. 5). 이 또한 질의 격률을 위배하는 것이지만, 공손성 원칙과 관계의 격률의 '조합'이라고 해석할 수도 있다. 이렇듯 때로는 일부 격률을 지킬 수 없는 불가피한 경우가 있음에도 주목해야 한다. 하지만 과거 보고몰레츠라는 번역가는 순전히 자신을 돋보이게 하기 위해 양의 격률과 태도의 격률을 위배했다. 보고몰레츠는 다음과 같이 '선언'했다. "필요할 경우, 나는 더 많은 단어를 사용해 번역할 것이고, 원저자가 필요 이상으로 장황하게 표현했다면 나는 그 내용을 축약할 것이다. 이는 원저자와 필적하기 위해, 그리고 활발한 설명을 통해 원저자를 넘어서기 위해서다(Balcerzan, 1978, p. 124에서 재인용)."

관계의 격률과 번역의 관계는 Ehrman(1993, p. 165)이 분석한 번역 사례에서 잘 드러난다. 의사이자 신학자인 파라셀서스가 16세기에 작성한 글이 1960년대에 번역됐는데, 번역가는 파라셀서스가 언급한 언어학 이론 부분을 삭제했다. 현대 언어학 이론과 맞지 않으며, 따라서 연관성이 없다고 판단했기 때문이다. 결국, 관계의 격률을 위해 질의 격률과 양의 격률을 희생한 것이다. 이는 양의 격률에서와 마찬가지로 전제의 문제이기도 하다. 이렇듯, 화용론의 여러 개념들(전제, 화행, 내포 등)은 뒤얽혀 있으며, 경계선을 명확히 설정하는 것은 불가능하다.

1994년 상영된 멕시코 영화 『Hasta morir(죽을 때까지)』의 영어 자막을 보면 다음과 같이 번역된 부분이 있다. "I want the pachuco with the lady.－A cholo did that for me.(나는 여자와 파추코를 원해.－촐로가 나한테 그거 해줬어.)" 관객 대다수가 출발어(스페인어)를 모른다는 점을 고려한다면 이러한 차용(pachuco, cholo)은 영화 번역에 사용되기에는 다소 어색하다. 앞서 살펴본 학술적 용어를 사용해 이 번역을 평가하도록 하자. 관객이 지식(전제) 격차를 줄일 수 있는 위치(상황)에 있지 않은 상황에서 번역가가 관객의 이해를 위해 필요한 정보를 충분히 제공하지 않았거나(양의 격률), 도착어 관객이 필요로 하는 것과 관계가 없기 때문에(관계의 격률) 위 번역은 어색하다. 아울러, 스크린의 이미지(맥락)를 통해서도 차용어들이 가리키는 것을 알 수 없다면 텍스트 기능(관념적 기능)이 실현되지 못한 것이며, 결과적으로 몰이해 및 명료성의 부재(관계의 격률)로 이어져 관객은 완전히 열등한 사회적 역할을 하게 된다(사용역).

이 번역을 재앙이라고 결론짓는 사람도 있을 테고, 관객 중 일부는 암흑 속에 버려진 듯한 느낌에 무척 짜증이 났을 것이다(발화효과행위). 하지만 관점을 조금만 바꾼다면 이국적인 출발어 문화권의 색채를 드러내려는 의도가 담긴 타국화 번역이라는 평가도 가능하다. 이 경우, 언어의 시적 기능을 강조함으로써 텍스트의 대인관계 기능이 강화된다. 차용어들(pachuco, cholo)을 입이나 마음속으로 되뇌다 보면, 비록 그 단어의 의미를 모른다 할지라도, 어떤 심미적인 만족을 느낄 수 있다. 물론, 이러한 방식의 번역은 허식으로 가득 찬 "즉석 이국풍(Steiner, 1992, p. 333)" 혹은 "싸구려 지역 색채(Vinay와 Darbelnet, 1958, p. 53)"에 불과하다는 혹평을 받을 수 있기 때문에 최후의 방법으로 남겨 두어야 한다.

이유가 무엇이든, 또한 어떤 효과가 창출되든, 적어도 언어학(번역 가능한 단어들이라는 점)이나 문화(멕시코에만 존재하는 대상이나 개념이 아니라는 점), 혹은 도덕성(크게 불쾌함을 주는 단어가 아니며, 다른 장면에서는 상스런 욕설까지 사용해 번역을 했다는 점) 때문에 위와 같은 번역을 한 것은 아닐 것이다. 그렇다면 과연 앞 문단에서 필자가 논한 내용이 차용 전략에 정당성을 부여할 수 있을지, 아니면 아래와 같이 번역할 때 오히려 공손성의 원칙이 보다 잘 지켜지는지에 대해 자문할 필요가 있다. 참고로, 문제의 장면은 엘보이와 모리치오라는 두 등장인물이 문신가게 안에서 대화를 나누는 상황인데, 엘보이는 모리치오와 같은 문신을 하고 싶어 한다. 위에서 살펴본 차용 번역을 필자가 다른 방식으로 번역하면 다음과 같다. "I want the flash guy with the lady, like him. — A half-breed did that.(여자와 번뜩이는 남자 문신으로 할 거야. 재랑 같은 거.— 그거 어떤 혼혈아가 해줬어.)"

질의 격률은 번역 충실성(fidelity)의 한가운데 위치하고 있다. 번역에 대한 언어학적 접근법에서는, 충실성은 번역의 최종 목적지다. 언어학적 관점에서 보면, 질의 격률을 위배할 수 있는 유일한 경우는 도착어에 가용 표현이 존재하지 않는 경우다. 주석과 설명을 덧붙이는 방식의 번역을 둘러싼 논쟁도 여기서 시작한다. 출발어를 표현할 수 있는 도착어 장치가 존재하더라도 번역이 어떤 언어적 차원에서 이루어져야 하느냐에 대해서는 의견 차이가 크다. 하지만 앞서 여러 번 언급했듯, 언어 외적인 고려 사항(타당한 것도 있고 그렇지 않은 것도 있다) 때문에 격률이 위배되는 경우는 종종 있다. 훌륭한 마르크스-레닌주의 번역가는 "부르주아 계층이 종종 말하는 '이념적 재평가'와는 전혀 관련이 없다(1980, p. 46)."라는 Kade의 말을 앞서 인용한 바 있다. 하지만 실제로는 Grice가 말한 '질(quality)'에 영향을 미칠 수밖에 없다는 점이 수많은 사례 연구를 통해 밝혀졌다.

태도의 격률 역시, 적어도 다수의 현대 번역가에게는, 번역 원칙으로 삼기에는 문제의 소지가 있다. 명료성을 강조하는 태도의 격률을 넓게 해석한다면, 이는 곧 텍스트 생산자인 번역가가 출발어 텍스트를 명료하게 '개선시킬' 권리 혹은 의무를 가진다는 의미로 받아들여질 수 있다. 이는 앞서 살펴본 보고몰레츠의 주장과 맥을 같이한다. 하지만 오늘날 번역을 공부하는 사람들 대부분은 번역가에게는 출발어 텍스트를 개선시킬 권리가 없다고 망설임 없이 말할 것이다. 니클라스 본 바일과 같은 번역가는 출발어 텍스트에 나타나는 오탈자마저도 그대로 옮겨져야 한다고 믿었다(Kloepfer, 1967, p. 21).

태도의 격률을 적용할 수 있는가 여부는 사실 번역가 및 번역 대상 텍스트에 따라 달라진다. 캠코더 사용설명서 번역 사례를 살펴보자. 전체적으로는 별 무리 없는 번역이지만 몇 가지 오류가 있다. ① 'Thereafter(그 후에)'가 'There after(거기 이후)'로, ② 'your video(귀하의 비디오는)'가 'you video(귀하가 촬영)'로 잘못 적혀 있다. 또한, ③ 'The video will build automatically know where to go.(비디오는 자동적으로 어디로 가야 할지를 알게 구축할 것입니다.)'라는 이해하기 힘들고 잘못된 번역 문장도 찾을 수 있다. 아울러, ④ 어떤 설명은 엉뚱한 문단에 잘못 들어가 있다. ①~③의 경우, 번역가가 이런 오류를 바로잡거나 개선할 권리가 없다고 말하는 것은 어불성설이거나 궤변에 가깝다. 한편, ④의 경우 형사상 과실에 해당되며 인명 및 재산 피해도 발생할 수 있고, 이 때문에 번역가가 고소를 당할 수도 있다.

문학 작품의 경우 얘기가 다르다. 문학 번역에서는 '개선시키지 말 것'이 중요한 격률인데, 이는 셰익스피어와 같은 대문호(大文豪)의 작품을 '개선시켰다고(?)' 주장하는 소문호(小文豪)로부터 원작 본래의 모습을 지켜내기 위해 만들어진 일종의 격률이다. Hesse-Quack은 번역가가 다소 기이한 방식으로 원작을 '개선시킨(?)' 번역 사례를 분석한 바 있다. 독일어로 더빙 번역된 영화인데, 독일인이 부정적으로 언급되는 장면에서는 예외 없이 '독일'이 삭제되거나 다른 국가로 대체된 것이다(Hesse-Quack, 1969, p. 166).

번역과 관련, 내포는 거시 차원 및 미시 차원에서 모두 유용한 개념이다. 우선, 내포 덕분에 Grice의 격률을 기반으로 하는 거시 차원의 번역 원칙이 적용될 수 있다. 또한, 내포는 미시 차원에서도 작용하는데, 각기 다른 언어들은 상황에 따라 격률을 각기 다른 방식으로 적용할 것이다. 따라서 번역가는 이에 대한 지식을 갖춰야 한다.

어떤 영국인 학생은 프랑스 회사에서 보내온 편지를 보면서 '지나치게 아첨한다'고 생각했다. 하지만 그 편지는 프랑스어 표준 공손 형식을 준수했을 따름이다[예를 들어, 'I remain entirely at your disposition.(저희는 귀하의 처분을 전적으로 따릅니다.)'에 상응하는 불어 표현이 사용됐다]. 참고로, 이 영국인 학생은 아직 프랑스어 공손 형식을 배우지 못한 상태이며, 영국에서는 공무원들도 'beg to remain your humble servant(귀하의 겸허한 일꾼으로 남고 싶습니다)' 등과 같은 표현을 더 이상 쓰지 않는다. 상황이 이렇다 보니 이 학생은 본의 아니게 '공손하지 않은 형식'을 사용해 회사 측에 프랑스어로 답신을 보냈고, 이 편지를 받은 프랑스 회사 관계자는 이 학생의 글이 무례하다고 생각했을 것이다. 다시 말해, 영어에서는 공손하다고 여겨지는 표현일지라도, 이를 프랑스어로 직역하면 무례한 형식이 되는 경우도 있으며, 이 때문에 불필요한 오해가 생길 수도 있다. 물론, 이 특정 문제는 공손성의 원칙이 아니더라도 사용역 차원에서 해결될 수도 있다.

대부분의 경우, 번역가는 Grice의 격률과 관련된 결정을 내릴 필요가 없다. 'Isn't Jack a real pig?—The sun's come out.(잭은 정말 재수 없지 않니?—날이 개는구나.)'은 직역만으로도 '잭이 이제 막 방에 들어왔다'라는 내포를 유지하기에 충분하다. 물론, 남을 헐뜯는 일이 절대로 없는 문화(만약 그런 문화가 존재한다면)라면 문제가 될 것이다.

내포는 텍스트 차원에서도 문제가 되지 않는다. 물론, 출발어 텍스트에서 내포가 완전히 무시된 경우에는 논란의 여지가 있다. 하지만 대부분의 경우, 제대로 된 텍스트라면 Grice의 격률이 이미 준수되고 있을 것이다. 소설 속 등장인물의 성격을 묘사하거나 실험적인 소설 문체를 도입하는 경우를 제외한다면, 모호한 내용을 뒤죽박죽 나열함으로써 Grice의 격률을 굳이 위배할 하등의 이유가 없다. 어리석고 무의미한 짓에 불과하기 때문이다. 어떤 경우든, 번역가에게는 선택권이 거의 없고 어차피 사람들은 번역가가 출발어 텍스트를 충실히 따르기를 기대한다. 출발어 텍스트에서 사용된 형식이 도착어 문화권에는 도저히 수용될 수 없다고 여겨지는 상황도 있는데, 이 경우에는 번역 자체가 불필요하기에 고민할 필요도 없다.

이제 Grice의 격률이 시 · 공간적으로 동일한 방식으로 보편적으로 적용될 수 있는가에 대한 논의로 넘어가자. 중세 시대의 번역가 앨프릭은 '일람표(catalogue)'라고 하는 중세 시대의 문학적 장치를 번역에서 삭제했다. 이 장치의 사용으로 글이 지루해지기 때문이다. 영문학자 Fowler는 『History of English Literature(영국 문학사)』에서 "현대 독자들은 과거 문학 작품에서 사용되던 열거 방식의 기술 방법(일람표=목록) 때문에 흥미를 잃곤 하며, 이러한 '목록(list)'은 이제 지루하고 공허한 것으로 여겨진다."라고 했다(1989, p. 3). 하지만 현대의 독자만 지루해 하는 것은 아니다. 방금 언급한 앨프릭이 살았던 시기는 955년~1020년이다. 아울러, 17세기에는 '지루함'이 너무나 무시무시한 것으로 여겨졌기 때문에 프랑스의 번역가 다블랑꾸르는 그런 지루한 목록을 처리할 수 있는 독창적인 방법을 고안했다. 목록을 삭제한 앨프릭과는 달리 다블랑꾸르는 본문에 있는 목록을 여백 부분이나 각주로 옮겼다(Rener, 1989, p. 235).

위의 문제는 양의 격률 및 관계의 격률과 관련이 있다. 도착어 문화권에서 목록을 텍스트적 장치로 사용하지 않는다고 하자. 이 경우, 목록은 도착어 독자에게 과도한 정보를 제공하는 것, 또는 관계가 없는 내용으로 여겨질 것이다. 그렇다면 번역가는 앨프릭과 같이 목록을 삭제해야 하는가? 아니면 다블랑꾸르가 사용한 방법(여백이나 주석으로 이동시키는 방법)을 따라야 하는가? 이는 오래 전에 나온 책을 번역할 때만 고민하게 되는 문제가 아니다. 현대 프랑스 작품을 번역할 때도 같은 고민을 해야 할 경우가 있다. 앞서 4장에서 언급한 레인보 워리어호에 관한 텍스트

(Hatim과 Mason, 1990a, p. 87)에도 긴 목록이 등장하는데, 이 목록 자체가 하나의 문단이다. 영어에서는 매우 생소한 장치이기 때문에 이를 번역한 사람들은 사실상 파격구문을 사용하는 우를 범했다. 동사의 주격이어야 할 목록을 번역한 후에 대시(dash)를 넣고 다시 새로운 문장을 시작한 것이다. 번역이 아니라 자신이 처음부터 직접 작성한 글이라면 이런 실수가 나왔을 리 만무하다.

유사한 경우로, 전환 문장(transitional sentence)을 사용하는 러시아의 저널리즘 장치를 예로 들 수 있다. 러시아어 전환 문장은 대체로 짧으며, 그 자체가 하나의 행(行)이다. 예를 들어, 'About what are we talking here?(무엇에 대해 우리가 여기서 말하고 있는가?)'가 바로 대표적인 전환 문장이다. '방향표지(signposting)'를 통해 텍스트의 구조를 명료하게 하는 역할을 한다. 하지만 도착어에서 이러한 장치가 사용되지 않는다면 이를 과연 번역해야 하는가에 대해서는 고민이 필요하다.

다른 격률에 대해서도 이와 유사한 문제 제기가 따를 수 있다. 언어와 문화에 따라 공손성, 정보성, 관계성, 명료성, 진실성이 텍스트 생산에 어떤 방식으로 영향을 미치는가에 대한 연구는 분명 필요하다. 그리고 이러한 연구 덕분에 언어와 문화에 따라 존재하는 차이점이 밝혀질 것이다. 물론, 우리는 결국 항상 같은 고민을 할 수밖에 없다. 즉, 출발어의 체계를 따를지, 아니면 도착어의 체계를 따를지를 두고 여전히 골머리를 앓고 있을 것이다.

12
심리언어학과 번역

심리언어학(psycholinguistics)은 언어와 심리에 관한 학문이다. 다시 말해, 언어를 학습하거나 사용할 때 정신세계에서 일어나는 현상을 연구하는 분야다. 번역학자들은 번역과정 '모형'을 제안하는 것에 몰두한 나머지 심리언어학에는 큰 관심을 기울이지 않았다. 하지만 최근 들어 번역을 정신적인 활동으로 여기는 학자들이 늘어나면서, 심리언어학과 관련된 두 가지 유형의 번역 연구가 진행됐다. 그 중 하나는 번역 작업 중 번역가가 어떤 사고를 하는가를 살펴보는 사고발화법(TAP)에 대한 연구인데, 이는 심리언어학의 한 분야임이 분명하다. 이 연구에 대해서는 12장의 두 번째 부분에서 다루도록 하자. 다른 하나는 Ernst-August Gutt가 주창한 연관성 이론(relevance theory)인데, 이는 엄밀히 말해 심리언어학의 한 분야로 보기에는 다소 무리가 따른다. 그럼에도 불구하고 본 장에서 다루는 이유는 연관성 이론이 인지론에 기반을 두고 있으며 의사소통의 심리(구체적으로는 연관성 개념) 측면에서 번역 현상을 설명하기 때문이다.

1. 연관성 이론과 번역

우리는 사람들의 발화에는 특정 정보를 제공하려는 '의도'가 기저에 있다고 '가정'한다. 청자는 화자가 하는 말의 언어적 자질을 이용해 의미적 표상을 형성하는 정신적 능력이 있다. 이러한 의미적 표상은 의미에 대한 논리적 구조로서, 일종의 청사진 역할을 하며 전적으로 언어에 기초한다. 이 표상은 추가적인 정신적 정보처리 과정을 거치고 난 후에야 비로소 세상을 기술할 수 있는 '완전한' 사고가 된다.

의미적 표상에서 완전한 사고로 넘어가기 위해서는 맥락이 필요하다. 연관성 이론에서 말하는 맥락은 코텍스트(co-text)나 상황이 아니라, 청자가 세상에 대해 가지고 있는 일련의 가정(assumption)이다. 여기에는 청자가 보고, 느끼고, 기억하는 것 등이 모두 포함된다. 그야말로 광범위하다. 화자의 의도를 추론하기 위해서는 맥락을 좁혀야 하는데, 이를 위해 우리는 다음의 두 가지를 하게 된다.

첫째, 우리는 주어진 상황에서 가장 접근하기 쉬운 맥락을 활성화해 미니맥스 원칙을 적용한다. 즉, 최소의 노력(effort)으로 최대의 효과를 얻으면서, 예상되는 손실을 최소화시키려 하는 것이다. 만약 우리가 기차역에서 승차권을 예약하고 있다면 다른 상황보다는 해당 상황과 연관성이 있는 정보를 먼저 활성화시키려 할 것이다. 당연한 얘기지만, 기차역에 있는 상황이니 열차 시간이나 승차권 예약 등과 관련된 정보를 얻는 것이 훨씬 더 용이하기도 하다.

둘째, 우리는 우연히 접하게 되는 모든 발화가 해당 상황을 이해하는 데 이득(benefit)이 될 것으로 기대한다. 예를 들어, 우리는 기차역에서 얻는 모든 발화가 승차권 예약이나 열차 정보와 관련이 있을 것으로 기대한다.

연관성 이론에서는 바로 이 두 가지 요소—정보처리 노력과 그에 따른 이득—가 핵심 개념이다.

우리는 맥락을 통해 일련의 가정을 하는데, 이러한 가정은 다음의 두 가지 요건을 충족해야 한다.

- 최대의 맥락적 효과(contextual effect)[1] 혹은 이득이 있어야 한다.
- 최소의 정보처리 노력이 필요해야 한다.

이어서 청자는 해당 발화를 그대로 수용하기보다는, 해석(interpretation)함으로써 화자의 의도를 추론하게 된다.

의사소통이 단순하지 않은 것은 사람들이 자신이 실제 생각하는 대로 말하지 않는 경우가 종종 있기 때문이다. 과장을 하거나 은유를 사용하는 경우도 있고, 혹은 돌려서 말할 때도 있다. 이와 같은 발화와 사고 간의 불일치를 설명하기 위해서는 '기술적 사용(descriptive use)'과 '해석적 닮음(interpretive resemblance)'이라는 개념을 이해해야 한다. 'Elizabeth I was queen of England in the 16th century.(엘리자베스 1세는 16세기에 영국의 여왕이었다.)'라고 말한다면 이는 사실을 그대로 기술하는 것이다. 즉, 기술적 사용에 해당하는 발화다. 하지만 'If I don't get this done today, I'm dead.(만약 내가 오늘 이 일을 마무리하지 않는다면 나는 죽은 목숨이야.)'라고 말하는 것은 사실을 있는 그대로 기술하는 것이 아니다(일을 안 한다고 누가 실제로 죽이기야 하겠는가?). 이러한 발화는 생각을 '해석적으로 닮은' 것이다. 다시 말해, 화자가 머릿속에서 실제로 생각하는 것

[1] [역주] 맥락적 효과(contextual effect)란 새로운 정보가 주어졌을 때 기존의 가정과 결합되어 맥락에 변화를 주는 효과를 가리킨다. 예를 들어, 화자가 특정 정보를 전달했고 그 정보가 청자의 기존 가정과 결합되어 새로운 가정을 만든다면 맥락적 효과가 있는 것이다. 특정 발화가 연관성을 갖기 위해서는 이러한 맥락적 효과가 필수적이다.

은 아마도 'If I don't finish this task today, my life will become very unpleasant.(내가 만약 이 일을 오늘 마무리하지 않으면 나의 삶은 아주 고달파질 거야.)'일 것이다. 이 경우, 발화는 실제 사고와 닮기는 했지만 일치하지는 않는다. 이처럼 사고와 발화가 불일치함에도 불구하고 해석적으로 닮을 수 있는 것은 이 둘이 맥락적 암시(contextual implication)를 공유하기 때문이다.

Gutt는 이러한 구분법을 번역에 적용했는데, 원작과 관련이 있어 보이는 번역은 해석적 닮음의 경우로, 독자가 원작의 존재조차 인지하지 못할 정도로 원작과 독립적으로 이루어진 번역은 기술적 사용의 경우로 분류했다. 후자의 경우, 번역 의뢰인이나 번역가가 새로운 독자(도착어 독자)를 위해 효과나 연관성을 극대화할 필요가 있다고 판단할 경우에는 사실상 어떠한 변화도 허용된다.

Gutt는 기술적 사용에 해당하는 두 번째 유형은 엄밀한 의미에서는 번역이 아니라고 판단했다. 이런 유형은 느슨한 의미에서만 번역이며, 텍스트를 처음부터 새로 작성하기보다는 출발어 텍스트를 번역한 후 수정하는 것이 보다 경제적이기 때문에 이런 유형이 번역으로 불린다는 것이다. 이렇듯 어차피 번역으로 보기 힘들기 때문에 Gutt(1991, p. 65)는 "이러한 유형의 텍스트를 다루기 위한 일반 번역 이론은 불필요하다."라고 했다. 다시 말해, 사실상 번안이라고 볼 수밖에 없는 것을 수용하고 설명하기 위한 이론적 개념을 찾으려고 애쓸 필요는 없다는 것이다.

연관성 이론에서는 1차적 의사소통 상황(primary communication situation)과 2차적 의사소통 상황(secondary communication situation)이 구분되는데, 이는 번역에 시사하는 바가 크다. 청자가 화자의 정보 의도를 이해하기 위해서는 다음의 세 가지가 모두 필요하다. 첫째, 화자의 발화가 필요하다. 둘째, 일련의 맥락적 가정을 활성화해야 한다. 셋째, 앞의 두 가지를 이용해 화자의 의도를 제대로 추론할 수 있는 능력이 요구된다. 이 세 가지 요건이 모두 충족되는 경우를 '1차적 의사소통'이라 부른다. 하지만 때로는 텍스트 수신자가 발신자에 의해 의도된 맥락적 가정을 활성화하지 못하는 경우도 있다. 사람들이 옥신각신하는 것도 자세히 살펴보면 맥락적 가정을 활성화하지 못하거나 의도적으로 적정한 맥락으로의 전환을 거부하기 때문이다. 이를 두고 '2차적 의사소통'이라 부른다. 이러한 2차적 의사소통 상황은 번역(특히, 서로 차이가 큰 문화 간의 번역)에서 종종 발생한다.

의미를 추론하기 위해서는 연관성과 맥락이 필수적이다. 그런데 연관성과 맥락은 문화적 차이에 비례해서 변한다. 이러한 점을 근거로 Gutt(1991, p. 91)는 많은 학자들이 맹목적으로 신봉하던 번역학의 핵심 원칙을 정면으로 반박하면서 "동일한 메시지를 전달해야 한다는 원칙을 일반 번역학 이론의 토대로 삼기에는 문제가 있다."라고 주장했다.

이는 번역 충실성의 문제로 이어진다. Gutt는 연관성 이론을 통해 충실성 개념을 명확하게 정의할 수 있다고 주장했다. 사실, Gutt는 저서의 많은 분량을 할애해 이에 대한 논의를 했다. Gutt는 "연관성 이론은 '번역이 무엇을 전달하려고 하는가'와 '어떻게 표현되었는가'와 관련해서 번역에 상당한 제약을 가한다(1991, p. 101)"라고도 했다. 어려운 말이지만, 결국 Gutt가 주장하는 바는 적절한 맥락적 효과를 제공함으로써 번역이 도착어 독자와 적절한 연관성을 가져야 한다는 점(1991, pp. 101-102), 그리고 독자가 불필요한 정보처리 노력 없이도 의도를 해석할 수 있는 표현 양식을 사용해야 한다는 점(1991, p. 102)으로 압축된다.

Gutt는 자신이 제시한 바가 번역가와 번역학자가 갈구해 온 지침이며 번역이 원작과 어떤 측면(도착어 독자에게 적절한 연관성이 있을 것으로 기대되는 측면)에서 서로 닮아야 하는지를 구체적으로 알려준다고 주장했다(1991, p. 102).

하지만 '적절한 연관성'이나 '불필요한 정보처리 노력'은 아주 모호한 표현이다. 경계선도 불명확하고, 정도의 문제이기 때문이다. 그 자체가 나쁘다는 것은 아니다. 하지만 어떻게 그렇게 광범위한 범위에서 '적절한' 지점을 찾을 수 있겠는가? 물론, 번역 대상 독자층을 파악하면 문제가 해결될 수도 있다. 하지만 Newmark(1993, p. 106)는 "만약 대상 독자가 불특정 다수라면 어떻게 할 것인가?"라는 질문으로 Gutt의 주장을 반박했다. 반면, Walter Benjamin과 같은 학자들은 저자는 독자가 아니라 자기 자신을 위해 글을 쓴다고 믿는다. 대상 독자층이 존재한다는 믿음은 어찌 보면 허구다. 극히 전문적인 분야의 텍스트도 엄청나게 광범위한 독자층을 가질 수 있다[호킹 박사의 『A Short History of Time(시간의 역사)』을 생각해 보라].

Gutt 역시 번역가가 대상 독자의 인지적 환경을 오판할 수 있다는 점을 인정했다(1991, p. 112). 그런데 이렇게 되면 "번역가와 번역학자가 갈구해 온 지침 […]" 운운하던 것(1991, p. 102)과는 앞뒤가 맞지 않는다. 결국, Gutt의 이론은 커다란 번역 지침이라기보다는, 지식의 정도가 서로 다른 독자들이 어떤 방식으로 번역 정보를 처리하고 계속 진행하는지, 혹은 결국에는 번역 정보 처리에 실패하고 포기하는지를 설명하는 일종의 소급적 분석 기법이다.

Gutt는 연관성 이론을 통해 시대별로 번역에 대한 접근법이 달라진 이유를 설명할 수 있다고 주장했다. Gutt의 논리는 간단하다. 당대의 독자에 대한 연관성을 극대화하다보니 번역 접근법이 시대에 따라 차이를 보인다는 것이다. 분명 옳은 말이다. 하지만 이렇게 되면 Gutt가 종전에 기술적 사용의 유형을 자신의 번역 이론에서 배제시킨 이유가 무의미해진다. 목표가 관련성 극대화가 아니었는가? 결국, Gutt의 '기술적 사용 대 해석적 닮음'의 구분이 모호해짐을 알 수 있다.

Gutt는 직접 인용과 간접 인용의 구분을 통해 이 문제를 해결하려 했다. 직접 인용은 번역 시 의미와 표현 형식 모두를 보존하는 것이고, 간접 인용은 의미만 살리는 것이다. 그렇다면 직접 인용의 번역 등가를 구해야 한다. 하지만 이는 그리 간단한 문제가 아니다. 표현의 형식적 수단이 언어마다 너무 다양해서 직접 인용을 통해 형식의 등가를 이루는 것이 사실상 불가능하기 때문이다. Gutt에 따르면 번역에서 중요한 것은 문체적 특성의 고유 가치를 유지하는 것이 아니라 독자가 발화를 정확히 해석할 수 있도록 돕는 '의사소통 단서(communication clue)'를 제공하는 것이다. 이 주장은 Nida의 견해와 크게 다르지 않은 것으로 보인다. 앞서 보았듯, Nida는 문법에서 중요한 것은 형태가 아니라 기능이라고 주장한 바 있다.

Gutt의 "A 언어와 B 언어로 이루어진 발화들이 모든 의사소통 단서를 공유하는가는 동일한 해석을 이끌어내는지 여부를 통해 확인할 수 있다(1991, p. 162)."라는 주장 역시 문제가 있다. Gutt는 Nida의 수용자 반응 차원의 등가를 비판한 바 있는데, Gutt의 이 진술은 Nida의 논리와 맥을 같이하는 것으로 보인다.

Gutt는 서로 상당히 다른 특징을 지닌 두 가지 형태의 번역에 대한 정의를 내렸다. 첫째는 해석적 사용(interpretive use)에 해당되는, 유연하고 맥락에 민감한 번역이다. 이 경우, 외포(explicature)와 내포(implicature) 모두 공유된다. 따라서 여러 형태의 도착어 텍스트가 번역으로 불릴 수 있다. 둘째는 고정적이고 맥락으로부터 독립적인 형태의 번역이다. 이 경우, 보존되는 것은 의사소통 단서다. Gutt는 통합된 번역 이론(unified theory of translation)을 제시하고자 했기 때문에 직접 번역은 해석적 사용의 아주 특수한 경우에 불과하다는 점을 논증하려 했다.

Gutt(1991, p. 163)는 직접 번역이 해석적 사용 번역이 되기 위해서는

"원작에 대해 예상된 맥락 내에서 원작을 해석적으로 완전히 닮아야 한다."라고 주장했다. 이 과정에서 Gutt가 30 페이지가 넘는 지면을 할애해 강조한 의사소통 단서의 지위는 '강등'된 것으로 보이는데, Gutt 스스로도 "자체적인 이론적 위상"을 가지기보다는 "번역의 실제에서 일부 가치"를 가진다는 점을 인정했다(1991, p. 164).

직접 번역이 해석적 사용의 예가 되기 위해서는 반드시 충족되어야 하는 조건이 있다. 제대로 된 추론이 가능하기 위해서는 발화가 원 맥락과 결합돼야 한다는 점이다. 청자가 화자의 의도된 맥락을 활성화할 수 있어야 하기 때문에 1차적 의사소통 상황은 필수적이다. 이는 두 가지 결과로 이어진다(Gutt, 1991, p. 166). 첫째, 도착어 청자 스스로 출발어 텍스트 화자가 가정한 맥락에 친숙해져야 할 필요성이 대두된다. 둘째, 번역가가 도착어 텍스트에서 내포에 관한 자세한 설명을 제공함으로써 맥락적 불일치를 보상해야 한다는 부담을 덜어 준다. 이는 "직접 번역에서는 독자가 이러한 불일치를 스스로 보상해야 하기 때문이다(Gutt, 1991, p. 166)." 그런데 이는 청자에게 최소의 정보처리 노력을 요구해야 한다는 Gutt의 애초의 주장과는 배치된다. 결국, 청자에게 연관성을 가지는 것이 무엇인지에 대한 번역가의 판단에 따라 번역가가 "직접 번역과 간접 번역 사이에서 선택(1991, p. 181)"을 해야 하며, "번역가는 이 선택에 대한 결정을 서문에 명시해야 한다(1991, p. 183)."라는 주장은 Gutt 자신이 비판한 이론에서 언급된 것과 매우 유사한 것이다.

Gutt의 논리는 분명 설득력 있고 흥미로우며 예리하다. 하지만 통합된 번역 이론을 제시하겠다는 애초의 공언과는 달리 Gutt의 연구는 서로 완전히 다른 두 가지 형태의 번역을 아우르는 통합된 일반 개념이 됐다.

Tirkkonen-Condit(1992, p. 244) 역시 Gutt의 이론을 비판하면서 번역가는 대상 독자가 아니라 자신의 기호에 따라 의사결정을 한다고 주장했다.

또한 연관성 이론이 가정하고 있는 합리적 미니맥스 접근법은 실제 인간의 행동 방식과 전혀 다를 수 있음을 지적했다. 즉, Gutt의 이론은 심리언어학의 연구 분야라기보다는 번역에 대한 또 하나의 이론적 개념에 불과하다는 것이다.

요약하자면, Gutt의 이론은 번역 및 번역가의 행동을 기술하는 또 하나의 '이론'이다. 다시 말해, 실증적 데이터로부터 도출된 귀납적인 이론이 아니라 일반적인 원칙에서 얻은 연역적 이론이다. 다음으로는 실증적 접근법에 대해 살펴보자.

2. 사고발화법(TAP)과 번역 전략

앞서 살펴본 많은 번역 이론의 문제점은 처리 과정 모형이 순전히 이론적 구성체에 불과하다는 점이다. 이들 이론은 번역이 각 단계별로 이루어진다고 전제하고, 이를 기정사실로 받아들인다. 번역가가 어떤 과정을 거쳐 번역을 하는가를 머릿속에서 '상상'한다면 이는 꽤 논리적인 결론으로 보인다. 하지만 어느 누구도 번역가의 머릿속에서 '실제' 무슨 일이 벌어지고 있는지 정확히 알지 못한다. 그리고 관심을 보이던 일부 학자들조차 지배적인 학설－그 어떤 방법을 사용하더라도 머릿속의 '블랙박스'에 접근할 수 없다는 학설－에 맞닥뜨린 후 연구를 포기했다.

다행히도 1980년대 중반 이래로 독일 및 핀란드 번역학자들을 주축으로 심리언어학과 인지 과학에서 사용하는 연구 방법을 응용해서 우리가 번역과정을 머릿속에서 어떻게 처리하는가를 연구하기 시작했다.

가장 주목을 끈 연구 방법은 사람들이 어떤 일을 수행하는 동안 머릿속에 떠오르는 모든 것을 소리 내어 말하도록 하는 사고발화법(TAP:

think-aloud protocol)[2]이다. 이 연구 방법도 완벽한 것은 아니며, 사고발화법을 연구 도구로 사용하려면 연구 절차 및 실험 대상 집단에 대한 정당성 확보가 필수적이다. 하지만 우리는 연구 방법론적 문제보다는 사고발화법 접목을 통해 도출된 흥미로운 번역 연구 결과를 살펴보는 데 초점을 맞추도록 하자.

Krings(1986, pp. 260-262)는 고급 언어 학습자들을 실험 대상으로 설정한 후 번역과정의 이해 단계, 번역 단계, 평가 단계에서 이들이 사용한 전략을 연구했다.

이해(수용) 단계에서는 실험 대상자들이 문제 해결을 위해 사전에 상당히 의존한다는 사실이 드러났다. 실험 대상자들은 불과 25%의 문제 상황에서만 자신의 문제 해결 능력을 활용해 답을 추론했다. 아울러, 2개 국어 사전을 이용해 정답을 구한 확률은 75%인 반면, 맥락을 통한 추론에 의거해 정답을 찾아낸 경우는 40%에 불과했다.

번역 단계에서도 실험 대상자들의 2개 국어 사전 의존도는 상당히 높았다. 아울러, 사전에 번역 등가어가 하나만 제시된 경우, 실험 대상자들은 더 이상 생각하지 않고 바로 그 단어를 선택했다. 사전에 두 개 이상의 등가어가 제시된 경우, 비록 선택한 어휘를 제대로 이해하지 못했더라도 그 중 어느 것이 즉각적인 통사적 맥락에 들어맞는지를 확인하는 작업에 골몰했다. Krings는 "적어도 몇몇 실험 대상자는 자신이 이해하지 못한 채 번역하고 있다는 사실을 자각하고 있었다(1986, p. 393)."라고 덧붙였

2 [역주] 사고발화법(TAP) 연구에는 특정 작업을 수행함과 동시에 사고를 발화하도록 하는 방법과 작업 후 발화하도록 하는 방법이 있다. 번역에 접목된 접근법은 전자의 방법이다. 이는 정보 유실 가능성을 줄이고 작업에 대한 스스로의 해석이나 분석을 방지하기 위해서다. 사고발화법을 통해 번역가의 정보처리 및 번역과정을 실증적으로 분석할 수 있다는 점은 장점이지만, 발화 자체가 번역 행위에 영향을 미치는 점이 가장 큰 단점으로 지적된다.

다. 대부분의 경우, 실험 대상자들은 출발어 어휘에 해당하는 도착어 등가어를 단 하나만 생각해낼 수 있었으며, 등가어를 찾는 데 있어 단어 차원을 넘어서지 못했다(1986, p. 399). 이는 외국어 학습 방법의 영향으로 추정된다.

평가와 의사결정 단계(Krings, 1986, pp. 464-467)에서 실험 대상자들은 주로 다음의 두 가지 전략을 사용해 등가어를 최종 선택했다. 하나는 '안전 추구' 축소 전략이다. 이 경우, 출발어와 관련한 도착어 메시지의 의미 손실이 발생한다. 다른 하나는 '위험 감수' 성취 전략으로, 제공된 해결책이 옳은지, 또는 그른지에 대해 확신하지 못하는 상황에서도 '완전한' 번역을 하려고 시도하는 것이다. 여러 해결책을 놓고 비교・검증하는 데 있어서는 실험 대상자들의 선택은 '번역 격률'에 의해 결정되는 경향을 보였다. Krings는 실험 대상자들이 중시하는 번역 격률을 일곱 개로 분류했다(1986, pp. 429-434).

(1) 직역주의 격률: 출발어 텍스트에서 지나치게 벗어나는 번역은 피한다.
(2) 길이 제한의 격률: 어떤 실험 대상자는 '도착어 텍스트가 출발어 텍스트 길이의 10% 이상을 초과해서는 안 된다'라는 번역 권위자의 '규칙'을 인용하면서 '과도하게 긴' 번역을 거부했다(1986, p. 430).
(3) 번역 불변성의 격률: 주어진 출발어 단위는 항상 동일한 도착어 단어(들)로 번역해야 한다.
(4) 다양성의 격률: 각기 다른 출발어 단위들을 하나의 도착어 단어로 수렴해서 번역하면 안 되며, 각기 다른 도착어 단위들로 번역해야 한다.
(5) 외래어 격률: 의심스러울 때는 유사한 발음의 차용어보다는 '적절한' 도착어를 사용한다. 참고로, 독일에서는 수많은 영어 단어가 들어오면서 문제가 지속적으로 발생하고 있다. 독일 작가들조차 빈번하게 차용어를 사용한다. 물론, 학생들에게는 차용어 사용을 삼가도록 가르치고 있다.
(6) 수정의 격률: 번역가가 출발어 텍스트에서 오류를 발견했거나 발견했다고 생각할 때, 일부 번역가는 이를 수정한 반면 다른 이들은 어떠한 경우에도

출발어 텍스트를 '개선'해서는 안 된다고 주장했다.

(7) 번역 도구의 격률: 이 격률은 아래의 하부 격률로 구성된다.

- 모르는 출발어 단어를 번역할 경우, 사전에 등재되어 있지 않은 도착어 단어는 절대 사용하지 않는다.
- 이해하지 못했더라도 사전을 신뢰한다.
- 의구심이 들 때는 사전에 나와 있는 여러 단어 중 가장 처음에 나오는 단어를 선택한다.

번역가의 정신세계를 탐구한 학자 중 독일의 Lörscher를 빠뜨릴 수 없다. Krings와 마찬가지로 Lörscher 역시 전문 번역가가 아닌 번역 전공 학생들을 대상으로 사고발화법 실험을 진행했다. Lörscher의 연구 결과를 본격적으로 살펴보기 전에 우선 연구 방법론상의 문제를 몇 가지 짚고 넘어가자. 첫째, 실험 대상 선정에 있어 다소 문제가 있다. 실험 대상이 학생들인데, 이들이 직면하는 문제는 전문 번역가들이 고민하는 문제와는 그 성격이 다르다. 참고로, 학생들은 대체로 외국어와 외국 문화에 대한 지식이 부족하기 때문에 사전에 대한 의존도가 상당히 높을 수밖에 없다. 학생들은 전문 번역가가 해결해야 할 문제(조사를 한다거나, 번역 의뢰인의 요구 사항을 반영하는 문제 등)에는 직면하지 않는다. 둘째, 번역 방향성에도 문제가 있다. Lörscher와 Krings 둘 다 모국어에서 외국어로의 번역을 연구했다. 모국어에서 외국어로의 번역이 불가능한 것은 아니지만, 이는 결코 번역 업계에서 일반적으로 추천하는 방식이 아니다. 따라서 Lörscher의 연구와 Krings의 연구 둘 다 번역 전략보다는 언어 학습에 필요한 요소가 무엇인가를 밝히는 데 보다 큰 기여를 한 것으로 봐야 한다.

하지만 Lörscher(1991, p. 280)는 자신의 연구가 번역 활동에 국한되지 않으며 텍스트 처리에 관한 일반적인 전략을 분석한 것이라고 주장했다. 사실, 전문 번역가들을 대상으로 사고발화법 실험을 할 경우에도 문제가 있기는 하다. Kussmaul과 Tirkkonen-Condit(1995, p. 181)는 전문 번역가를 실험 대상으로 하는 사고발화법 연구는 비생산적이라는 Jääskeläinen과 Tirkkonen-Condit의 연구를 인용한 바 있다. 수월하고 일상적인 번역 작업을 하는 경우에는 실험 대상자들이 별다른 노력을 기울이지 않아도 되기에 침묵하는 상황이 발생하는데, 전문 번역가에게는 이런 상황이 훨씬 빈번하게 발생하며, 이렇듯 번역가가 침묵으로 일관하게 되면 사고발화법 실험 자체가 무의미하다는 것이다.

Lörscher는 번역가들이 사용하는 전략이 무엇인지, 전략이 얼마나 자주 사용되는지, 전략을 사용해 어떤 번역 문제를 해결할 수 있는지, 전략이 얼마나 성공적인지를 규명하고자 했다.

방대한 데이터를 토대로 Lörscher(1991, pp. 97-117)는 스물 두 개의 '요소(elements)'에 기초해 다섯 개의 '기본 번역 전략(basic translation strategies)'을 도출했다. 이들 기본 전략은 번역 연쇄(translation chain)에 내재된 요소는 물론 완전하게 기능하지 못하는 요소까지 모두 담고 있을 수 있다. 이렇듯 모든 요소를 포함시킨 이유는 번역 문제 해결책 마련의 일환이라기보다는 번역가의 정신세계를 가급적 모두 살펴보려는 열의로 보인다. 기본 전략들은 확장된 구조가 될 수도 있다. 이는 추가적인 요소들(문제 해결 과정의 일부)을 덧붙임으로써 가능하다. 혹은, 기본 전략들은 복합적인 구조가 되기도 한다. 이는 하나 이상의 기본 전략을 결합함으로써 가능하다. 기본 구조는 아래와 같은 다양한 요소에 기초해 도출된다.

- 번역 문제 인식
- 문제점을 말로 표현
- 해결책 모색
- 확정적 또는 잠정적, 전체적 또는 부분적 해결책 모색
- 해결책 모색 연기

- 해결책 모색 실패
- 출발어 텍스트를 이해하는 데 있어 어려움에 직면

이들 요소는 Lörscher가 명명한 번역과정의 '전략적' 단계(특정 번역 문제를 구체적으로 처리하는 부분) 내에서 배타적으로 발생한다.

추가적인 요소들은 이러한 단계에서 발생할 수도 있고, 그렇지 않을 수도 있다. 너무 많아서 일일이 열거할 수는 없지만 이들 요소는 다양한 정신적 활동과 관련이 있다. 예를 들어, 출발어와 도착어 텍스트를 반복 혹은 재표현하는 것, 출발어 텍스트 또는 도착어 텍스트에 대한 잠재적 해결책을 검증하는 것, 출발어 텍스트를 머릿속에서 정리해 출발점을 찾거나 단어 대 단어 번역을 하지 않고 전체적으로 번역하는 것, 텍스트 또는 번역가의 역할에 대한 코멘트 달기 등의 정신적 활동이 모두 포함된다.

이들 요소로부터 기본 번역 전략이 도출된다. 기본 전략 중에는 다음과 같이 상당히 단순한 전략도 있다.

- 문제 인식 + 문제 해결 (또는 당분간 문제 해결 실패)

반면, 다음과 같이 좀 더 복잡한 전략도 있다.

- 문제 인식 + 해결책 모색 + 문제의 일부를 말로 표현 + 해당 부분을 해결하거나 미루기 + 다음 부분에 대한 해결책 모색 + 기타

즉, 문제 전체 혹은 일부를 말로 표현하거나 해결책을 모색하는 추가적인 단계를 거치면서 전략이 구축된다. 번역 전략에 내재되어 있거나 전략의 끝부분에 첨부되는 요소에는 모니터링, 재표현, 검토 등이 있다.

이러한 기본 전략을 사용해 실험 대상자들의 번역 결과물을 분석한 결과 흥미로운 점이 드러났다. Lörscher의 실험 대상자들은 출발어 단위와

도착어 단위 간의 일대일 대응만을 모색하는 경향을 보였다(Krings의 연구 결과도 다르지 않았으며, 아마 그 이유도 유사할 것이다). 이는 실험 대상자들이 의미 지향적 번역(sense-oriented translation)보다는 기호 지향적 번역(sign-oriented translation)을 하는 경향이 있다는 것으로 해석된다. 아울러, 이들이 생각하는 번역 단위는 메시지의 의미(meaning of message)가 아니라 형식적인 언어적 기호(formal linguistic sign)다. 이러한 접근법을 통해 번역을 할 경우, 제대로 된 번역 결과물이 나올 리 만무하지만 실험 대상자 대다수는 이 점을 인지하지 못했다. 이는 실험 대상자들이 출발어 텍스트를 이해하는 데는 대체로 문제가 없었음에도 불구하고(Lörscher, 1991, p. 276), 번역 작업을 마친 후 자신이 한 번역이 실제로 의미가 통하는지를 검증하는 경우가 거의 없었기 때문이다(Lörscher, 1991, pp. 272-273).

경험이 풍부하고 모국어에 능숙한 번역가일수록 의미 지향적 번역을 하는 경향이 뚜렷한데, 이들 전문 번역가는 번역 단위를 크게 설정하고 문체와 텍스트 유형까지 고려하면서 번역 작업을 한다(Kussmaul과 Tirkkonen-Condit, 1995, p. 187). 또한, 전문 번역가는 미니맥스 전략을 잘 활용하며, 큰 그림을 그린 후 전체적인 목표에 따라 작은 부분을 다룬다. 아울러, 번역의 우선순위를 설정한다. 이러한 원칙과 습관 덕분에, 전문 번역가는 사전에 과도하게 의존해 시간을 낭비하기보다는 자신의 세상사 지식과 추론 능력을 활용해 번역 작업을 효과적으로 할 수 있다. Kussmaul과 Tirkkonen-Condit(1995, p. 190)는 "시간이라는 자원이 유한하기 때문에 훌륭한 번역가는 최상의 성과보다는 주어진 의사소통 상황을 충족시키는 번역을 목표로 한다."라고 했다.

전문 번역가는 일반적인 개념과 목표로부터 특정 목표로 범위를 좁혀 내려가는, 소위 '하향식 프로세싱(top-down processing)'을 활용한다. 이는 데이터(특정 단어)에 초점을 두고 번역 작업을 하는 '상향식 프로세싱(bottom-up processing)'과는 대비되는 개념이다. 이 점은 Janet Fraser(1996, pp. 88-89)의 연구에서도 입증됐다. Fraser는 '번역 브리프(translation brief)[3]'가 전문 번역가의 사고 과정과 번역 결과에 미치는 영향을 연구한 바 있다. 이 문제에 관심이 있는 독자들에게는『Meta(메타)』제47권 1호를 추천한다. 번역과정에 대한 논문으로만 구성된 특별호이기 때문에 관련 연구의 길잡이로 손색이 없을 것이다.

Lörscher의 연구는 아마추어 번역가와 전문 번역가가 서로 다른 방법으로 번역 작업을 수행한다는 점을 시사한다. 하지만 아마추어 번역가가 어떻게 전문 번역가로 거듭날 수 있는지는 아직 밝혀지지 않았다. 어쩌면 Brian Harris(1992)의 '제안'에 따라 연구를 해보면 답을 구할 수 있을 것이다. Harris는 번역의 가장 기초적인 형태, 다시 말해 '자연 번역(natural translation)'을 살펴볼 것을 제안했다. 자연 번역이란 이중언어구사자(bilingual) 중 번역 교육을 전혀 받지 않은 아이들이 일상생활에서 '자연스럽게' 하는 번역을 가리킨다. 하지만 이와 관련된 연구는 아직 초기 단계에 머물러 있다. 아울러, 과연 연구할 만한 가치가 있는가에 대해서도 논란이 있다. 그럼에도 불구하고 이 연구가 번역의 신비를 풀 열쇠가 되리라는 기대를 지울 수 없다.

3 [역주] '번역 브리프(translation brief)'는 번역 의뢰인이 번역가에게 명시적 · 암시적으로 전달하는 모든 요구 및 지시 사항을 일컫는다.

13 결론

번역을 설명하기 위해 다양한 담론을 동원할 수 있다. 고인이 된 Antoine Berman(1989)은 이들 담론을 아래와 같이 분류했다.

- 번역은 언어학, 시학, 비교 문학과 같은 특정 학문 분야의 연구 대상이다.
- 번역은 해석학과 같은 일반적인 담론의 연구 대상이다.
- 번역은 철학 또는 정신분석학과 융합된 경험적 연구 대상이다.

Berman(1989, p. 673)은 번역 연구에 대한 언어학적 담론에 관해 다음과 같은 취지로 말했다. 번역은 항상 언어학의 연구 대상이었다. 그리고 언어학 이론은 번역을 분석하는 개념적 틀의 역할을 해왔다. 하지만 언어학은 번역을 지나치게 추상적인 방식으로 정의했고, 그 결과 문화적 · 역사적 측면은 말할 것도 없고 번역이 문어적 · 텍스트적 행위라는 점까지 간과됐다. 이론 정립에 몰두한 언어학자들이 번역에 사실상 무관심했기 때문에 이런 문제가 발생했다.

Berman의 주장이 전적으로 옳다고는 할 수 없다. 이 점은 필자의 논의를 통해서도 밝혀졌으리라 기대한다. 하지만 현대 언어학이 고도로 추상적인 형식주의로 치달은 나머지, 정형화될 수 없는 실제 언어 사용과 담을 쌓았던 것도 사실이다. 일부 번역학자들이 언어학을 배척하려는 것도 이 때문이다. 이들은 언어학이 번역을 체계와 구조에 속박시키려 한다고 우려한다.

일부 언어학자들이 번역 연구에 큰 관심을 보이지 않았던 것은 일종의 절망감 때문일 수도 있다. 이 책을 통해서도 드러났듯, 언어학이 번역 현상을 설득력 있게 기술하기는 하지만 즉각적인 해결책을 제시하지는 못한다. Barbara Folkart(1989, p. 149)는 기존 코드에 따른 기호 구축(ratio facilis)과 코드가 부재한 경우의 기호 구축(ratio difficilis)을 구분하면서, 관용구를 전자에, 개인어를 후자에 포함시켰다. 번역은 전자와 후자 모두를 아우르는 변증법이다. 따라서 언어학이 지금과 같이 정형화된 형식과 이론적인 완벽함만을 추구한다면 번역에 보다 가까이 다가서기는 힘들 것이다.

번역에는 긴장과 갈등이 상존한다. 문화와 이데올로기, 그리고 역사의 거친 흐름 속에서 나침반 하나 없이 어둠 속을 헤쳐 나가는 험난한 항해가 바로 번역이다. 이론을 정립하거나, 때로는 허세처럼 보이는 개념적 논의를 하는 등의 과정은 사실 번역가가 나아가야 할 길을 조금이라도 밝혀주는 등대를 세우기 위한 노력의 일환이다. 언어학적 담론은 수많은 접근법 중 하나에 불과하다. 번역의 모든 면을 규명할 수도 없다. 하지만 끊임없이 진행되고 있는 여러 연구에서 드러나듯, 언어학의 역할과 중요성은 결코 부정할 수 없다.

번역에 대한 초기 언어학적 이론은 주로 비교언어학을 통해 정립됐다. 이는 번역언어학과 동일하지는 않지만 여전히 번역 연구에서 중요한 요소다. 체계적인 비교 연구 없이는 번역 연구가 절대 발전할 수 없다. 단,

비교 연구의 범위는 의미나 문법을 넘어 확장되어야 한다. 다시 말해, 텍스트의 구조 및 기능, 번역의 사회 · 문화적 기능, 시대와 장소에 따라 번역에 대한 접근법이 어떻게 결정되고 제약되는지 등에 대한 비교 연구가 본격적으로 이루어져야 한다. 또 그런 방향으로 연구가 진행되고 있다. 이 모든 과정에서 언어학은 핵심적인 역할을 할 것이다.

|참|고|문|헌|

Albrecht, Jörn (1973) *Linguistik und Übersetzung*, Tübingen: Niemeyer.

Amos, Flora Ross (1920) *Early Theories of Translation*, New York: Octagon Books; reprinted 1973.

Andrews, Avery (1985) 'The Major Functions of the Noun Phrase', in Timothy Shopen (ed) *Language Typology and Syntactic Description*, Vol. I, Cambridge: Cambridge University Press, 62-154.

Baker, Mona (1992) *In Other Words: A Coursebook on Translation*, London & New York: Routledge.

Baker, Mona (1993) 'Corpus Linguistics and Translation Studies: Implications and Applications', in Mona Baker, Gill Francis and Elena Tognini-Bonelli (eds) *Text and Technology: In Honour of John Sinclair*, Amsterdam & Philadelphia: John Benjamins, 233-50.

Balcerzan, Edward (1978) 'Perevod kak tvorchestvo' (Translation as Creation), *Babel* 21(3): 124-26.

Bassnett-Maguire, Susan (1980) *Translation Studies*, London: Methuen; revised edition 1993.

Bassnett, Susan and André Lefevere (eds) (1990) *Translation, History and Culture*, London & New York: Pinter Publishers.

Beaugrande, Robert de and Wolfgang Dressler (1981) *Introduction to Text*

Linguistics, London & New York: Longman.

Bell, Roger T. (1991) *Translation and Translating*. Theory and Practice, London: Longman.

Benjamin, Andrew (1989) *Translation and the Nature of Philosophy*, London & New York: Routledge.

Berman, Antoine (1989) 'La traduction et ses discours', *Meta* 34(4): 672-79.

Blum-Kulka, Shoshana (1986) 'Shifts of Cohesion and Coherence in Translation', in Juliane House and Shoshana Blum-Kulka (eds) *Interlingual and Intercultural Communication*, Tübingen: Gunter Narr, 17-35.

Broek, Raymond van den (1978) 'The Concept of Equivalence in Translation Theory: Some Critical Reflections', in James S. Holmes, José Lambert and Raymond van den Broek (eds) *Literature and Translation: New Perspectives in Literary Studies*, Leuven: Acco, 29-43.

Burgess, Anthony (1962) *A Clockwork Orange*, London: Heinemann.

Cary, Edmond (1957) 'Théories soviétiques de la traduction', *Babel* 3(4): 179-90.

Catford, John C. (1965) *A Linguistic Theory of Translation*, London: Oxford University Press.

Chapdelaine, Annick (1994) 'Transparence et retraduction des sociolectes dans *The Hamlet* de Faulkner', *TTR* 7(2): 11-33.

Cherniakhovskaia, Leonora. A. (1977) 'Sinnstruktur und syntaktische Umformung beim Übersetzen', in Otto Kade (ed) *Vermittelte Kommunikation, Sprachmittlung, Translation*, Leipzig: VEB Verlag Enzyklopädie, 86-92.

Chomsky, Noam(1965) *Aspects of the Theory of Syntax*, Cambridge, MA: The MIT Press.

Chuquet, Hélène and Michel Paillard (1987) *Approche linguistique des problèmes de la traduction: anglais-français*, Paris: Ophrys.

Comrie, Bernard (1979) 'Russian', in Timothy Shopen (ed) *Languages and their Status*, Cambridge, Mass.: Winthrop Publishers.

Crystal, David and Derek Davy (1969) *Investigating English Style*, London: Longman.

Delisle, Jean (1988) *Translation: an Interpretive Approach*, Ottawa: University of Ottawa Press.

Diaz-Diocaretz, Myriam (1985) *Translating Poetic Discourse: Questions on Feminist Strategies in Adrienne Rich*, Amsterdam: John Benjamins.

Duff, Alan (1981) *The Third Language: Recurrent Problems of Translation into English*, Oxford: Pergamon Press.

Durieux, Christine (1990) 'La recherche documentaire en traduction technique: conditions nécessaires et suffisantes', *Meta* 35(4): 669-75.

Eggins, Suzanne (1994) *An Introduction to Systemic Functional Linguistics*, London & New York: Pinter Publishers.

Ehrman, James F. (1993) 'Pragmatics and Translation: The Problem of Presupposition', *TTR* 6(1): 149-70.

Faiss, Klaus (1973) 'Übersetzung und Sprachwissenschaft - eine Orientierung', *Babel* 19(2): 75-86.

Fedorov, Andrei V. (1953) *Vvedenie v teoriu perevoda* (Introduction to the Theory of Translation), Moscow: Literaturi na inostrannix iazikax; 2nd revised edition 1958; 3rd revised edition 1968: *Osnovy obshchei teorii perevoda* (Foundations of a General Theory of Translation), Moscow: Visshaia shkola.

Foley, William A. and Robert D. Van Valin, Jr. (1985) 'Information Packaging in the Clause', in Timothy Shopen (ed) *Language Typology and Syntactic Description*, Cambridge: Cambridge University Press, 282-364.

Folkart, Barbara (1989) 'La matérialité du texte: la traduction comme récupération de l'intra-discursif', *Meta* 34(2): 143-56.

Fowler, Alastair (1989) *A History of English Literature*, Oxford: Basil Blackwell.

Fraser, Janet (1996) 'Mapping the Process of Translation', *Meta* 47(1): 84-96.

Gak, Vladimir G. (1992) 'Pour un calcul logique des équivalents de traduction', *Meta* 37(1): 139-48.

Gallagher, John D. (1993) 'The Quest for Equivalence', *Lebende Sprachen* 38(4): 150-61.

Gentzler, Edwin (1993) *Contemporary Translation Theories*, London & New York: Routledge.

Gerrard, Nicci (1996) 'Nam's Inhumanity to Man', *The Observer: Books*, 21 January, p. 15.

Govaert, Marcel (1971) 'Critères de traduction', in Karl-Richard Bausch and Hans Martin Geiger (eds) *Interlinguistica. Sprachvergleich und Übersetzung. Festschrift zum 60. Geburtstag von Mario Wandruszka*, Tübingen: Max Niemeyer, 425-37.

Grice, H. Paul (1975) 'Logic and Conversation', in Peter Cole and Jerry L. Morgan (eds) *Syntax and Semantics, Vol. III: Speech Acts*, New York: Academic Press, 41-58.

Gutt, Ernst-August (1991) *Translation and Relevance: Cognition and Context*, Oxford: Basil Blackwell.

Güttinger, Fritz (1963) *Zielsprache. Theorie und Technik der Übersetzung*, Zürich: Manesse.

Hamblin, Charles (1990) *Languages of Asia and the Pacific*, North Ryde (Australia): Collins/Angus & Robertson.

Harris, Brian (1992) 'Natural Translation: A Reply to Hans P. Krings', *Target* 4(1): 97-103.

Hatim, Basil and Ian Mason (1990a) *Discourse and the Translator*, London: Longman.

Hatim, Basil and Ian Mason (1990b) 'Genre, Discourse and Text in the Critique of Translation', *Bradford Occasional Papers*, No. 10: 1-13.

Hatim, Basil and Ian Mason (1997) *The Translator as Communicator*, London & New York: Routledge.

Hawkins, John A. (1986) *A Comparative Typology of English and German: Unifying the Contrasts*, London & Sydney: Croom Helm.

Heidegger, Martin (1962) *Being and Time*, translated by John Macquarrie and Edward Robinson, London: S.C.M. Press.

Herbst, Thomas (1994) *Linguistische Aspekte der Synchronisation von Fernsehserien: Phonetik, Textlinguistik, Übersetzungstheorie*, Tübingen: Niemeyer.

Hesse-Quack, Otto (1969) *Der Übertragungsprozeß bei der Synchronisation von Filmen. Eine interkulturelle Untersuchung*, Munich & Basel: Ernst Reinhard.

Hickey, Leo (1993) 'Presupposition under Cross-Examination', *International Journal for the Semiotics of Law* 6(16): 89-109.

Hines, Barry (1968) *Kes*, Harmondsworth: Penguin Books, translated into French by Lola Tranec-Dubled, Paris: Gallimard, 1968.

Hjort, Anne Mette (1990) 'Translation and the Consequences of Scepticism', in Susan Bassnett and André Lefevere (eds) *Translation, History and Culture*, London & New York: Pinter Publishers, 38-45.

Hockett, Charles (1958) *A Course in Modern Linguistics*, New York: Macmillan.

Høeg, Peter (1992) *Miss Smilla's Feeling for Snow*, translated by F. David, London: HarperCollins (Flamingo), 1993.

Holmes, Janet (1992) *An Introduction to Sociolinguistics*, London & New

York: Longman.

Holz-Mänttäri, Justa (1984) *Translatorisches Handeln: Theorie und Methode*, Helsinki: Suomalainen Tiedeakatemia.

Hönig, Hans G. and Paul Kussmaul (1984) *Strategie der Übersetzung: Ein Lehr-und Arbeitsbuch*, Tübingen: Gunter Narr.

House, Juliane (1977) *A Model for Translation Quality Assessment*, Tübingen: Gunter Narr.

Hu, Qian(1994) 'On the Implausibility of Equivalent Response (Part V)', *Meta* 39(3): 418-32.

Ireland, Jeanette (1989) 'Ideology, Myth and the Maintenance of Cultural Identity', *ELR Journal* 3: 95-136.

Ivir, Vladimir (1996) 'A Case for Linguistics in Translation Theory', *Target* 8(1): 149-57,

James, Carl (1980) *Contrastive Analysis*, London: Longman.

Jumpelt, Rudolf Walter (1961) *Die Übersetzung naturwissenschaftlicher und technischer Literatur*, Berlin: Langenscheidt.

Kade, Otto (ed) (1977) *Vermittelte Kommunikation, Sprachmittlung, Translation*, Leipzig: VEB Verlag Enzyklopädie.

Kade, Otto (1980) *Die Sprachmittlung als gesellschaftliche Erscheinung und Gegenstand wissenschaftlicher Untersuchung*, Leipzig: VEB Verlag Enzyklopädie.

Keller, Adelbert von (ed) (1861) *Translationen von Niclas von Wyle*, Stuttgart: Stuttgart Verein No. 57; reprinted 1967, Hildesheim: G. Olms.

Kemp, Arnold (1996) 'Shadow of Sleaze Dims City of Light', *The Observer*, 15 December, p. 11.

Kelly, Louis (1979) *The True Interpreter. A History of Translation Theory and Practice in the West*, Oxford: Basil Blackwell.

Kloepfer, Rolf (1967) *Die Theorie der literarischen Übersetzung*, Munich:

Wilhelm Fink.

Koller, Werner (1979) *Einführung in die Übersetzungswissenschaft*, Heidelberg: Quelle & Meyer.

Komissarov, Vilen N. (1977) 'Zur Theorie der linguistischen Übersetzungsanalyse', in Otto Kade (ed) *Vermittelte Kommunikation, Sprachmittlung, Translation*, Leipzig: VEB, 44-51.

Krings, Hans P. (1986) *Was in den Köpfen von Übersetzern vorgeht. Eine empirische Untersuchung zur Struktur des Übersetzungsprozesses an fortgeschrittenen Französischerlernern*, Tübingen: Gunter Narr.

Kuhiwczak, Piotr (1990) 'Translation as Appropriation: The Case of Milan Kundera's *The Joke*', in Susan Bassnett and André Lefevere (eds) *Translation, History and Culture*, London & New York: Routledge, 118-30.

Kussmaul, Paul (1995) *Training the Translator*, Amsterdam & Philadelphia: John Benjamins.

Kussmaul, Paul and Sonja Tirkkonen-Condit (1995) 'Think-Aloud Protocol Analysis in Translation Studies', *TTR* 8(1): 177-99.

Ladmiral, Jean-René (1979) *Traduire: théorèmes pour la traduction*, Paris: Payot.

Larose, Robert (1989) *Théories contemporaines de la traduction*, 2nd edition, Québec: Presses de l'Université de Québec.

Lauder, Afferbeck (1968) *Fraffly Well Spoken: How to Speak the Language of London's West End*, London: Wolfe.

Lederer, Marianne (1994) *La traduction aujourd'hui*, Paris: Hachette.

Leech, Geoffrey (1981) *Semantics: The Study of Meaning*, Harmondsworth: Penguin Books.

Leuven-Zwart, Kitty van (1989) 'Translation and Original: Similarities and Dissimilarities, 1', *Target* 1(2): 151-81.

Leuven-Zwart, Kitty van (1990) 'Translation and Original: Similarities and Dissimilarities, 2', *Target* 2(1): 69-95.

Levý, Jiří (1967) 'Translation as a Decision Process', *To Honor Roman Jakobson: Essays on the Occasion of his 70 th Birthday*, Vol. 2, The Hague: Mouton, 1171-82.

Levý, Jiří (1969) *Die literarische Übersetzung. Theorie einer Kunstgattung*, Frankfurt & Bonn: Athenäum; originally published 1963 as *Umḿní Překladu*.

London, John (1990) '*Theatrical Poison*: Translating for the Stage', *Bradford Occasional Papers*, No. 10: 141-67.

Lörscher, Wolfgang (1991) *Translation Performance, Translation Process, and Translation Strategies. A Psycholinguistic Investigation*, Tübingen: Gunter Narr.

MacErlean, Neasa (1996) 'Tipping the Scales is not a Tip for the Top', *The Observer: Business*, 15 December, p. 9.

Malblanc, André (1963) *Stylistique comparée du français et de l'allemand: Essai de représentation linguistique comparée et étude de traduction*, Paris: Didier.

Malone, Joseph L. (1988) *The Science of Linguistics in the Art of Translation: Some Tools from Linguistics for the Analysis and Practice of Translation*, Albany: State University of New York Press.

Mel'čuk, Igor A. (1978) 'Théorie de langage, théorie de traduction', *Meta* 23(4): 271-302.

Meschonnic, Henri (1986) 'Alors la traduction chantera', *Revue d'esthétique*, New series, No. 12: 75-90.

Motion, Andrew (1995) 'When Pushkin Comes to Shove or Love', *The Observer: Books*, 8 January, p. 20.

Mounin, Georges (1963) *Les problèmes théoriques de la traduction*, Paris:

Gallimard.

Neubert, Albrecht (1978) ‘Pragmaticheskie Aspekti Perevoda’ (Pragmatic Aspects of Translation), in Vilen N. Komissarov (ed) *Voprosi Teorii Perevoda v zarubezhnoi lingvistike* (Questions of the Theory of Translation in Foreign Linguistics), Moscow: Mezhdunarodnie otnositelia, 185-202; originally published 1968 in *Fremdsprachen: Grundfragen der Übersetzungswissenschaft* 2: 21-33.

Neubert, Albrecht (1977) ‘Übersetzungswissenschaft in soziolinguistischer Sicht’, in Otto Kade (ed) *Vermittelte Kommunikation, Sprachmittlung, Translation*, Leipzig: VEB, 52-59.

Newmark, Peter (1981) *Approaches to Translation*, Oxford: Pergamon.

Newmark, Peter (1993) *Paragraphs on Translation*, Clevedon: Multilingual Matters.

Newmark, Peter (1996) ‘Paragraphs on Translation – 43’, *The Linguist* 35(3): 90-93.

Nida, Eugene A. (1964) *Toward a Science of Translating*, Leiden: E. J. Brill.

Nida, Eugene A. and Charles R. Taber (1969) *The Theory and Practice of Translation*, Leiden: E. J. Brill; reprinted 1974.

Nord, Christiane (1991) *Text Analysis in Translation. Theory, Methodology, and Didactic Applications of a Model for Translation-Oriented Text Analysis*, Amsterdam: Rodopi.

Nord, Christiane (1995) ‘Text-Functions in Translation: Titles and Headings as a Case in Point’, *Target* 7(2): 261-84.

Osgood, Charles E., George J. Suci and Percy H. Tannenbaum (1957) *The Measurement of Meaning*, Urbana: University of Illinois Press; 2nd edition 1967.

Palmer, Frank R. (1981) *Semantics*, Cambridge: Cambridge University Press.

Pergnier, Maurice (1993) *Les fondements sociolinguistiques de la traduction*,

Lille: Presses universitaires de Lille.

Popovič, Anton and Imrich Dénes (1977) *Translation as Comparison*, Nitra: KLKEM.

Pratchett, Terry (1989) *Pyramids*, London: Corgi.

Rabassa, Gregory (1984) 'If This be Treason: Translation and its Possibilities', in William Frawley (ed) *Translation: Literary, Linguistic and Philosophical Perspectives*, Newmark: University of Delaware Press and London & Toronto: Associated University Presses.

Radò, György (1979) 'Outline of a Systematic Translatology', *Babel* 25(4): 187-96.

Reiss, Katharina (1971) *Möglichkeiten und Grenzen der Übersetzungskritik*, Munich: Max Hueber.

Reiss, Katharina (1976) *Texttyp und Übersetzungsmethode: Der operative Text*, Kronberg: Scriptor.

Reiss, Katharina and Hans J. Vermeer (1984) *Grundlegung einer allgemeinen Translationstheorie*, Tübingen: Niemeyer.

Rener, Frederick M. (1989) *Interpretatio: Language and Translation from Cicero to Tytler*, Amsterdam: Rodopi.

Retsker, Yakob I. (1974) *Teoria perevoda i perevodcheskaia praktika* (Theory of Translation and Translation Practice), Moscow: Mezhdunarodnii otnoshenia.

Richards, Ivor A. (1953) 'Toward a Theory of Translation', in Arthur F. Wright (ed) *Studies in Chinese Thought*, Chicago: University of Chicago Press, 147-62.

Robinson, Douglas (1991) *The Translator's Turn*, Baltimore & London: The John Hopkins University Press.

Romney, Jonathan (1996) 'The pain in Spain', *The Observer: Books*, 21 January, p. 15.

Ross, Nigel J. (1995) 'Dubbing American in Italy', *English Today* 41(1): 45-48.

Sa'Adeddin, Mohammed A.A.M. (1990) 'Towards a Viable Applied Linguistic Theory of Translation: An Ethnolinguistic Point of View', *Bradford Occasional Papers*, No. 10: 14-45.

Sadock, Jerrold M. and Arnold M. Zwicky (1985) 'Speech Act Distinctions in Syntax', in Timothy Shopen (ed) *Language Typology and Syntactic Description*, Cambridge: Cambridge University Press, 155-96.

Samuelson, Paul A. (1970) *Economics*, Vol. 1, New York: McGraw Hill, 8th edition; translated into French by G. Fain as *L'Economique: Introduction à l'analyse économique*, Paris: Armand Colin, 1972, and into German by U. Schlieper as *Volkswirtschaftslehre: Eine Einführung*, Cologne: Bund-Verlag, 1973.

Saussure, Ferdinand de (1972) *Cours de linguistique générale*, Paris: Payot; originally published 1916.

Schleiermacher, Friedrich (1838) 'Über die verschiedenen Methoden des Übersetzens', in Hans Joachim Störig (ed) *Das Problem des Übersetzens*, Darmstadt: Wissenschaftliche Buchgesellschaft, 1963, 38-70.

Searle, John R. (1975) 'Indirect Speech Acts', in Peter Cole and Jerry L. Morgan (eds) *Syntax and Semantics, Vol. III: Speech Acts*, New York: Academic Press, 59-82.

Shveitser, Aleksandr D. (1977) 'Übersetzung und Soziolinguistik', in O. Kade (ed) *Vermittelte Kommunikation, Sprachmittlung, Translation*, Leipzig: VEB, 60-65.

Shveitser, Aleksandr D. (1987) *Übersetzung und Lnguistik*, Berlin: Akademie; original title *Perevod i Lingvistika*, 1973.

Shveitser, Aleksandr D. (1988) *Teoria perevoda i ustniy perevod: status, problemy, aspekty* (Theory of Translation and Interpreting: Status, Problems, Aspects), Moscow: Nauka.

Simeoni, Daniel (1993) 'L'institution dans la langue: lexique et pensée d'État', *TTR* 1(1): 171-202.

Slaughter, Frank G. (1960) *Puritans in Paradise*, London: Hutchinson; translated by F. de Bardy as *Amour aux Bahamas: Les pèlerins du paradis*, Paris: Presses de la cité, 1962.

Snell-Hornby, Mary (1988) *Translation Studies. An Integrated Approch*, Amsterdam & Philadelphia: John Benjamins.

Stackelberg, Jürgen von (1971) 'Das Ende der 'belles infidèles' – Ein Beitrag zur französischen Übersetzungsgeschichte', in Karl-Richard Bausch and Hans Martin Geiger (eds) *Interlinguistica. Sprachvergleich und Übersetzung. Festschrift zum 60. Geburtstag von Mario Wandruszka*, Tübingen: Max Niemeyer, 585-96.

Stein, Dieter (1980) *Theoretische Grundlagen der Übersetzungswissenschaft*, Tübingen: Gunter Narr.

Steiner, George (1975) *After Babel: Aspects of language and translation*, Oxford & New York: Oxford University Press; 2nd edition 1992.

Tirkkonen-Condit, Sonja (1992) 'A Theoretical Account of Translation – Without Translation Theory?', *Target* 4(2): 237-45.

Toury, Gideon (1995) *Descriptive Translation Studies and Beyond*, Amsterdam & Philadelphia: John Benjamins.

Vázquez-Ayora, Gerado (1977) *Introducción a la traductología*, Washington, D.C.: Georgetown University.

Venuti, Lawrence (1995) *The Translator's Invisibility: A History of Translation*, London & New York: Routledge.

Vinay, Jean-Paul and Jean Darbelnet (1958) *Stylistique comparée du français et de l'anglais. Méthode de traduction*, Paris: Didier.

Vinay, Jean-Paul and Jean Darbelnet (1996) *Comparative Stylistics of French and English. A Methodology for Translation*, translated and edited by Juan C. Sager and M.-J. Hamel, Amsterdam & Philadelphia: John Benjamins.

Wienold, Götz (1990) 'Typological Aspects of Translating Literary Japanese into German, Ⅱ: Syntax and Narrative Technique', *Target* 2(2): 183-97.

Wilss, Wolfram (1977) *Übersetzungswissenschaft: Probleme und Methoden*, Stuttgart: Klett.

Wilss, Wolfram (1994) 'A Framework for Decision-Making in Translation', *Target* 6(2): 131-50.

Wyle, Niclas von (1478) Reproduced in Adelbert von Keller (ed) (1861) *Translation von Niclas von Wyle*, Stuttgart: Stuttgart Verein No. 57; reprinted 1967, Hildesheim: G. Olms.

Zimmer, Rudolf (1981) *Probleme der Übersetzung formbetonter Sprache: ein Beitrag zur Überstzungskritik*, Tübingen: Max Niemeyer.

Zaitun, Nik (1994) 'The Translation of Shakespeare in Malaysia', *Warwick Working Papers in Translation. Cross Cultural Transfers*, Graduate Studies Series I: 93-97.

Zukofsky, Celia and Louis Zukofsky (1969) *Catullus*, London: Cape Goliard Press.

|색|인|